Dieter Wunderlich
Unerschrockene Frauen

PIPER

Zu diesem Buch

Sie erkämpften sich Privilegien und schockierten Spießbürger. Germaine de Staël forderte Napoleon heraus, die Schriftstellerin George Sand verteidigte ihre Freiheit auch in der Liebe, die Schauspielerin Evita Perón spielte ihre überzeugendste Rolle als »Engel der Armen« an der Seite des argentinischen Staatspräsidenten Juan Perón, Hildegard Knef erfand sich mehrmals neu, und Nina Hagen bekennt: »Ich war schon immer sehnsüchtig nach freiem, wildem, unabhängigem Leben«. Dieter Wunderlich stellt die atemberaubenden Lebensgeschichten von elf unerschrockenen Frauen in fesselnden Porträts dar, die veranschaulichen, dass die Verwirklichung der eigenen Freiheit großen Mut voraussetzt.

Dieter Wunderlich, geboren 1946 in München, Diplompsychologe, war von 1973 bis 2001 im Management eines großen internationalen Unternehmens tätig. Seit 1999 hat er sich mit Büchern wie z. B. »EigenSinnige Frauen«, »WageMutige Frauen«, »AußerOrdentliche Frauen« und »Verführerische Frauen« als Autor farbiger und sorgfältig recherchierter Biografien einen Namen gemacht. Er lebt in Kelkheim am Taunus.

www.dieterwunderlich.de

Dieter Wunderlich

Unerschrockene Frauen

Elf Porträts

Piper München Zürich

Mehr über unsere Autoren und Bücher:
www.piper.de

Von Dieter Wunderlich liegen bei Piper vor:
EigenSinnige Frauen
WageMutige Frauen
AußerOrdentliche Frauen
Verführerische Frauen
Unerschrockene Frauen

Bedanken möchte ich mich bei meiner Frau Irene und bei Caroline Kazianka, die den Text mit mir zusammen geschliffen und poliert haben.

MIX
Papier aus verantwortungsvollen Quellen
FSC® C014496

Originalausgabe
August 2013
Copyright © 2013 by Dieter Wunderlich
Copyright Deutsche Erstausgabe © 2013 by Piper Verlag GmbH, München
Dieses Werk wurde vermittelt durch die Michael Meller Literary Agency GmbH, München
Umschlaggestaltung: semper smile, München
Umschlagfoto: Teutopress/ullstein bild; Thomas & Thomas/ullstein bild
Satz: Kösel, Krugzell
Gesetzt aus der Warnock Pro
Papier: Munken Print von Arctic Papier Munkedals AB, Schweden
Druck und Bindung: GGP Media GmbH, Pößneck
Printed in Germany   ISBN 978-3-492-30267-8

Inhaltsverzeichnis

Germaine de Staël (1766 – 1817)
»Ein Leben hemmungsloser Intensität« 7

George Sand (1804 – 1876)
»Keine Schwächen bitte!« 37

Lou Andreas-Salomé (1861 – 1937)
»An der Welt der Männer teilhaben« 59

Colette (1873 – 1954)
»Souveräne erotische Nonchalance« 78

Leni Riefenstahl (1902 – 2003)
»Triumph des Willens« 98

Evita Perón (1919 – 1952)
»Sie träumen von mir, und ich darf sie nicht enttäuschen« 132

Hildegard Knef (1925 – 2002)
»Für mich soll's rote Rosen regnen« 148

Margaret Thatcher (1925 – 2013)
»Eiserne Lady« 190

Rosemarie Nitribitt (1933 – 1957)
»Irgendwann schlägt mir noch einer den Schädel ein« ... 224

Nina Hagen (*1955)
»Ich war schon immer sehnsüchtig nach freiem, wildem,
unabhängigem Leben« 235

Madonna (*1958)
»Ich bin tough, ehrgeizig, und ich weiß genau,
was ich will« 253

Anmerkungen 277

Germaine de Staël
(1766 – 1817)

————— • ◆ • —————

»EIN LEBEN HEMMUNGSLOSER INTENSITÄT«

Germaine de Staël beeindruckte Männer weniger mit ihrem Aussehen als durch Klugheit und Gewandtheit in der Argumentation. Ohne sich um das Gerede der Leute zu kümmern, wählte sie ihre Liebhaber aus den Reihen zahlreicher Bewunderer. August Wilhelm Schlegel war der exzentrischen Intellektuellen bis zur Selbstaufgabe ergeben. Napoleon hingegen hasste sie und verbannte seine einflussreiche Widersacherin, die sogar mit dem russischen Zaren gegen ihn konspirierte und mit dazu beitrug, dass sich eine übermächtige Allianz in Europa bildete, die ihn schließlich militärisch besiegte und politisch vernichtete.

Germaine wurde am 22. April 1766 in Paris als einziges Kind des aus Genf stammenden erfolgreichen Bankiers Jacques Necker und dessen Ehefrau Suzanne geboren.

Ihr Großvater Karl Friedrich Necker war von Küstrin nach Genf gezogen und dort zum Professor für öffentliches Recht berufen worden, hatte seine Vornamen in Charles Frédéric geändert und Jeanne Gautier geheiratet, eine Tochter des Syndikus der unabhängigen Republik Genf. Jacques, der jüngere der beiden Söhne des Ehepaars, verließ mit 15 Jahren die Schule und begann eine Banklehre. In der Pariser Filiale des Geldinstituts brachte er es zum Teilhaber. Einige Monate, bevor er zum alleinigen Direktor des Bankhauses avancierte, heiratete er am 28. November 1764 die sieben Jahre jüngere, umfassend gebildete Tochter eines calvinistischen Pastors, Suzanne Curchod, die als Erzieherin des Sohnes einer reichen Witwe nach Paris gekommen war.

Schon als Kind saß Germaine Necker jeden Freitag kerzengerade auf einem Hocker neben ihrer Mutter, die in ihrem Salon bedeutende Persönlichkeiten des kulturellen Lebens empfing und mit ihnen anspruchsvolle Konversation pflegte. »Sie [Germaine] verwandelte den hölzernen Schemel in eine Schulbank und erkor die Aufklärer zu ihren Lehrern und Vorbildern. Freigeister und Religionskritiker wie die Philosophen Denis Diderot und Jean Le Rond d'Alembert, Schriftsteller wie Jean-François de Marmontel und Friedrich Melchior von Grimm, Publizisten, Kritiker, Ökonomen und Dichter, die sich jeweils freitags im Hause Necker einfanden, machten auf das kleine Mädchen einen unauslöschlichen Eindruck.«[1] Ihre rasche Auffassungsgabe ermöglichte es Germaine, aus lebhaften Diskussionen viel zu lernen. »Ihr Leben lang sollte Germaine eine Abneigung gegen die systematische Aneignung von Wissensstoff beibehalten, gegen lange und konzentrierte Versenkungen, die sie ermüdeten.«[2]

Das Mädchen war gerade einmal elf Jahre alt, als die Mutter es ins Theater mitnahm. »Germaines wacher Verstand wurde in dieser Erziehung aufs Äußerste kultiviert und gefördert, doch das Kind in ihr wurde erdrückt, die Kindheit gleichsam übersprungen.«[3] Suzanne Necker, die ihre Entbindung als traumatisch erlebt hatte und deshalb keine gefühlstiefe Beziehung zu ihrer Tochter zu entwickeln vermochte, überforderte das Kind. Bereits im Alter von 13 Jahren erlitt Germaine denn auch einen Nervenzusammenbruch. Zur Erholung schickte Jacques Necker seine Tochter im Sommer 1779 auf sein Landgut in Saint-Ouen bei Paris. »Der Hunger nach Liebe, der Germaine ein Leben lang umtreiben sollte, mit panischen Anwandlungen und emotionalen Erpressungen ihrer Partner, Ohnmachtsanfällen und Selbstmorddrohungen hat seine Ursache in diesen Wechselbädern aus Überbeanspruchung und emotionaler Zurückweisung im Gefühlsleben des Kindes.«[4]

Jacques Necker hatte einige Jahre zuvor seine Tätigkeit als Bankier beendet. 1776 war der Gesandte der Republik Genf von König Ludwig XVI. faktisch zum Finanzminister bestellt worden. »Germaine Necker erlebte ihren häufig abwesenden Vater in diesen Jahren in einer permanenten Position der Erhöhung: weihrauchumwölkt im Salon seiner Frau, von der Nation verehrt, vom französischen Volk und von europäischen Monarchen als Retter gepriesen. Sie hatte da keine gesunde Distanz mehr und vermischte das heroische Bild von ihm mit einer Gefühlsbindung, die der inzestuösen Züge nicht mangelt. Die Konstellation war geradezu mustergültig freudianisch.«[5] Bis heute wird über die Bedeutung einer Tagebucheintragung der 23-Jährigen gerätselt: »Warum entdecke ich manchmal Fehler in seinem Charakter, die für unsere zarte, innige Vertrautheit schädlich sind? Sicher deshalb, weil er möchte, dass ich ihn wie einen Liebhaber liebe, während er wie ein Vater zu mir spricht; weil ich möchte, dass er eifersüchtig wie ein Liebhaber sei, während ich mich wie eine Tochter gebe.«[6]

1781 wurde Jacques Necker vom König entlassen. Dennoch galt Germaine wegen des enormen Vermögens, das ihr Vater angehäuft hatte, weiterhin als eine »gute Partie«. Suzanne Necker versuchte, sie mit William Pitt dem Jüngeren – dem späteren

Premierminister Großbritanniens – zu verheiraten, aber sie scheiterte damit nicht zuletzt an Germaines Widerstand.

1778 hatte Baron Eric Magnus Staël von Holstein, der Attaché des schwedischen Botschafters, erstmals um die Hand der damals Zwölfjährigen angehalten, aber erst sieben Jahre später, nachdem ihn König Gustav III. zum schwedischen Botschafter ernannt hatte, akzeptierten Jacques und Suzanne Necker den Diplomaten als Bewerber. Im Sommer 1785 erlaubten sie ihm, sich der Braut vorzustellen. »Er war angenehm, gut aussehend, charmant, was ja vollkommen ausreichend war. Mit einem Blick ermaß Germaine seinen duldsamen und widerstandslosen Charakter, der ihr die Chance gab, so zu leben, wie sie es wollte.«[7] In ihr Tagebuch schrieb sie: »Monsieur Staël ist ein Mann, der sich vollkommen korrekt benimmt, unfähig, etwas Dummes zu sagen oder zu tun, aber hohl und träge.«[8] Am 14. Januar 1786, drei Monate vor ihrem 20. Geburtstag, wurde Germaine Necker mit ihrem 17 Jahre älteren, aus einem verarmten Adelsgeschlecht stammenden Bräutigam in der protestantischen Kapelle der schwedischen Botschaft in Paris verheiratet. Das hatte »mehr von einem internationalen Freundschafts- und Handelsvertrag als von einer privaten Abmachung«[9]. Der Ehevertrag war von König Ludwig XVI. und Marie Antoinette mitunterzeichnet worden. »Jeder ist der Meinung, dass Mademoiselle Necker eine sehr unvorteilhafte Heirat gemacht hat«, urteilte Zarin Katharina die Große.[10] Aber für Germaine kam es darauf an, sich von der ungeliebten Mutter zu befreien. »Ihr ganzes Leben wurde ein ständiger Ausbruch.«[11]

Zweieinhalb Wochen nach der Hochzeit führte Baron Eric Magnus Staël von Holstein seine Frau am Hof von Versailles ein und stellte sie König Ludwig XVI. vor. Am 31. Juli 1787 brachte Germaine de Staël eine Tochter zur Welt, die allerdings nach zwei Jahren und acht Tagen starb.

Ihr Vater war wegen eines Streits mit seinem Nachfolger 1786 vorübergehend aus Paris verbannt worden und nach Marolles bei Fontainebleau gezogen. Im August 1788 holte König Ludwig XVI. ihn jedoch nach Versailles zurück und übertrug ihm erneut die Verantwortung für die Finanzen, denn von dem früheren Bankier erhoffte er sich die Abwendung des drohenden Staatsbankrotts. Jacques Necker lieh Frankreich sogar zwei Millionen Livres aus seinem Privatvermögen. Aber »ohne ein klares Programm und eher den Ereignissen folgend als sie beherrschend machte sich Necker das Ausmaß der politischen und sozialen Krise nicht klar; er widmete der ökonomischen Krise, mit deren Hilfe die Bourgeoisie die Massen mobilisieren konnte, nicht genügend Aufmerksamkeit«.[12] Auf seinen Rat hin berief der König die Generalstände* ein – was seit 175 Jahren nicht mehr geschehen war – und eröffnete am 5. Mai 1789 im Versailler Schloss die Versammlung, von der Jacques Necker die Bewilligung neuer Steuern erwartete. Aber die 1200 Delegierten wollten erst einmal entscheiden, ob sie nach Köpfen oder nach Ständen getrennt abstimmen sollten, und sie merkten rasch, dass der Politiker nicht an Reformen, sondern einzig und allein an zusätzlichen Staatseinnahmen interessiert war. Das ließ der Dritte Stand nicht mit sich machen: Er konstituierte sich am 17. Juni als Nationalversammlung, und zwei Tage später schworen deren Mitglieder, bis zur Verabschiedung einer Verfassung zusammenzubleiben, also bis zur Ablösung der absoluten durch eine konstitutionelle Monarchie. Weil Jacques Necker die Einberufung der Generalstände initiiert und dann die Kontrolle über

---

* Die 1302 erstmals tagende Versammlung der Generalstände (États généraux) setzte sich aus Repräsentanten der drei Stände Klerus, Adel und »Tiers État« (Dritter Stand) zusammen. Auf Jacques Neckers Betreiben stellte der Dritte Stand 1789 nicht 300 Abgeordnete, wie Klerus und Adel, sondern 600, so viele wie die beiden anderen Stände zusammen.

die Entwicklung verloren hatte, wurde er am 11. Juli nicht nur entlassen, sondern auch wieder verbannt. Seine Entmachtung heizte die Stimmung weiter an. Drei Tage später erstürmten Demonstranten die Bastille*. Das war das Fanal für die Französische Revolution.

In dieser Lage berief Ludwig XVI. Jacques Necker ein weiteres Mal in die Regierung. Aber die Hoffnung, der Finanzminister werde endlich für ausreichende Steuereinnahmen sorgen, erfüllte sich nicht, und die Revolution ließ sich nicht mehr aufhalten. Als am 5. Oktober 5000 wütende Demonstrantinnen von Paris nach Versailles marschierten, eilte Germaine de Staël mit der Kutsche auf einer anderen Route ebenfalls dorthin, um ihre Eltern vor dem Pöbel zu warnen. Am nächsten Tag zwang die Menschenmenge das Königspaar, das Schloss zu verlassen und ins Palais des Tuileries in Paris umzuziehen.

Am 31. August 1790 gebar Germaine de Staël einen Sohn, der den Namen Auguste erhielt. Der Vater des Kindes war vermutlich nicht ihr Ehemann, sondern Louis Vicomte de Narbonne-Lara. Der verheiratete Offizier hatte sich eigens von seiner Mätresse Elisabeth Gräfin von Montmorency-Laval getrennt, um die Ehefrau des schwedischen Botschafters erobern zu können, aber Germaine de Staël war nicht nur mit ihm liiert, sondern auch mit Charles-Maurice de Talleyrand-Périgord und Mathieu de Montmorency-Laval, bei dem es sich pikanterweise um den Sohn der von ihrem Liebhaber verlassenen Gräfin handelte. »Es ist kaum zu sagen, wer von den beiden zuerst kam: der Liebhaber Talleyrand oder der Geliebte Narbonne, ob beide Verhältnisse nicht streckenweise sogar parallel liefen und ob es in diesen

---

* Bei der Bastille handelte es sich um eine befestigte Stadttorburg aus dem 14. Jahrhundert im Osten von Paris, die seit dem 17. Jahrhundert als Gefängnis genutzt wurde. Ihre Erstürmung gilt als symbolischer Beginn der Französischen Revolution.

Jahren, 1788–92, eventuell noch einen Dritten gab. Mathieu de Montmorency, im Gegensatz zu den anderen beiden, die gut zehn Jahre älter waren, quasi gleichaltrig mit ihr, war der letzte Teil ihres Triumvirats der politischen Mitte, das sie in ihrem Salon, umgeben von sämtlichen Lagern von der äußersten Rechten bis zur äußersten Linken, heranzüchtete.«[13]

Germaine de Staël verteilte ihre Gunst meistens auf mehrere der Männer, die sie umschwärmten, obwohl ihr Gesicht eher derb wirkte und »nichts Vornehmes an ihr«[14] war. Die Biografin Sabine Appel meint zwar, Germaines Dekolletés seien »kaum zu überbieten und scharf an der Grenze des Schicklichen«[15] gewesen, aber die Intellektuelle beeindruckte die Menschen nicht mit ihrem Aussehen, sondern durch Klugheit und Gewandtheit in der Argumentation. »Sie ist eine erstaunliche Frau. [...] Worte wie Sanftmut, Grazie, Bescheidenheit, Gefälligkeit, Haltung, Manieren kann man nicht gebrauchen, wenn man von ihr spricht; aber man wird mitgerissen und unterliegt der Macht ihres Genies. [...] Ihr Verstand ist zu überlegen, als dass andere daneben ihren Wert zur Geltung bringen könnten [...]. Wo immer sie hingeht, verwandeln sich die meisten Menschen in Zuschauer.«[16] »Diese Staël ist ein Genie. Eine außerordentliche, exzentrische Frau in allem, was sie macht und tut.«[17] Allerdings demonstrierte Germaine de Staël ihre geistige Überlegenheit des Öfteren auch durch verletzende Bemerkungen. »Sie war, wie sie war: spontan und authentisch, von überströmender Energie, ungebremst, überzeugt außerdem von ihrem Talent, und in dieser ungehinderten Konzentration ihrer Kräfte lag zugleich die Quelle ihrer Kreativität.«[18] Barbara Bondy fügt der Charakterisierung Germaine de Staëls noch einen Aspekt hinzu: »Sie ahnte, dass man sich im Leben zwischen Langeweile und Leiden zu entscheiden hat, und entschied sich für das letztere, für ein Leben hemmungsloser Intensität, leidenschaftlicher Hingabe an den jeweiligen Augenblick und der rücksichtslosesten Jagd nach Glück, die je eine Frau geführt hat.«[19]

Nachdem Jacques Necker seinen Rückhalt in der Bevölkerung eingebüßt hatte, trat er im August 1790 zurück und richtete sich dann mit seiner Frau auf Schloss Coppet am Genfer See ein, das er sechs Jahre zuvor mit der zugehörigen Baronie erworben hatte. Germaine folgte ihren Eltern zunächst und ließ Auguste bei ihrem Ehemann. Im Januar 1791 kehrte sie nach Paris zurück, denn sie befürwortete die Abschaffung des Absolutismus und wollte sowohl im Zentrum des politischen Geschehens als auch des gesellschaftlichen Lebens bleiben. Allerdings wurde es in Paris zunehmend gefährlich. Die königliche Familie floh in der Nacht auf den 21. Juni 1791, wurde jedoch in Varennes-en-Argonne nordwestlich von Verdun angehalten und von dort zwangsweise nach Paris zurückgebracht.

Am 3. September verabschiedete die revolutionäre Nationalversammlung eine neue Verfassung und machte Frankreich dadurch zur konstitutionellen Monarchie. Louis de Narbonne wurde am 9. Dezember 1791 – nicht zuletzt aufgrund der guten Beziehungen seiner Geliebten – zum Kriegsminister ernannt. Er blieb jedoch nur drei Monate im Amt und musste dann seinen Abschied nehmen.

Germaine de Staël begeisterte sich anfangs durchaus für die Französische Revolution, aber als die Jakobiner* immer radikalere Töne anschlugen, distanzierte sie sich von ihnen. Im Juli 1792 bot sie dem in den Tuilerien gewissermaßen unter Hausarrest stehenden Königspaar ihre Unterstützung bei einem neuen Fluchtversuch an, aber Marie Antoinette wollte mit der Befür-

---

* Jakobiner im engeren Sinne waren die Mitglieder eines der politischen Klubs während der Französischen Revolution bzw. die radikalen Anhänger Robespierres. Im weiteren Sinne versteht man unter dem Begriff Jakobiner republikanische Anhänger der Französischen Revolution.

worterin einer konstitutionellen Monarchie nichts zu tun haben. Am 10. August erhob sich schließlich das Volk gegen den König, stürmte die Tuilerien und setzte Ludwig XVI. im Temple* gefangen. Nachdem die Monarchie damit faktisch abgeschafft war, proklamierte der nun von den männlichen Franzosen ohne Standesunterschiede gewählte Nationalkonvent am 21. September 1792 die Republik. Ludwig XVI. bzw. Louis Capet, wie man ihn jetzt nannte, wurde in einem mehrwöchigen Prozess zum Tod verurteilt und am 21. Januar 1793 vor einer großen Menschenmenge enthauptet. Dass der König »wie ein gewöhnlicher Mensch hingerichtet« wurde, »war auch das Ende der Monarchie von Gottes Gnaden«[20].

Germaine de Staël, deren Ehemann wegen der Revolution nach Stockholm zurückgekehrt war, hatte bei ihren Eltern in Coppet Zuflucht gefunden. Am 2. September 1792 war sie in einer sechsspännigen Kutsche in Paris losgefahren, aber von aufgebrachten Frauen aus dem Volk angehalten worden. »Kaum hatte sich mein Wagen vier Schritt weit in Bewegung gesetzt, als sich, beim lärmenden Peitschenknallen der Kutscher, ein Haufen alter Weiber, wie ausgespien aus dem Höllenschlund, auf meine Pferde stürzte und schrie, man solle mich festhalten, ich entführte das Gold der Nation und was nicht alles, und tausend noch verrücktere Beschimpfungen.«[21] Erst nachdem sie sich im Pariser Rathaus an der Place de Grève beschwert hatte, war sie von dem Pöbel freigekommen und fünf Tage später am Genfer See eingetroffen.

Am 20. November gebar sie dort ihren Sohn Albert. Aber schon im Dezember vertraute sie den Säugling ihren Eltern an und reiste nach England, wohin Louis Narbonne mithilfe des

---

* Beim Temple handelte es sich um einen Bergfried auf dem Ordensgebiet der Templer, der als Gefängnis benutzt wurde.

jungen deutschen Arztes Erich Bollmann geflohen war, den Germaine für die riskante Aktion gewonnen hatte. Aber »Narbonne, dieser Spieler und Hasardeur, charismatische Magier des Augenblicks, war offensichtlich in seinem englischen Exil schon dabei, sich aus den Fängen seiner besitzergreifenden Geliebten zu lösen. Er war nicht der Typ für eine dermaßen absolute und langfristige Bindung, und schon gar nicht war er der Typ, sich dominieren und emotional erpressen zu lassen.«[22] Ende Mai 1793 brachte er Germaine nach Dover, und sie kehrte in die Schweiz zurück, wo ihr Ehemann, den sie seit seiner Abreise nach Stockholm im Februar des Vorjahres nicht mehr gesehen hatte, sie kurz darauf besuchte.

In der anonymen Streitschrift *Réflexions sur le procès de la Reine* protestierte Germaine de Staël gegen die Terrorherrschaft der Jakobiner und rief vor allem die Frauen zum Widerstand auf: »Frauen aller Länder, aller Klassen, hört und seid bewegt wie ich!«[23] Aber auch sie konnte nicht verhindern, dass Königin Marie Antoinette am 16. Oktober 1793 – zwei Wochen vor ihrem 38. Geburtstag – guillotiniert wurde.

Suzanne Necker, die von der Libertinage ihrer Tochter so entsetzt war, dass sie zuletzt nicht mehr mit ihr sprach, starb am 15. Mai 1794 im Alter von 55 Jahren. Ihr Leichnam wurde in eine mit Alkohol gefüllte schwarze Marmorwanne gelegt und nach drei Monaten in dem inzwischen vom Witwer errichteten Mausoleum in Coppet beigesetzt. Germaine heuchelte keine Trauer. Bereits im August begann sie eine Affäre mit dem schwedischen Grafen Adolph Ribbing, der im März 1792 an der Ermordung König Gustavs III. auf einem Maskenball in Stockholm beteiligt gewesen war. »Staël tobte, als er von Ribbing erfuhr. Er war, so verbreitete seine Gattin zumindest, mittlerweile ja soweit gewesen, Narbonne ›wie einen Bruder‹ zu dulden, aber nun gleich der nächste, das ging zu weit!«[24] Die Affäre war allerdings von kurzer Dauer, weil Ribbings Aufenthaltserlaubnis nicht verlängert wurde, er im September die Schweiz verlassen musste und nach Dänemark zog.

Ungefähr zur gleichen Zeit lernte Madame de Staël den von seiner Ehefrau getrennt lebenden, eineinhalb Jahre jüngeren Schweizer Publizisten und Literaten Benjamin Constant de Rebecque kennen. Der rothaarige, hochaufgeschossene Schriftsteller bewegte sich linkisch, verfügte jedoch über einen »messerscharfen und auch recht zynischen Intellekt«[25]. Weil sich die 28-Jährige nicht von seinen Liebesschwüren beeindrucken ließ, schluckte er eine – allerdings nicht tödliche – Dosis Opium und brachte Germaine auf diese Weise dazu, sich ihm zuzuwenden.

Ihr Ehemann wurde nach dem Ende der jakobinischen Schreckensherrschaft im April 1795 wieder als schwedischer Botschafter in Paris akkreditiert. Germaine zog zu ihm, und Benjamin Constant mietete sich in der Nähe eine Wohnung. Das hielt seine Geliebte nicht davon ab, dem Kavallerieoffizier François de Pange nachzustellen und von der großen Liebe zu träumen. »In de Pange sah sie den Mann, der vielleicht endlich ihr Glück sein würde, sie machte sich daran, ihn zu erobern, und setzte alle Waffen ein, die ihr zu Gebote standen.«[26] Aber der Tuberkulosekranke hatte nur Augen für seine Cousine Anne-Marie de Sérilly und ließ sich nicht nicht auf eine Affäre mit Germaine ein.

Im August beschuldigte ein Mitglied des Nationalkonvents Madame de Staël, einer royalistischen Verschwörung gegen das neue Regime anzugehören. Weil sie sich deshalb in Paris nicht mehr sicher fühlte, zog sie als Gast von Mathieu de Montmorency-Laval in dessen Schloss Ormesson südöstlich der Hauptstadt. Obwohl Germaine de Staël nicht an dem royalistischen Aufstand beteiligt gewesen war, den der 26-jährige korsische General Napoleon Bonaparte am 5. Oktober beherzt niedergeschlagen hatte, wurde sie des Landes verwiesen, während man ihren Mann vorerst noch in Paris duldete. Das ganze Jahr 1796 verbrachte sie in der Schweiz. Absurderweise wurde sie von den lokalen Behörden als Jakobinerin verdächtigt und deshalb überwacht, während gleichzeitig französische Agenten jeden ihrer Schritte verfolgten, weil sie in Paris als Royalistin galt.

Ende 1796 begrenzte man Germaine de Staëls Verbannung auf Paris und Umgebung. Daraufhin kaufte Benjamin Constant die frühere Abtei Hérivaux, 30 Kilometer nördlich von Paris, und richtete sich dort zusammen mit seiner Lebensgefährtin ein. Im Frühjahr duldeten die französischen Behörden stillschweigend, dass Germaine de Staël nach Paris kam und wieder zu ihrem Ehemann in die schwedische Botschaft zog. Dort wurde sie am 8. Juni 1797 von ihrer Tochter Albertine entbunden, die wie die anderen Kinder auch den Familiennamen Staël bekam, obwohl vermutlich Benjamin Constant der Vater des rothaarigen Mädchens war.

»Dank ihrer Netzwerke und besonders des Forums in ihrem Salon betrieb Germaine de Staël einen Lobbyismus, der seinesgleichen sucht.«[27] Durch ihre hervorragenden Beziehungen verhalf sie ihrem früheren Liebhaber Charles-Maurice de Talleyrand-Périgord, dem exkommunizierten Bischof von Autun, im Juli 1797 zum Amt des französischen Außenministers. Bei einem von Talleyrand veranstalteten Ball begegnete Germaine de Staël am 6. Dezember Napoleon erstmals persönlich, aber der General ignorierte sie. Erst im folgenden Frühjahr gewährte er ihr eine einstündige Audienz, in der sie vergeblich versuchte, ihn von der bereits laufenden Umwandlung der Eidgenossenschaft in einen französischen Vasallenstaat abzubringen. Am 12. April 1798 wurde in Aarau die Helvetische Republik ausgerufen.

Mit einem Staatsstreich erzwang Napoleon am 9. November 1799 die Auflösung des fünfköpfigen Direktoriums, das Frankreich seit vier Jahren regierte, und am Tag darauf ließ er sich zum Ersten Konsul wählen. Entsprechend der neuen Verfassung vom 24. Dezember vereinigte der »Premierkonsul« Napoleon – flankiert von zwei machtlosen Mitkonsuln in beratender Funktion – die exekutive und legislative Gewalt in seiner Hand.

Durch ihre Freundschaft mit Joseph Bonaparte, dem ältesten Bruder des Alleinherrschers, erreichte Germaine de Staël, dass Benjamin Constant ins Tribunat – eine der beiden Kammern des Parlaments – gewählt wurde. Am 5. Januar 1800 hielt er dort eine kritische Rede. »Von der Rostra des Tribunats redete Constant wie Cicero gegen absolutistische Tendenzen und autoritäre Gesetze des Premierkonsuls.«[28] Die Äußerungen missfielen Napoleon, und weil er annahm, dass Constant von seiner Geliebten aufgestachelt worden war, richtete sich sein Zorn vor allem gegen Germaine de Staël. »Ideologen waren ihm zuwider, und erst recht eine Ideologin.«[29] Auf dem Weg nach Italien empfing er zwar im Mai in Genf Jacques Necker, änderte aber nicht seine Meinung über dessen Tochter, zumal diese in ihrem auch von seinen Brüdern Joseph und Lucien, Ministern und Generälen besuchten Salon Stimmung gegen ihn machte. Zu seiner Entourage soll er gesagt haben: »Raten Sie ihr, sich mir ja nicht in den Weg zu stellen [...], andernfalls werde ich sie zerbrechen, zerschmettern werde ich sie.«[30] Und bei einer weiteren persönlichen Begegnung mit ihr (der letzten) im Dezember 1800 blieb er vor ihr stehen, betrachtete ihr Dekolleté und sagte: »Sie haben gewiss Ihre Kinder selbst gestillt.«[31] Auf diese Unverschämtheit fiel selbst der ansonsten so redegewandten Germaine de Staël keine Erwiderung ein.

Am 8. Mai 1802 holte sie ihren nach einem Schlaganfall gelähmten und dementen Ehemann in Paris ab, um ihn nach Coppet zu bringen, aber der 52-Jährige starb am nächsten Tag in Poligny, 100 Kilometer nordwestlich von Genf. Sie musste eine

Nacht mit der Leiche in einem Gasthof verbringen. Weil eine Frau einen Vormund für ihre minderjährigen Kinder benötigte, bat sie Mathieu de Montmorency-Laval, diese Funktion zu übernehmen. Aufgezogen wurden die Kinder jedoch von ihrem Großvater Jacques Necker, den sie »Vater« nannten.

Nach Essays und Sachbüchern veröffentlichte Germaine de Staël Ende 1802 den gesellschaftskritischen Roman *Delphine*. Als die Autorin ein Dreivierteljahr später erneut aus Nordfrankreich verbannt wurde, brach sie im Spätherbst 1803 mit Benjamin Constant, ihrer sechsjährigen Tochter Albertine und ihrem 13-jährigen Sohn Auguste nach Deutschland auf. Der zwei Jahre jüngere Albert blieb im Internat in Genf.

»Ich glaube […], dass der Genius der Menschheit, der von einem Lande zum anderen zu ziehen scheint, jetzt in Deutschland zu finden ist«, hatte sie im Vorjahr geschrieben. »Ich studiere das Deutsche sehr sorgsam, und ich habe die sichere Empfindung, dass ich nur dort neuen Gedanken und neuen Gefühlen begegnen werde.«[32] Obwohl Germaine de Staël Goethe im Original las, sprach sie auf ihrer Deutschlandreise ausschließlich französisch. In Frankfurt am Main, wo die Reisegruppe sich einige Zeit aufhielt, gefiel es der frankophonen Exzentrikerin gar nicht. »Geschmack gestand Germaine de Staël den Deutschen in keinem Lebensbereich zu. Ob es sich nun um städtische Architektur handelte, Kunst oder Kleidung, alles empfand sie als ›gutgemeint‹, aber plump.«[33] Das galt auch für den Humor der Deutschen und deren Umgangsformen. Dass sie sich willig nach Vorschriften richteten, wunderte die Reisende. Entsetzlich fand sie die überheizten, vom Tabakrauch und womöglich von Bierdunst geschwängerten Räume. Germaine war enttäuscht, dass sich die Bürger, die in der Freien Stadt Frankfurt das Leben prägten, nicht für intellektuelle Diskussionen interessierten. »Man war wohl auch etwas vorsichtig, mit der Napoleon-Gegnerin

Umgang zu pflegen, um sich nicht öffentlich zu kompromittieren.«[34]

Goethes Mutter empfand die ungebetene Besucherin als aufdringlich und lästig: »Mich hat sie gedrückt, als wenn ich einen Mühlstein am Hals hangen hätte«, beklagte sie sich in einem Brief an ihren Sohn, »ich ging ihr überall aus dem Wege, schlug alle Gesellschaften aus, wo sie war, und atmete freier, da sie fort war. Was will die Frau mit mir?«[35]

Mitte Dezember traf die Reisegruppe dann in Weimar ein. Germaine de Staël wollte selbstverständlich mit dem von ihr verehrten Dichter Johann Wolfgang von Goethe reden und schickte ihm ein Billet, aber er hatte sich nach Jena abgesetzt, um dem Rummel zu entgehen. In fließendem Französisch schrieb er ihr, er sei beschäftigt und obendrein erkältet. Daraufhin schlug sie vor, zu ihm nach Jena zu kommen, aber er konnte sie davon abhalten. Die 64-jährige Herzogin Anna Amalia von Braunschweig-Wolfenbüttel und deren Erste Hofdame Luise von Göchhausen waren von der Besucherin allerdings ebenso fasziniert wie Charlotte von Stein* und Henriette von Knebel. »Man fand sie natürlich bei all ihrem Geistesreichtum und ihrem beeindruckenden Auftreten, erfrischend, belebend und angenehm.«[36] Weil Goethe abwesend war und Herder im Sterben lag, forderte der Hof Friedrich Schiller auf, dem Gast seine Aufwartung zu machen. Der Dichter, der gerade an seinem Drama *Wilhelm Tell* arbeitete, beklagte sich in einem Brief an seinen Freund Theodor Körner: »Mein Stück nimmt mir den ganzen Kopf, und nun führt mir der Dämon noch die französische Philosophin hierher, die unter allen lebendigen Wesen, die

---

* Über Charlotte von Stein, Johann Wolfgang von Goethe und Christiane Vulpius schrieb der Autor ein Kapitel in seinem Buch *Verführerische Frauen. Elf Porträts* (Piper Verlag 2012).

mir noch vorgekommen, das beweglichste, streitfertigste und redseligste ist. Sie ist aber auch das gebildetste und geistreichste weibliche Wesen, und wenn sie nicht wirklich interessant wäre, so sollte sie mir auch ganz ruhig hier sitzen. Du kannst dir aber denken, wie eine solche ganz entgegengesetzte, auf dem Gipfel französischer Kultur stehende, aus einer ganz anderen Welt hergeschleuderte Erscheinung mit unserem deutschen und vollends mit meinem Wesen kontrastieren muss.«[37] An Goethe schrieb er: »In allem, was wir Philosophie nennen, folglich in allen letzten und höchsten Instanzen, ist man mit mir im Streit und bleibt es, trotz alles Redens. [...] Sie will alles erklären, einsehen, ausmessen, sie statuiert nichts Dunkles, Unzugängliches, und wohin sie nicht mit ihrer Fackel leuchten kann, da ist nichts für sie vorhanden. [...] Sie ersehen aus diesen paar Worten, dass die Klarheit, Entschiedenheit und geistreiche Lebhaftigkeit ihrer Natur nicht anders als wohltätig wirken können; das einzige Lästige ist die ganz ungewöhnliche Fertigkeit ihrer Zunge, man muss sich ganz in ein Gehörorgan verwandeln, um ihr folgen zu können.«[38]

An Weihnachten kehrte Goethe endlich nach Weimar zurück und lud Germaine de Staël mit Benjamin Constant zusammen ein. Aber der Dichter, »der weibliche Genialität [...] nicht so gern gelten ließ«[39] und sich daran störte, dass seine Besucherin zusammenfassend über sein Lebenswerk zu schreiben beabsichtigte, entschuldigte sich nach zwei oder drei weiteren Begegnungen wieder mit einer Erkältung.

Germaine de Staël reiste Anfang März 1804 von Weimar über Leipzig nach Berlin, wo Königin Luise am 10. März ihren 28. Geburtstag feierte. Zu dem aus diesem Anlass veranstalteten Ball wurde sie als Ehrengast eingeladen, und vier Tage später saß sie bei einem Kostümfest am Tisch der preußischen Königin. Zu einem Eklat kam es, als die sechsjährige Albertine den zwei Jahre älteren Kronprinzen Friedrich Wilhelm ohrfeigte. König Friedrich Wilhelm III. und Königin Luise nahmen die Ungehörigkeit jedoch nicht weiter ernst.

In einer Gesellschaft wurde ihr Johann Gottlieb Fichte vorgestellt, einer der bedeutendsten Vertreter des Idealismus, über dessen Grundzüge Madame de Staël in Weimar von einem jungen in Jena studierenden Engländer unterrichtet worden war, dem gegenüber sie geprahlt hatte: »Ich verstehe alles, was verdient, verstanden zu werden; was ich nicht verstehe, bedeutet auch nichts.«[40] Ohne auf Fichtes Schwierigkeiten mit der französischen Sprache Rücksicht zu nehmen, forderte sie ihn auf, ihr kurz seine philosophischen Ansichten zu erläutern. Nach gerade mal zehn Minuten verlor sie die Geduld. »Ah! Das reicht, ich verstehe, ich verstehe Sie sehr gut, Monsieur Fischt.«[41]

Die berühmte Salonière Henriette Herz erinnerte sich später an Germaine de Staëls Besuch in Berlin: »Es ist nicht möglich, sich eine lebendigere und geistreichere Unterhaltung zu denken als die ihre. Allerdings [...] wurde man von ihr fast bis zum Übermaß mit Geistesblitzen überschüttet. Und nicht minder lebhaft als im Antworten war sie im Fragen, ja ihre Fragen folgten einander mit solcher Schnelligkeit, dass es kaum möglich war, ihr genügend zu entgegnen. Ihr unersättlicher Durst nach Vermehrung ihrer Kenntnisse ließ ihr keine Ruhe, aber ihre Sucht, den subtilsten Geist, welcher aus den Tiefen der Wissenschaft aufsteigt, im Fluge von der Oberfläche wegzuhaschen, war schon bei ihrer Anwesenheit in Berlin Gegenstand leichten Spottes.«[42] Rahel Varnhagen fügte hinzu: »Verstand hat sie genug, aber keine horchende Seele; nie ist es still in ihr.«[43] Das bestätigte auch Wilhelm von Humboldt: »Sie hat keine Stille im Gemüt.«[44]

Benjamin Constant hatte sich in Leipzig von der Gruppe getrennt; er fuhr nach Lausanne, aber als Jacques Necker am

9. April in Coppet starb, kehrte er nach Weimar zurück und wartete dort auf seine Lebensgefährtin. Vom Tod ihres Vaters wagte er sie jedoch nicht zu benachrichtigen; das überließ er Luise von Göchhausen. Germaine de Staël trat daraufhin am 1. Mai die Heimreise an.

Begleitet wurde sie nun auch von August Wilhelm Schlegel, den sie als Hauslehrer ihrer Kinder angestellt hatte. Der deutsche Philosoph, einer der bedeutendsten Vertreter der Romantik, beherrschte die französische Sprache vorzüglich. Seine Ehe war ein Jahr zuvor geschieden worden. Obwohl Madame de Staël Distanz zu ihm wahrte und ihm sein Bruder Friedrich riet, die zwar gut bezahlte, aber entwürdigende Stellung aufzugeben, blieb er bei Germaine de Staël und versicherte ihr am 18. Oktober sogar schriftlich, sie könne über ihn wie über einen Sklaven verfügen: »Hiermit erkläre ich, dass Sie jedes Recht auf mich haben und ich keines auf Sie. Verfügen Sie über meine Person und mein Leben, befehlen und verbieten Sie – ich werde Ihnen in allen Stücken gehorchen.«[45]

Wie einst Julius Caesar hatte Napoleon Bonaparte zunächst als Feldherr Ruhm erworben, sich dann als Konsul nach oben gekämpft, als Diktator den Staat neu geordnet, und nun griff er nach der Krone. Aber nicht das Erbe der Bourbonen bzw. die französische Königskrone strebte Napoleon an, sondern das universale Kaisertum in der Tradition Karls des Großen. Papst Pius VII. wagte es nicht, sich dem Ruf des mächtigen Franzosen zu widersetzen: Er reiste nach Paris und salbte Napoleon am 2. Dezember 1804 in Notre-Dame, bevor dieser sich selbst die Kaiserkrone aufsetzte und anschließend seine Ehefrau Joséphine krönte.

Am Tag darauf fuhr Germaine de Staël mit August Wilhelm Schlegel und ihren drei Kindern nach Italien. In Mailand, wo sie sich drei Wochen aufhielten, schloss sich ihnen Jean-Charles-

Léonard Simon de Sismondi an, ein verklemmter Pastorensohn aus Genf, der Madame de Staël ebenso ergeben war wie Schlegel. Von Anfang Februar bis Mitte Mai 1805 hielt sie sich in Rom auf. Sie feierte dort ihren 39. Geburtstag und hatte drei Wochen lang eine Affäre mit Pedro de Sousa e Holstein, einem 15 Jahre jüngeren Aristokraten, der später eine führende Rolle in der portugiesischen Politik spielen und zum Herzog von Palmella erhoben werden sollte. Im Juni kehrte Germaine de Staël nach Coppet zurück.

Benjamin Constant, der nicht mit nach Italien gereist war, nutzte die Abwesenheit seiner Lebensgefährtin für einen Versuch, von ihr loszukommen. »Ich bin dieses Mannweibs müde, das mich mit eiserner Faust seit zehn Jahren knechtet«,[46] klagte er. Fünf Jahre zuvor hatte er bereits einer Irin mit zwei unehelichen Kindern einen Heiratsantrag gemacht, war dann aber doch bei Germaine de Staël geblieben. Nun traf er sich in Paris mit zwei Frauen, die ihm gefielen. Eine von ihnen – Charlotte du Tertre, geborene von Hardenberg – hatte sich in den Neunzigerjahren seinetwegen in Braunschweig von ihrem Ehemann getrennt, war aber inzwischen in zweiter Ehe mit einem französischen General verheiratet. Trotz aller Vorsätze eilte Benjamin Constant dann aber doch wieder nach Coppet, sobald Germaine de Staël wieder da war. Und er brachte einen ihrer weiteren Verehrer mit, Prosper de Barante, den 24-jährigen Sohn des Präfekten des französischen Departements Léman. »Zurück in Coppet, zwischen dem im Aufbruch begriffenen Noch-Lebensgefährten (Constant), zwei sich ins Gehege kommenden Neu-Geliebten (Dom Pedro/Barante), dem ewig beleidigten Schlegel, dem diskret seufzenden Sismondi, der sich während der Italienreise vollends in Germaine verliebt hatte, dem ebenfalls in sie verliebten [Karl Viktor von] Bonstetten sowie einer Fülle wechselnder Besucher in der neu angebrochenen

Sommersaison schrieb Germaine ihren Italien-Roman *[Corinne ou l'Italie]*.«[47]

Aufgrund eines wohlwollenden Berichts, den Prospers Vater Claude Ignace de Barante nach Paris geschickt hatte, erhielt Madame de Staël die Erlaubnis, Frankreich wieder zu betreten. Allerdings durfte sie sich Paris nur bis auf 40 Meilen nähern. Während Napoleon gerade dabei war, Europa zu erobern, reiste seine Widersacherin im April 1806 mit Schlegel, ihrem Sohn Albert und ihrer Tochter Albertine nach Frankreich. Benjamin Constant und Prosper de Barante folgten ihr zwei Monate später nach Auxerre. Nach einem mehrwöchigen Aufenthalt in Rouen wagte sich Germaine de Staël Ende November bis ins Château d'Acosta in Aubergenville vor, und im Jahr darauf kaufte sie ein Haus in Montmorency am nördlichen Rand von Paris. Als sie aber im Frühjahr 1807 in die Stadt fuhr, wurde sie erneut ausgewiesen und musste nach Coppet zurückkehren.

Benjamin Constant blieb noch zwei Monate länger in Paris und verbrachte die Zeit mit Charlotte du Tertre, die sich nun auch von ihrem zweiten Ehemann trennte, um für den Geliebten frei zu sein. Der erklärte ihr allerdings, er müsse noch ein letztes Mal zu seiner bisherigen Lebensgefährtin, um sich endgültig von ihr zu trennen.

Im Juli traf er deshalb wieder in Coppet ein, wo inzwischen Juliette Récamier bei ihrer Freundin zu Besuch war. »Das Universum von Coppet drehte sich um zwei Sonnen – Germaine, flammend, explodierend, gebieterisch; und Juliette, kühl, distanziert und anziehend.«[48] Für die Bewohner des Schlosses und ihre zahlreichen Gäste arbeiteten allein in der Küche bis zu 15 Bedienstete. Das Abendessen wurde gegen 23 Uhr eingenommen, und das anschließende kulturelle Programm dauerte oft bis in die Morgenstunden. Da ist es nicht verwunderlich, dass die Schlossherrin Opium als Schlafmittel benötigte. »Sie schläft nur wenige Stunden und ist die ganze übrige Zeit hindurch in einer ununterbrochenen, fürchterlichen Tätigkeit. Ihre Reden sind Abhandlungen oder eine zusammengehäufte Masse von Laune und Witz. Sie kann nur nicht alltägliche Leute um sich leiden. Während sie frisiert wird, während sie frühstückt, schreibt sie bereits; im Ganzen genommen bringt sie ein Drittel von jedem Tag mit Schreiben zu. Sie hat nicht Ruhe genug, um das Geschriebene wieder vorzunehmen, um auszubessern, um zu vollenden.«[49] Coppet war »ein Diskussionsforum, Kulturzentrum, literarischer Salon, Werkstätte für Publizistik und Dramaturgie, Gesellschaftsort und eine Insel der Verbannten, wenn der Wind aus Paris schneidender wurde«[50]. Germaine de Staël »beflügelte [jetzt] auch den europäischen Widerstand«[51].

Nach der Veröffentlichung ihres emanzipatorischen Romans *Corinne ou l'Italie* fuhr sie Ende November 1807 mit Schlegel, Albert und Albertine über München nach Wien, wo Kaiser Franz II. von Napoleon gezwungen worden war, am 6. August 1806 das Heilige Römische Reich Deutscher Nation für erloschen zu erklären, und nur noch den österreichischen Kaisertitel führen durfte.

Admiral Horatio Nelson hatte zwar die britische Seeherrschaft durch den Sieg über die französisch-spanische Armada in der Schlacht vor Trafalgar am 21. Oktober 1805 gesichert, aber auf dem Kontinent war Napoleon nicht mehr aufzuhalten, nachdem er in der »Dreikaiserschlacht« bei Austerlitz am 2. Dezember 1805 die Armeen von Kaiser Franz II. und Zar Alexander I. bezwungen und am 14. Oktober 1806 das preußische Heer in der Doppelschlacht von Jena und Auerstedt vernichtet hatte.

Sogar in Wien wurde Germaine de Staël von Geheimagenten observiert. Dabei fiel auf, dass der 27-jährige Hauptmann Moritz O'Donnell Graf von Tyrconnel fast jede Nacht bei der 14 Jahre älteren Französin verbrachte. Um den eifersüchtigen August

Wilhelm Schlegel zu besänftigen, vermittelte sie ihm die Gelegenheit, eine Vorlesungsreihe »Über dramatische Kunst und Literatur« in Wien zu halten.

Ihren 17-jährigen Sohn Auguste hatte Germaine de Staël nicht mit auf die Reise genommen, denn er sollte sich nicht nur für die Aufhebung ihrer Verbannung einsetzen, sondern auch die Rückzahlung der zwei Millionen Livres anmahnen, die ihr Vater der französischen Staatskasse geliehen hatte und die 1793 von den Revolutionären konfisziert worden waren. Der Kaiser empfing Auguste de Staël zwar am 30. Dezember 1807 während eines Aufenthalts in Chambéry, aber das Ansinnen machte ihn so zornig, dass er behauptete, Augustes Großvater habe die Monarchie zu Fall gebracht und sei an der Hinrichtung Ludwigs XVI. schuld gewesen: »Ich sage Ihnen, dass sogar Robespierre, Marat, Danton Frankreich weniger geschadet haben als Necker.«[52]

Enttäuscht über das Scheitern der Mission ihres Sohnes verließ Madame de Staël Wien im Mai 1808. In der böhmischen Stadt Teplitz vermittelte ihr Carl Joseph Fürst de Ligne eine Begegnung mit dem Publizisten Friedrich Gentz, der ein preußisch-österreichisches Bündnis gegen Napoleon propagierte. Napoleon kommentierte die Zusammenkunft der beiden Oppositionellen in einem Schreiben an seinen Polizeiminister Joseph Fouché: »Sie hat angefangen, sich in einem Kreis zu bewegen, der für den öffentlichen Frieden eine Gefahr bedeutet.«[53]

Johann Wolfgang von Goethe, der sich seit dem 17. Mai im böhmischen Kurort Karlsbad aufhielt, lehnte es ab, sie in Dresden zu treffen. Über Weimar und Frankfurt am Main kehrte Germaine de Staël im Juli an den Genfer See zurück.

Auch Benjamin Constant fand sich dort erneut ein, obwohl er und Charlotte du Tertre kurz zuvor auf dem Landsitz seines Vaters in Brévan bei Dôle von einem Pastor heimlich getraut worden waren. Ohne dass Germaine de Staël davon wusste, wartete Charlotte in Hotels in Bern, Lausanne bzw. Nyon auf ihren Ehemann. Schließlich bat sie die Nebenbuhlerin, sich mit ihr in einem Hotel in Sécheron (heute ein Stadtteil von Genf) zu treffen. Madame de Staël geriet außer sich, als sie von der Eheschließung erfuhr, und verlangte, dass Benjamin Constant sie zurück nach Coppet begleite, was dieser denn auch tat. Im Sommer 1809 drohte Charlotte in einem Brief aus Lyon, sie werde sich mit Laudanum vergiften. Daraufhin eilte Benjamin Constant zu ihr und brachte sie nach Paris. Weil ihm der Mut fehlte, das Verhältnis mit Germaine de Staël mit einer Erklärung zu beenden, holte er seine in Coppet verbliebenen Sachen nach und nach möglichst unauffällig ab.

Um endlich wieder nach Frankreich reisen zu können, kündigte Germaine de Staël Ende 1809 an, sie werde in die Vereinigten Staaten von Amerika emigrieren. Tatsächlich erlaubten ihr die französischen Behörden daraufhin, ins Land zu kommen, allerdings nur, um sich in einem Atlantikhafen nach New York einzuschiffen. Ohne diese Auflage zu beachten, richtete sich Germaine de Staël im Frühjahr 1810 mit August Wilhelm Schlegel, ihren drei Kindern, Albertines Gouvernante Fanny Randall, ihrer Freundin Juliette Récamier, Prosper de Barante, Mathieu de Montmorency und einigen anderen im Schloss Chaumont an der Loire ein, das ihr der befreundete Besitzer für die Zeit seines Aufenthalts in den USA zur Verfügung gestellt hatte. Und als der Schlossherr im Sommer des folgenden Jahres zurückkehrte, zog Germaine de Staël mit ihrer Entourage nach Fossé bei Blois.

Inzwischen hatte sie ihre in Deutschland gesammelten Reiseeindrücke zu einem Werk über Sitten, Kunst und Literatur, Ethik und Philosophie, Religion und »Schwärmerei« verarbeitet: *De l'Allemagne*. In polemischer Absicht stellte sie dem angeblich kulturlosen Imperium Napoleons die regional vielfältige Kultur und die geistige Schaffenskraft eines idealisierten Landes der Dichter und Denker gegenüber.

Während sie noch am letzten Band arbeitete, reichte ihr Verleger Gabriel-Henri Nicolle der von Napoleon 1810 eingerichteten Zensurbehörde die ersten beiden Bände ein. Nachdem das »Bureau de la liberté de la presse« nur geringfügige Änderungen verlangt hatte, schickte die Autorin ihre Freundin Juliette Récamier mit einem Brief und den Druckfahnen des im September fertiggestellten dritten Bandes zu Napoleon. Offenbar erwartete sie, er werde ihr Buchprojekt billigen. Stattdessen forderte der Polizeiminister General Anne-Jean-Marie-René Savary, Herzog von Rovigo, die Autorin auf, sich innerhalb von 48 Stunden an der Atlantikküste einzufinden, der Polizei das Manuskript und alle Korrekturfahnen zu übergeben und an Bord des nächsten Segelschiffes nach Amerika zu reisen. In einem Brief, mit dem er ihr einen einwöchigen Aufschub gewährte, schrieb er: »[...] es ist noch nicht so weit mit uns gekommen, dass wir uns die Nationen zum Vorbild nehmen müssten, die Sie bewundern.«[54] Savary, der sich möglicherweise durch sein Vorgehen beim Kaiser anbiedern wollte,[55] verbot nicht nur die Veröffentlichung von *De l'Allemagne*, sondern ließ auch die von den ersten beiden Bänden bereits gedruckten Exemplare einstampfen und die Druckplatten vernichten. Das ruinierte den Verleger, der daraufhin Konkurs anmelden musste. Napoleon schrieb seinem Polizeiminister schließlich: »Ich wünsche von diesem elenden Frauenzimmer und ihrem Buch nichts mehr zu hören.«[56]

Statt sich einzuschiffen, kehrte Germaine de Staël jedoch an den Genfer See zurück.

Bei einer Gesellschaft in Genf lernte sie Ende des Jahres den 23-jährigen Neffen der Gastgeberin kennen: Der Kriegsinvalide

Albert-Jean-Michel (»John«) Rocca, dem Geschosse das linke Hüftgelenk zertrümmert hatten, verliebte sich auf den ersten Blick in die fast doppelt so alte Frau. Am 1. Mai 1811 verlobten sich die beiden vor einem Pastor sowie den Zeugen Fanny Randall und Charles Rocca, dem Bruder des Bräutigams. Elf Monate später, am 7. April 1812, gebar Germaine de Staël in Coppet einen Sohn, ohne dass Schlegel, Auguste, Albert oder Albertine etwas davon mitbekamen. Nur Fanny Randall, die ihrer Dienstherrin ebenso ergeben war wie Schlegel, wusste von der Schwangerschaft und half bei der Entbindung. Sie brachte das Kind nach einer Woche unbemerkt ins Dorf Longirod bei Nyon, wo der vorher eingeweihte Pastor es als »Louis Alphonse, Sohn der Henriette geb. Preston und des Theodor Giles aus Boston« ins Taufregister eintrug und Pflegeeltern übergab.

Ein Jahr zuvor hatte man Germaine de Staël verboten, das Gebiet zwischen Genf und Coppet zu verlassen. Deshalb fühlte sie sich wie eine Gefangene. Eineinhalb Monate nach der heimlichen Geburt, am 23. Mai, täuschten sie, Auguste und Albertine eine Spazierfahrt in einer offenen Kutsche vor, um den Beginn ihrer Flucht zu tarnen. In Bern schloss sich August Wilhelm Schlegel der Gruppe an, und in Wien stießen Albert und der Diener Josef Uginet mit dem Gepäck zu ihnen. John Rocca, der separat reiste, traf sich in Wien nur unter großer Vorsicht mit Germaine, denn er wollte nicht riskieren, dass ihn die österreichische Polizei festnahm und an Frankreich auslieferte. In diesem Fall wäre er nämlich wegen Fahnenflucht zum Tod verurteilt worden. Er verabschiedete sich auch bald wieder von seiner Verlobten und reiste nach Schweden voraus.

Germaine de Staël beabsichtigte, in Wien ihren Propagandafeldzug gegen Napoleon fortzusetzen, aber das verhinderte die österreichische Regierung, die den französischen Kaiser, der inzwischen einen Großteil Europas beherrschte, nicht verärgern wollte. Nach gut zwei Wochen verließ Germaine de Staël die Stadt und wartete in Brünn, bis Schlegel einen russischen Einreisepass für sich und sie, die drei Kinder und vier Bedienstete besorgt hatte. Auf dem Weg nach Lemberg achteten an jeder Poststation Grenadiere darauf, dass die Gruppe nicht von der Route abwich.

Napoleon marschierte zur gleichen Zeit mit einer halben Million Soldaten – der größten Armee, die es bis dahin in Europa gegeben hatte – in Russland ein. Um der »Grande Armée« auszuweichen, reisten Germaine de Staël und ihre Begleiter auf dem Umweg über Kiew und Moskau nach Sankt Petersburg. Dort wurde Napoleons prominente Gegnerin zweimal von Zar Alexander I. empfangen, und sie traf sich mit dem von Napoleon verjagten preußischen Reformer Heinrich Friedrich Karl Reichsfreiherr vom und zum Stein. »In Petersburg fängt sie da an, wo sie in Paris hat aufhören müssen: Germaine versammelt in ihrem Haus die einflussreichsten Politiker, knüpft Kontakte und versucht erneut, Einfluss auf die Politik zu gewinnen.«[57]

Bis Anfang September blieb sie in Sankt Petersburg, dann fuhr sie nach Turku und ging an Bord eines Schiffes nach Stockholm, wo sie mit dem von König Karl XIII. adoptierten früheren Revolutionsgeneral Jean-Baptiste Bernadotte zusammenkam, um den schwedischen Thronfolger für das von Zar Alexander I. angestrebte gemeinsame Vorgehen gegen Napoleon zu gewinnen. Bernadotte verlieh ihrem Sohn Albert de Staël ein schwedisches Offizierspatent und ernannte August Wilhelm Schlegel zu seinem persönlichen Sekretär und zum Regierungsrat.

Kurz nach der Ankunft ihres Sohnes Auguste in Schweden schiffte sich seine Mutter mit ihm, Albertine und Jean Rocca nach London ein, wo sie im Juni 1813 begeistert empfangen wurde. Königin Charlotte lud sie zu einer Privataudienz ein, und der junge Dichter Lord Byron, der Madame de Staël bereits während seines Genf-Aufenthalts im Sommer 1807 des Öfteren besucht hatte, unterhielt sich auch in England bei mehreren Gelegenheiten mit ihr. Byron saß mit am Tisch, als sich bei Madame de Staëls Kleid eine Korsettstange herausbohrte. »Obwohl die Trägerin mit beiden Händen und aller Kraft sie zurückzudrücken versuchte und dabei vor Anstrengung krebsrot wurde, wollte sie nicht wieder verschwinden. Nach vergeblichen Versuchen wandte sie sich verzweifelt an den Kammerdiener hinter ihrem Stuhl und forderte ihn auf, die Stange zu entfernen, was sich nur bewerkstelligen ließ, indem er ihr mit der Hand von rückwärts über Schulter und Brust griff [...]. Hätten Sie die Gesichter einiger der anwesenden englischen Ladies gesehen, Sie hätten sich wie ich in Lachkrämpfen gewunden. Madame hingegen entging es völlig, dass sie gegen den englischen Anstand verstoßen hatte.«[58]

In London bekam Germaine die Nachricht vom Tod ihres 20-jährigen Sohnes Albert. Der Husarenleutnant in schwedischen Diensten hatte zuletzt an der Ostsee ein ausschweifendes Leben geführt, war vorübergehend auf die Insel Rügen verbannt worden und bald darauf beim Glücksspiel mit einem russischen Offizier in Streit geraten, der ihn dann bei einem Säbelduell am 20. Juli 1813 in der Nähe von Doberan getötet hatte.

Der Londoner Verleger John Murray erwarb die Rechte an *De l'Allemagne* und veröffentlichte das dreibändige Werk, von dem August Wilhelm Schlegel einen Satz Korrekturfahnen aus Frankreich herausgeschmuggelt hatte, im Oktober 1813 in der Originalsprache. Es war eine »geistige Wunderwaffe für eine romantisch begründete, emotional artikulierte, Begeisterung weckende Freiheit«[59]. Johann Wolfgang von Goethe bezeichnete *De l'Allemagne* später als »ein mächtiges Rüstzeug, das in die chinesische Mauer antiquierter Vorurteile, die uns von Frankreich trennte, sogleich eine breite Lücke durchbrach«[60].

Ohne dass es zu einer Entscheidungsschlacht gekommen wäre, hatte sich die »Grande Armée« ab Oktober 1812 zurückziehen müssen und war durch Winter, Hunger, Krankheiten und Partisanen aufgerieben worden. 275 000 Männer kehrten vom gescheiterten Russland-Feldzug nicht mehr zurück. Im Mai 1813 besiegte Napoleon zwar mit einer neu ausgehobenen Armee die preußischen und russischen Streitkräfte bei Großgörschen bzw. Bautzen, aber seine Gegner nutzten den anschließenden Waffenstillstand, um sich für eine Entscheidungsschlacht zu rüsten. Schweden, Großbritannien und schließlich auch Österreich gaben ihre abwartende Haltung auf und stellten sich auf die Seite der Preußen und Russen. Mit drei gewaltigen Armeen stießen die Alliierten nach Ablauf des Waffenstillstandes gegen den in Sachsen stehenden französischen Kaiser vor. In der Völkerschlacht bei Leipzig vom 16. bis 19. Oktober 1813 unterlagen die Franzosen der Übermacht. Am 31. März 1814 zogen Zar Alexander I., König Friedrich Wilhelm III. und der österreichische Feldmarschall Fürst zu Schwarzenberg in Paris ein. Germaine de Staëls früherer Liebhaber Charles-Maurice de Talleyrand-Périgord erreichte, dass der Senat den Kaiser am übernächsten Tag für abgesetzt erklärte. Napoleon wurde daraufhin nach Elba verbannt, wo er am 3. Mai eintraf. Am selben Tag zog der Bourbonen-König Ludwig XVIII. in den Tuilerien ein.

Damit war für Madame de Staël der Weg nach Frankreich endlich wieder frei. Am 12. Mai traf sie in Paris ein. Nachdem sie sich von Mitte Juli bis Ende September in Coppet aufgehalten hatte, zog sie mit Albertine, August Wilhelm Schlegel und Jean Rocca – der inzwischen an Tuberkulose erkrankt war – nach Paris-Clichy.

Napoleon versuchte noch einmal, die Macht zurückzugewinnen und verließ Elba am 26. Februar 1815. Knapp zwei Wochen später floh Germaine de Staël nach Coppet. Dort harrte sie aus, bis Napoleon am 18. Juni bei Waterloo geschlagen und danach auf die unwirtliche Insel Sankt Helena im Südatlantik verbannt wurde.

Ende September reiste sie mit Albertine, August Wilhelm Schlegel und Jean Rocca noch einmal nach Italien. In Pisa traf sich die Gruppe mit Auguste de Staël, Jean-Charles-Léonard Simonde de Sismondi und Albertines Bräutigam Achille-Charles-Léonce-Victor Herzog von Broglie. Die 19-jährige Braut und ihr elf Jahre älterer Bräutigam wurden am 15. Mai 1816 in Livorno zivil und am 20. Mai in Pisa kirchlich getraut.

Bei einer Hochzeit fünf Monate später war Germaine de Staël selbst die Braut: Sie heiratete in Coppet ihren 22 Jahre jüngeren, tuberkulosekranken und inzwischen an Krücken gehenden Lebensgefährten John Rocca.

Noch im selben Monat fuhr sie noch einmal nach Paris. Während eines Empfangs am 21. Februar 1817 bei Élie Herzog von Decazes und Glücksberg, einem der bedeutendsten Minister der französischen Regierung, taumelte sie auf der Treppe. Sie wurde zwar von ihrem Schwiegersohn aufgefangen und vor einem Sturz bewahrt, aber die Ärzte diagnostizierten einen Gehirnschlag. Wegen ihres Gesundheitszustandes konnte sie Albertine nicht besuchen, die Anfang März eine Tochter gebar. »Ich liege [...] seit neunzig Tagen wie eine Schildkröte auf dem Rücken, jedoch mit viel mehr Gemütserregung und Leiden der Vorstellungskraft als dieses Tier«, klagte sie. »Es ist wirklich eine Strafe des Himmels, wenn jemand, der der aktivste Mensch von der Welt ist, sich sozusagen versteinert findet.«[61]

Am 14. Juli 1817 starb Germaine de Staël im Alter von 51 Jahren. Es heißt, Fanny Randall habe ihr zuvor eine besonders starke Dosis Opium zu trinken gegeben. Der von Paris nach Coppet überführte Leichnam wurde am 28. Juli im Beisein des Witwers, August Wilhelm Schlegels und der Kinder im Mausoleum der Familie neben den sterblichen Überresten von Jacques und Suzanne Necker bestattet.

George Sand
(1804 – 1876)

———•◆•———

»KEINE SCHWÄCHEN BITTE!«

Männerkleidung trug George Sand nicht, um zu provozieren, sondern damit sie sich frei bewegen konnte, und sie schrieb unter einem männlichen Pseudonym, weil sie sonst im Literaturbetrieb kaum eine Chance gehabt hätte. Frauenrechtlerin war sie keine; ihr ging es um die Verbesserung der Gesellschaft schlechthin. Weil sie ihre Freiheit auch in der Liebe verteidigte, galt sie als Skandalfrau.

Amantine-Aurore-Lucile Dupin, die später unter dem Namen George Sand berühmt wurde, kam am 1. Juli 1804 in Paris zur Welt – einen Monat nach der Eheschließung ihrer Eltern. In ihrer Autobiografie erzählt George Sand, die Mutter habe gerade fröhlich getanzt, als die Wehen einsetzten. Kurz darauf sei der Vater zu seiner Frau und einer gesunden kleinen Tochter ins Nebenzimmer gerufen worden.

Bei der 31-jährigen Mutter Antoinette-Sophie-Victoire handelte es sich um die Tochter des Vogelhändlers Antoine Delaborde. Die Familie des fünf Jahre älteren Vaters Maurice Dupin gehörte dagegen zur Aristokratie. Einer seiner Urgroßväter war

Moritz von Sachsen, ein illegitimer Sohn Augusts des Starken. Die Tochter, die der französische Marschall Moritz von Sachsen mit der Sängerin Marie Rainteau gezeugt hatte, durfte sich Marie-Aurore de Saxe nennen. Ihre Tante Maria Josepha von Sachsen, die Mutter von drei französischen Königen, nahm sich ihrer an und verheiratete sie mit einem Infanteriehauptmann. Nach dessen Tod vermählte sich die inzwischen 28-jährige Marie-Aurore mit dem mehr als doppelt so alten Louis-Claude Dupin de Francueil, der zunächst der Geliebte ihrer Tante Geneviève Rainteau und dann ihrer Mutter gewesen war. Ihr 1778 geborener Sohn Maurice Dupin wurde George Sands Vater.

Während Oberst Maurice Dupin an Napoleons Feldzügen teilnahm, lebte seine Frau mit Amantine-Aurore-Lucile in einer bescheidenen Wohnung in Paris. Sophie war erneut im achten Monat schwanger, als sie ihrem Mann im Frühjahr 1808 in einer rumpelnden Postkutsche nach Spanien nachreiste und ihre Tochter mitnahm. In Madrid wurde sie von einem Sohn entbunden, der allerdings blind war, und auf der Rückreise nach Frankreich erkrankten sowohl Aurore als auch der Säugling Auguste. Maurice suchte daraufhin mit der Familie Zuflucht bei seiner Mutter in Nohant-Vic in der zentralfranzösischen Landschaft Berry, wo die Witwe Marie-Aurore Dupin de Francueil 1793 das im 17. Jahrhundert für den Gouverneur von Vierzon errichtete Schloss samt den dazugehörigen Ländereien erworben hatte.

Dort erholte sich Aurore, aber der kleine Auguste starb nach kurzer Zeit. Eine Woche später, am 16. September 1808, brach Maurice Dupin sich bei einem Reitunfall das Genick.

Seine Witwe blieb noch einige Zeit bei Marie-Aurore Dupin de Francueil, obwohl diese ihre Schwiegertochter nicht ausstehen konnte. Sophie war »lebhaft, leidenschaftlich, jähzornig, sprunghaft und doch auch immer wieder herzensgut«, die Großmutter »kühl, ernst, überlegt, fürsorglich, diszipliniert und würdevoll«[62]. Das Kind, dem beide Frauen wichtig waren, litt unter der fortwährenden Spannung zwischen ihnen. 1810 verließ Sophie schließlich das Landgut, zog allein wieder nach Paris und holte ihre ältere, uneheliche Tochter Caroline zu sich. Aurore litt sehr darunter, dass ihre Mutter sie im Stich ließ und nur noch selten nach ihr sah. Sie lebte weiterhin bei ihrer Großmutter, die großen Wert auf Etikette legte und alles tat, um »ihr auch die letzte Spur eines Vogelhändlerniveaus auszutreiben«[63]. »Das Kind seiner unwürdigen Mutter entrissen zu haben, scheint allerdings der in ihre schöngeistige Welt und in die Erinnerung an den geliebten Sohn versunkenen alten Dame als Erziehungsmaßnahme zu genügen, ab jetzt genießt die kleine Enkelin eine geradezu avantgardistische Freiheit. Außer Musikstunden, Einführung in die Literatur und den schöngeistigen Gesprächen und Erzählungen am Kaminfeuer werden von der Großmutter keine weiteren Vorschriften gemacht.«[64] Marie-Aurore betrachtete ihre Enkelin als Ersatz für den Sohn, über dessen Tod sie nicht hinwegkam, und rief sie mitunter »Maurice«. Nachdem Aurore zunächst von einem Privatlehrer unterrichtet worden war, kam sie im Alter von 13 Jahren Anfang 1818 in ein Kloster der Englischen Augustinerinnen in Paris. Dort sollte ihre Erziehung abgeschlossen werden. Als das schwärmerische Mädchen jedoch den Wunsch äußerte, Nonne zu werden, holte die Großmutter es im Februar 1820 erschrocken nach Nohant zurück.

Im Jahr darauf erkrankte Marie-Aurore und musste von ihrer Enkelin gepflegt werden. Ungeachtet dessen konnte die Heranwachsende nun wieder – anders als im Kloster – tun und lassen, was sie für richtig hielt. Beispielsweise zog sie Männerkleidung an, wenn sie auf die Jagd ging. Das fand sie »viel angenehmer zum Herumstreifen als meine gestickten Röcke, die in Fetzen an allen Büschen hängen zu bleiben pflegten«[65]. Von ihrem Halbbruder, dem Husaren-Stallmeister Hippolyte Chatiron, einem unehelichen Sohn ihres Vaters, übernahm sie die Begeisterung für Pferde und ungestümes Reiten. Damit versuchte sie wohl auch, »ihren Gefühlsüberschwang, ihren Zweifel und ihre Empfindsamkeit zu verbergen und ihnen zu entkommen«[66].

Marie-Aurore Dupin de Francueil starb schließlich am 26. Dezember 1821. Während das Grabgewölbe für die anstehende Bestattung offen stand, führte der Erzieher Jean-François-Louis Deschartres die Enkelin der Verstorbenen hinein und brachte sie dazu, den Schädel ihres seit 13 Jahren toten Vaters zu küssen.

Aurore erbte das Landgut Nohant, das allerdings ziemlich heruntergewirtschaftet war, und das Hôtel Narbonne, ein Patrizierhaus der Großmutter in Paris. Von den Einnahmen musste sie ihrer Mutter eine Rente zahlen. Sophie Dupin, die zur Testamentseröffnung nach Nohant gekommen war, nahm ihre Tochter dann mit nach Paris, aber zwei Monate später brachte sie Aurore zu einer Familie mit fünf Töchtern aufs Land. Zwar versprach sie ihr zum Abschied, sie in einer Woche wieder abzuholen, ließ sich aber erst nach vier oder fünf Monaten wieder sehen, enttäuschte das Mädchen also erneut auf gravierende Weise und verstärkte bei Aurore die Überzeugung, von ihrer Mutter nicht geliebt zu werden.

»Die siebzehnjährige, hübsche und selbstständige Schlossherrin ist wild, rebellisch und freiheitsdurstig und könnte durchaus eine Vision zukünftiger weiblicher Emanzipation sein, nur: das Wunschbild trügt; wie viele junge Frauen in ihrem Alter und in dieser Gesellschaft ist sie unglücklich, von Zweifeln, Ängsten und Hoffnungen zerrissen und von Selbstmordgedanken heimgesucht.«[67] Später erinnert sich George Sand an diese Zeit: »Ich betete für die Kraft, der Versuchung zum Selbstmord zu widerstehen, sie wurde manchmal so stark, sie kam so plötzlich und so unheimlich, dass ich mich dem Wahnsinn nahe fühlte.«[68]

Am 19. April 1822 lernte Aurore den mittellosen Leutnant Casimir Baron Dudevant kennen. Gegen den Willen ihrer Mutter heiratete sie den unehelichen Sprössling eines Obersten und einer Dienstmagd am 17. September und zog mit ihm nach Nohant. Die Hochzeitsnacht scheint für Aurore allerdings ein Schock gewesen zu sein. »Aurore ist unberührt in die Ehe gegangen, die körperliche, geschlechtliche Liebe überfällt sie, ohne sie zu befriedigen.«[69] Die meisten Männer betrachteten damals ihre Ehefrauen noch als Eigentum, und weil sie davon ausgingen, dass Frauen nicht imstande seien, sexuelle Lust zu empfinden, befriedigten sie mit ihnen rücksichtslos ihre eigenen Triebe.

Bald schon stellte sich heraus, wie unterschiedlich die Interessen der Ehepartner waren: Während Aurore wissbegierig las, was sie kriegen konnte, fand ihr neun Jahre älterer Mann Bücher, Musik und Gespräche über philosophische Fragen langweilig. Stattdessen beschäftigte er sich lieber mit der Renovierung des Schlosses. Casimir Dudevant war »ein netter, sympathischer, aber eher unbedeutender Mann« und »seiner sensiblen, geistreichen, anspruchsvollen und deshalb recht komplizierten Gattin weit unterlegen«.[70] Da verwundert es nicht, dass Aurores Depressionen zurückkehrten.

Neun Monate nach der Hochzeit, am 30. Juni 1823, brachte sie in Paris einen Sohn zur Welt, der zu Ehren seines Großvaters den Namen Maurice erhielt. Obwohl das nicht üblich war, stillte sie ihn selbst.

Zwei Jahre später verliebte Aurore sich während eines Aufenthalts in den Pyrenäen in den fünf Jahre älteren stellvertretenden Staatsanwalt Aurélien de Sèze.

Im Herbst 1827 traf sie ihren Jugendfreund Stéphane Ajasson de Grandsagne wieder, dem sie während seiner medizinischen Ausbildung auf Anraten ihres Erziehers assistiert hatte, um anatomische Kenntnisse zu erwerben. »Er hatte in meiner Gegenwart und mit meiner Hilfe Arme abgetrennt, Finger amputiert, Handgelenke eingerenkt, Schädelbrüche zusammengeflickt. Er fand mich sehr geschickt, sehr flink und fähig, den Schmerz und den Ekel zu bekämpfen, wenn das nötig war. Sehr früh hatte er mich gelehrt, meine Tränen zurückzuhalten und meine Schwäche zu überwinden.«[71] Neun Monate nachdem die beiden zwei Wochen gemeinsam in Paris verbracht hatten, am 13. September 1828, gebar Aurore die Tochter Solange. Ihrem Ehemann versuchte sie einzureden, dass es sich um eine Frühgeburt handelte. Trotz erheblicher Zweifel an der Vaterschaft erkannte Casimir Dudevant das Kind an und liebte es wie ein eigenes.

Aurore schlief von nun an nicht mehr mit ihrem Ehemann im selben Raum, sondern richtete sich in einem eigenen Zimmer ein, das allerdings so klein war, dass der Platz nicht für ein Bett und einen Sekretär mit ausklappbarer Schreibtischplatte reichte. Später erzählte sie, dass sie deshalb eine Hängematte aufgespannt habe.

Im Sommer 1830 lernte Aurore den 19-jährigen Jurastudenten Léonard-Sylvain-Julien (»Jules«) Sandeau kennen – und ermutigte ihn, durchs Fenster in ihr Schlafzimmer zu klettern.

Sie beabsichtigte, zukünftig einen Teil des Jahres ohne ihre Familie in Paris zu verbringen. Anfang 1831 ließ sie Maurice und Solange in der Obhut des Vaters sowie eines Erziehers und eines Kindermädchens in Nohant zurück – wie ihre Mutter es mit ihr getan hatte – und zog mit Jules Sandeau in eine Dachkammer in Paris. In einer Zeit, in der eine Frau für einen Ehebruch noch mit Zuchthaus bestraft werden konnte, war das skandalös. Aurore war das egal, und auf ihren Ehemann nahm sie keine Rücksicht.

Dass sie auch in Paris des Öfteren Männerkleidung trug, geschah nicht in der Absicht, andere zu provozieren, im Gegenteil, sie tat es, um nicht aufzufallen und im Theater im billigen Parkett sitzen zu können, denn Logenplätze und die dort erforderlichen Abendkleider wären für Aurore zu teuer gewesen.»Ich wollte so weit Mann sein, dass ich in Bereiche und Milieus eindringen konnte, die mir als Frau verschlossen waren«, schrieb sie in ihrer Autobiografie.»Ich machte mir also einen ›Schilderhaus-Überrock‹ von grobem grauem Tuche und Hosen und Weste von demselben Zeuge. Dazu trug ich einen grauen Hut und eine dicke wollene Halsbinde und sah nun ganz aus wie ein Student im ersten Jahr. [...] Meine Kleidung hatte nun nichts mehr zu scheuen; ich konnte bei jedem Wetter, zu jeder Tageszeit ausgehen [...].«[72] Mehr oder weniger unbeabsichtigt wurden »Gehrock und Zigarre [...] ihr emanzipatorisches Markenzeichen, das die Grenzlinien des Geschlechterverhältnisses verwischen und bestehende Rollenbilder sichtbar außer Kurs setzen sollte«[73].

Um Geld zu verdienen, schrieben Aurore und Jules Sandeau gemeinsam Artikel für die *Revue de Paris* und die satirische Zeitschrift *Figaro*, die unter seinem Namen publiziert wurden. Auguste-Hilarion Comte de Kératy, ein Abgeordneter, der sich auch als Schriftsteller betätigte, riet Aurore allerdings vom Schreiben ab. Das sei nichts für sie, meinte er, dazu seien Frauen nicht in der Lage.»Glauben Sie mir, machen Sie keine Bücher, machen Sie Kinder.«[74] Im Dezember 1831 veröffentlichten Aurore und Jules Sandeau dann unter dem Pseudonym »J. Sand« ihren gemeinsam verfassten Roman *Rose et Blanche ou la Comédienne et la Religieuse (Nonne und Schauspielerin oder Verirrungen in der Liebe)*.

Danach schrieb Aurore in Nohant innerhalb von zwei Monaten einen weiteren Roman – *Indiana* – und wählte »George Sand« als Autorennamen.»Aus heutiger Sicht scheint es [die Wahl eines männlichen Pseudonyms] genau in das Klischee einer Vorkämpferin für die Emanzipation zu passen. Das heißt aber, ihre damalige Situation nicht verstehen, sich nicht in ihre

Zeit versetzen. Denn wahrscheinlich ist, dass sich hier Gewohnheit (sie trägt oft Männerkleidung), gesellschaftlicher Zwang (ihr Mann und ihre Schwiegermutter verbieten ihr, ihren Familiennamen auf einem Buch gedruckt erscheinen zu lassen) und eine gewisse übermütige Lust, aber vor allem die Notwendigkeit, sich als Frau zu verstecken, um gleich beurteilt zu werden wie der Mann, dass all dies zu dem scheinbar spontanen Entschluss führte: Sie braucht Männerkleidung, um sich in der Öffentlichkeit, den Männernamen, um sich in der Literatur frei bewegen zu können.«[75]

Das Buch handelt von einer 19-jährigen mit einem sehr viel älteren Offizier verheirateten Kreolin, die gegen die Ehe revoltiert und sich ebenso leidenschaftlich wie unglücklich in einen Nachbarn verliebt. »Sand macht sich das Aufdecken jener doppelten Moral zur Aufgabe, die die ehelichen Verfehlungen der Frau schwerer bestrafte als jene des Mannes.«[76] Sie sagt »dem ›Despotenrecht‹ der Ehegesetzgebung im Sinne von Napoleons code civil, der die rechtliche und zivile Unmündigkeit der verheirateten Frau besiegelte, den Kampf an und wählt den Roman dazu als Waffe«[77] . Mit *Indiana* machte George Sand deutlich, dass ihr die leidenschaftliche Liebe wichtiger war als die Institution der Ehe und daraus abgeleitete Pflichten. Tabubrüche wie diese hätte man bei einem männlichen Autor vielleicht noch toleriert, doch eine Frau, die solche Ansichten vertrat, durfte keine Nachsicht erwarten. Und dass sich hinter dem männlichen Pseudonym George Sand eine Frau verbarg, blieb nicht lange unentdeckt. So schrieb zum Beispiel ein Literaturkritiker über *Indiana*: »[...] es hat uns der ganze Roman in hohem Maße gefallen; nur hat es uns [...] sehr unangenehm berührt, dass die Verführungsformen, welche mit so großer Lebendigkeit geschildert sind, von einer Frau geschrieben sind.«[78]

Seit George Sand im Februar 1832 ihre Tochter Solange zu

sich geholt hatte und mit ihr abwechselnd in Paris und Nohant wohnte, arbeitete sie vorwiegend nachts. Aufgrund des Arbeitseifers zerbrach letztlich ihre Beziehung mit dem Müßiggänger Jules Sandeau. Im März 1833 folgte er schließlich ihrem Vorschlag und reiste allein nach Italien.

Im folgenden Monat ließ George Sand sich auf eine Affäre mit dem Schriftsteller Prosper Merimée ein, von dessen menschlichen Qualitäten die Biografin Corinne Pulver nicht viel hält: »Prosper Mérimée, der begnadete Dichter und Fachmann griechischer Philosophie, also Verkünder schönster Theorien, verachtet die Frauen und sieht sie als Lustobjekt, unfähig, ihnen ein anderes Gefühl als das seiner unbefriedigten Eitelkeit oder der bloßen Begierde entgegenzubringen. Seine These ist die: Mit Frauen gibt es nur das ›Eine‹, alles anderes ist verlorene Zeit und falsche Sentimentalität.«[79] Nachdem er im Bett mit George Sand wohl versagt hatte, verfolgte er sie mit übler Nachrede. Sie vertraute sich Marie Dorval an, mit der sie sich kurz zuvor angefreundet hatte; die sprach darüber mit Alexandre Dumas dem Älteren, und der setzte ein angebliches Zitat von George Sand in die Welt: »Ich hatte gestern Prosper Mérimée, es ist nicht viel los mit ihm.«[80]

Honoré de Balzac behauptete ein paar Wochen später, George Sand habe mit dem Literaturkritiker Gustave Planche eine Affäre.[81] Das ist allerdings zweifelhaft, denn ihre leidenschaftlichen Gefühle richteten sich in dieser Zeit nicht auf einen Mann, sondern auf Marie Dorval. Die 35-jährige Schauspielerin war als Kind eines Wanderkomödianten-Paares auf die Welt gekommen. Im Alter von 15 Jahren hatte man sie mit Alain Dorval verheiratet, einem sehr viel älteren Mitglied der Schauspieltruppe, und sechs Jahre später war sie bereits eine Witwe mit zwei Töchtern. Ein drittes Kind zeugte der Komponist Niccolò Piccini mit ihr. Mit 32 Jahren heiratete sie den Theaterleiter und

Dramatiker Jean-Toussaint Merle, und drei Jahre später wurde der Dichter Alfred Graf de Vigny ihr Liebhaber. Anfang 1833 begegnete sie George Sand. Bald schon kursierten Gerüchte über eine lesbische Beziehung der beiden. Corinne Pulver schreibt dazu: »Tatsächlich ist in dieser Frauenfreundschaft viel leidenschaftliches Empfinden, viel sinnliche Erschütterung dabei, wie sie in dieser Übereinstimmung vielleicht nur zwischen Frauen – zwei gleich Empfindenden – möglich ist. Aber das rein Sexuelle spielt dabei eine untergeordnete, vielleicht gar keine Rolle. [...] So könnte die Freundschaft zwischen Marie Dorval und George Sand eher dasjenige von zwei unbefriedigten Frauen als dasjenige von richtigen Lesbierinnen sein.«[82]

Mit ihrem dritten Roman – *Lélia* – löste George Sand im Juli 1833 einen neuen Skandal aus, weil die Protagonistin an den überkommenen Werten der Religion, Familie und Gesellschaft zweifelt, die Gleichberechtigung der Geschlechter fordert und ihre sexuelle Begierde nicht schamhaft verleugnet. »Manchmal, im Schlaf, gefangen in diesen glühenden Ekstasen, die den asketischen Geist verzehren, fühlte ich mich mit ihm weggetragen«, lesen wir beispielsweise in *Lélia*. »Ich schwamm dann in den Fluten einer unaussprechlichen Wollust und, indem ich meine kraftlosen Arme um seinen Hals schlang, fiel ich auf seine Brust und murmelte unverständliche Worte. Aber er erwachte, und mein Glück war dahin ... Ich war wieder in der Gegenwart des Mannes, des brutalen und gefräßigen Mannes, eines wilden Tieres, und ich floh voller Abscheu. Aber er folgte mir nach, er wollte nicht umsonst in seinem Schlaf gestört worden sein, und er befriedigte seine wilde Lust auf einer ohnmächtigen und halbtoten Frau.«[83] »In einer Zeit, in der Frauen keinen Körper, geschweige denn einen sexuellen Anspruch haben dürfen, ist es unglaublich schockierend, was diese Lélia alias George Sand da sagt.«[84] Der Skandal war umso größer, als wohl zu Recht vermutet wurde, dass sich die Autorin mit der Protagonistin identifizierte. »Ich war absolut und ganz Lélia«, schrieb George Sand in einem Brief.[85] Der Roman kam 1839 sogar auf den Index der römisch-katholischen Kirche. »Hingen die einen der Schriftstellerin fasziniert an, weil sie in ihr die Verkörperung des gesellschaftlichen Emanzipationsgedankens sahen, diffamierten andere sie dagegen als Inkarnation eines subversiven Prinzips, das den gemeinsamen Wertekonsens bedrohe.«[86] Auch Heinrich Heine distanzierte sich von den Grenzüberschreitungen George Sands: »Ihr Stil ist eine Offenbarung von Wohllaut und Reinheit der Form. Was aber den Stoff ihrer Darstellungen betrifft, ihre Sujets, die nicht selten schlechte Sujets genannt werden dürfen, so enthalte ich mich hier jeder Bemerkung, und ich überlasse dieses Thema ihren Feinden.«[87] Der deutsche Literaturkritiker Wolfgang Menzel behauptete, dass George Sands »Fantasie stets ›niedrige, lasterhafte, bizarre Charaktere und schmutzige Situationen‹ erschaffe und alles ›offne freche Prostitution‹ sei«[88].

Obwohl George Sand unter Migräne, Magenschmerzen und rheumatischen Beschwerden litt, schrieb sie acht Stunden täglich. »Nichtstun war für mich seit frühester Kindheit die schlimmste aller Strapazen«,[89] erklärte sie in ihrer Autobiografie *Histoire de ma vie*. Und weil sie sich nicht mit langwierigen Überarbeitungen aufhielt, lieferte sie ihrem Verleger François Buloz regelmäßig Artikel für seine Zeitschrift *Revue des Deux Mondes* und eine Reihe von Buchmanuskripten. Sie verlangte dafür aber auch eine angemessene Entlohnung und schrieb ihm: »Sie wollen bei Véry [Gourmet-Tempel] speisen [...] Aber es ist nicht nötig, dass ich die Nächte durcharbeite, damit Sie Trüffeln essen können.«[90] George Sand verdiente mehr als die meisten Schriftsteller ihrer Zeit, aber außer Honoré de Balzac und Alexandre Dumas dem Älteren war auch niemand produktiver als sie: Sie veröffentlichte in ihrem Leben 180 Bücher, schrieb unzählige Zeitungsartikel und etwa 40000 Briefe. Corinne Pulver hält George Sand für die »meistgelesene Autorin ihrer Zeit«[91].

Bei einem Dinner, das François Buloz für seine bedeutendsten Autoren im Juni 1833 gab, saß George Sand neben Alfred de Musset. Der Dichter, ein »Paradiesvogel«[92], von dem es hieß, er nehme Drogen, verliebte sich auf den ersten Blick in die sechs Jahre ältere Schriftstellerin, die sich zunächst abwartend verhielt, ihn aber schon nach ein paar Wochen in ihrer Pariser Dachwohnung aufnahm. »Von nun an sind es nicht mehr die Freunde, die der in einen seidenen Morgenmantel und marokkanische Pantoffeln gekleideten, eine Pfeife mit ägyptischen Tabak rauchenden Hausherrin zu Füßen sitzen, sondern Alfred [de Musset] allein, er wacht eifersüchtig darüber, die Geliebte ganz allein für sich zu haben.«[93]

Den Winter wollten sie miteinander in Italien verbringen. Das Geld dafür besorgte sich George Sand, indem sie von ihrem Verleger Vorschüsse verlangte. Ihre Tochter Solange schickte sie zum Vater nach Nohant, und Maurice war ohnehin im Internat. Am 12. Dezember, einen Tag nach Alfred de Mussets 23. Geburtstag, brach das Paar mit der Postkutsche nach Lyon auf. Auf dem Rhône-Dampfer, der sie nach Avignon brachte, lernten sie Stendhal kennen, der seit zwei Jahren als französischer Konsul in Civitavecchia amtierte. Während dieser jedoch zu Land weiterreiste, schiffte sich das Paar nach Genua ein. Das hätte Alfred de Musset besser nicht getan, denn das Rollen und Stampfen des Dampfers auf dem Mittelmeer bekam ihm nicht. »Er wird seekrank, während George, in ihre grobe Tuchhose gekleidet, die Hände in den Hosentaschen, eine Zigarette im Mund, auf dem schaukelnden Schiff wie ein tapferer Matrose Wind und Wetter trotzt. [...] Er wirft ihr vor, sie sei zu stark, zu eigenmächtig und männlich, ist auf ihre Gesundheit eifersüchtig, sie arbeitet sogar auf dem Schiff an ihrem neuen Buch. Bevor sie nicht die Arbeitsstunden, die sie sich vornahm, absolviert hat, kommt sie nicht ins Bett. Von dieser Disziplin weicht sie nicht ab.«[94]

Nach der Ankunft in Genua warfen George Sand und Alfred de Musset eine Münze. Auf diese Weise entschieden sie sich für das Reiseziel Venedig statt Rom. An Silvester trafen sie dort ein.

Der Aufenthalt in Venedig war für George Sand kein Anlass, die Arbeit liegen zu lassen. Alfred de Musset erinnerte sich später daran: »Am Abend hatte ich zehn Verse gemacht und eine Flasche Schnaps getrunken; sie hatte einen Liter Milch getrunken und ein halbes Buch geschrieben.«[95]

Als George Sand an Ruhr erkrankte, nahm Alfred de Musset wenig Rücksicht: Statt sich um sie zu kümmern, ging er aus und vertrieb sich die Zeit mit Kurtisanen. Es ging ihr bereits wieder besser, da kam er eines Nachts blutüberströmt von einer Tour durch Vergnügungslokale zurück und delirierte drei Wochen lang. Besorgt rief George Sand den Arzt, der auch sie behandelt hatte: Pietro Pagello. Sie verliebte sich prompt in den drei Jahre jüngeren Venezianer, der ihre Gefühle erwiderte. Verärgert und niedergeschlagen kehrte der inzwischen genesene Alfred de Musset daraufhin Ende März nach Paris zurück und verarbeitete die frustrierende Erfahrung in dem autobiografischen Roman *Confessions d'un enfant du siècle (Bekenntnisse eines jungen Zeitgenossen)*.

Pietro Pagellos vornehme Familie reagierte entsetzt auf die skandalöse Affäre. Drei Monate nach Alfred de Musset verließen George Sand und ihr neuer Liebhaber Venedig und fuhren über Mailand und Genf nach Paris, wo sie Mitte August 1834 nach einer dreiwöchigen Reise eintrafen. Zehn Tage später zog George Sand jedoch nach Nohant, ließ Pietro Pagello düpiert in Paris zurück, und als sie nach acht Wochen wiederkam, setzte sie ihre stürmische Liebesbeziehung mit Alfred de Musset fort. Pietro Pagello fuhr deshalb Ende Oktober enttäuscht nach Hause. Aber auch George Sands neuer Versuch mit Alfred de Musset scheiterte: Nach mehreren Auseinandersetzungen und Versöhnungen gingen die beiden im Frühjahr 1835 endgültig auseinander.

Zur gleichen Zeit betrieb George Sand die Scheidung von Casimir Dudevant. Zunächst sah es so aus, als könnten sie sich über die Konditionen verständigen, aber dann überlegte Casimir es sich anders und wollte nicht auf Nohant verzichten. Dabei wurde er von seinem Sohn Hippolyte und zahlreichen Freunden unterstützt, für die George Sand nichts anderes als eine Ehebrecherin war. Weil sie als Frau um das kämpfen musste, was sie selbst in die Ehe eingebracht hatte, engagierte sie den 36-jährigen Rechtsanwalt Michel de Bourges (eigentlich: Louis-Chrysostome Michel) aus Bourges. Der erreichte im Juli 1838 ein Gerichtsurteil, demzufolge George Sand nach Nohant zurückkehren durfte. Sie behielt nicht nur das Schloss, sondern auch das Erziehungsrecht für Solange; Casimir bekam hingegen das Recht auf Nutznießung des Pariser Stadthauses seiner Frau und das Sorgerecht für Maurice zugesprochen.

Obwohl Michel de Bourges verheiratet war und einen Ruf zu verlieren hatte, fing er eine Affäre mit seiner Mandantin an. Eines Abends erschreckte er sie in Paris mit seiner radikalen republikanischen Gesinnung: Er hieb mit seinem Stock auf das Geländer einer Seinebrücke ein und rief, bevor der Fluss nicht vom Blut politischer Gegner rot gefärbt sei, werde es keine besseren Gesellschaftsverhältnisse geben. George Sand hatte zwar 1830 die Juli-Revolution gegen den König unterstützt, aber gewalttätige Lösungen lehnte sie vehement ab.

Als Michel de Bourges die Affäre im Herbst 1836 beendete, klagte George Sand in einem Brief: »Ich leide sehr unter der

Keuschheit, das will ich Ihnen nicht verbergen. Ich hatte sehr enervierende Träume, Dutzende Male ist mir das Blut in den Kopf gestiegen, am hellen Tag [...].«[96] Aber sie blieb nicht lang allein: Ihr nächster Geliebter wurde Félicien Mallefille, der neun Jahre jüngere, auf Mauritius geborene Erzieher ihres Sohnes Maurice.

Franz Liszt war George Sand noch von Alfred de Musset vorgestellt worden. Und die Schriftstellerin hatte sich im Lauf der Zeit mit dem Komponisten und seiner sechs Jahre älteren deutsch-französischen Lebensgefährtin Marie Gräfin d'Agoult angefreundet. Als Marie im Dezember 1835 in Genf eine Tochter gebar, reiste George Sand zu ihr in die Schweiz. Dass ihre Freundin nicht nur ihren Ehemann, sondern auch ihre beiden Töchter wegen Franz Liszt verlassen hatte und nun das uneheliche Kind in ein Heim bringen ließ, dürfte George Sand an ihre eigenen Erfahrungen erinnert haben. Im Herbst 1836 reiste sie mit Maurice und Solange, Franz Liszt und Marie d'Agoult nach Chamonix. Bald darauf lernte sie im Salon der Gräfin den sechs Jahre jüngeren Pianisten Frédéric Chopin kennen, der nach dem Ende November 1830 in Warschau begonnenen Aufstand gegen die russischen Besatzer nicht mehr von einem Gastspiel in Wien nach Polen zurückgekehrt war und seit fünf Jahren in Paris lebte. »Was für eine unsympathische Frau sie doch ist«, soll er im Freundeskreis ausgerufen haben. »Ist sie denn wirklich eine Frau? Ich möchte es fast bezweifeln.«[97] Eine Einladung nach Nohant schlug er aus. Da ahnte er noch nicht, dass George Sand neun Jahre lang an seiner Seite leben würde.

Fast das ganze Jahr 1837 verbrachte George Sand in Nohant. Im Sommer gehörten Franz Liszt und Marie d'Agoult einige Monate lang zu ihren Gästen. Honoré de Balzac bat sie schriftlich, ihr seine Aufwartung machen zu dürfen, und leistete ihr im Frühjahr 1838 eine Woche lang Gesellschaft. Seiner Geliebten

Eveline Hanska schrieb er, die extravagante Schriftstellerin trage eine rote Hose und rauche nach dem Essen Zigarre.

Im Frühsommer, nach der Auflösung der Verlobung Frédéric Chopins mit Maria Wodzinska, trafen er und George Sand sich häufiger. Der Katholik Frédéric Chopin vertrat konservative Ansichten und verabscheute Sexualität; George Sand pries dagegen die körperliche Liebe, propagierte sozialistische Ideale und kritisierte die katholische Kirche. Obwohl sie grundverschieden waren, verliebten sie sich ineinander.

Im Herbst beschlossen George Sand und Frédéric Chopin, den Winter mit Maurice und Solange auf Mallorca zu verbringen. Von dem wärmeren Klima dort versprachen sie sich Gutes, Chopin wegen seiner Tuberkulose, und George Sand hoffte nicht nur auf eine Linderung der rheumatischen Beschwerden ihres 15-jährigen Sohnes, sondern auch auf ein Ende der Nachstellungen Félicien Mallefilles, der sich aus Eifersucht mit seinem Rivalen duellieren wollte.

Um Gerede zu vermeiden, traten Frédéric Chopin und George Sand die Reise Mitte Oktober 1838 in getrennten Postkutschen an. Die Schriftstellerin wurde von ihren Kindern und einer Bediensteten begleitet. Erst von Perpignan aus setzten sie die Fahrt gemeinsam fort. In Barcelona gingen sie Anfang November an Bord eines Schiffes. Weil sie es versäumt hatten, eine Unterkunft auf Mallorca zu reservieren, mussten sie zunächst mit einer kleinen Pension vorliebnehmen. Nach einer Woche überredete George Sand jedoch einen Mallorquiner, ihnen sein kleines Landhaus in einem Dorf nördlich von Palma zu vermieten. Doch sobald es zu regnen begann, erwies es sich als feucht und zugig. Die Einheimischen zeigten unverhohlen, wie sehr sie es missbilligten, dass das Paar unverheiratet war und ein zehnjähriges Mädchen in Hosen herumlaufen ließ. Als der Hausbesitzer dann auch noch erfuhr, dass Frédéric Chopin Blut hustete, warf er die Reisegruppe kurzerhand hinaus und verlangte außer der Miete einen Zuschlag für die Desinfektion der Räume. Nach einem kurzen Aufenthalt beim französischen Konsul zogen Frédéric Chopin, George Sand, Maurice, Solange und die Bedienstete in drei Räume der verlassenen Kartause von Valldemossa. Dorthin wurde schließlich auch Chopins bis dahin vom Zoll zurückgehaltener Flügel gebracht. Während der Musiker sich in dem unwirtlichen mittelalterlichen Gemäuer von Anfang an unwohl fühlte, streifte George Sand sogar nachts darin umher. »Im Gegensatz zu ihrem zartbesaiteten Geliebten besitzt George Nerven aus Stahl, wenn es darum geht, der Angst und dem heimlichen Grauen zu trotzen, die das gespenstische, ausgestorbene Klostergebäude besonders nachts und an trüben Tagen einflößt.«[98] Dass sich Chopins Gesundheitszustand von Tag zu Tag verschlechterte, belastete auch seine Lebensgefährtin: »Sie kocht, sie pflegt den kranken Freund bis zur Erschöpfung, sie macht mit ihren Kindern Schulaufgaben, sie schlägt sich mit den spanischen Behörden und den fast gefährlich misstrauischen Einheimischen herum, und alle Ausgaben bezahlt sie mit ihrem Geld, das droht, bald zur Neige zu gehen. Dazu schreibt sie ihre Aufzeichnungen über *Ein Winter auf Mallorca* und arbeitet an einer neuen Version von *Lélia*.«[99]

Notgedrungen reisten sie Anfang 1839 vorzeitig ab. »Wären wir noch einen Monat in Spanien geblieben, wir wären gestorben, Chopin und ich, er aus Trübsinn und Abscheu, ich vor Wut und Empörung«, teilte George Sand einer Freundin mit.[100] Frédéric Chopin saß auf dem Weg von Valldemossa nach Palma in einem Eselskarren. Ein Dampfer, auf dem es entsetzlich stank, weil auch Schweine transportiert wurden, brachte sie ans Festland. In Barcelona schifften sie sich nach Marseille ein, aber dort riet der ins Hotel gerufene Arzt Chopin dringend von einer sofortigen Weiterreise ab. Erst als der Kranke sich ein wenig erholt hatte, fuhr George Sand Ende Mai 1839 mit ihm nach Nohant, und den folgenden Winter verbrachten sie in Paris. Im Sommer auf dem Land, im Winter in der Großstadt – so hielten die beiden es auch in den folgenden Jahren.

Gab es zwischen der Mutter und ihren Kindern Streit, hielt Chopin in der Regel zu Solange, während deren Bruder der Mutter beistand. Als George Sand im Herbst 1845 Augustine Brault nach Nohant holte, um die in ärmlichen Verhältnissen aufgewachsene Tochter einer entfernten Cousine vor der Prostitution zu bewahren, hetzte Solange den Musiker gegen ihre Mutter auf und versuchte ihm einzureden, dass Maurice mit dem Mädchen eine Affäre habe. Die Spannungen nahmen im Lauf der Zeit so zu, dass Frédéric Chopin im November 1846 allein nach Paris fuhr. George Sand folgte ihm erst drei Monate später mit ihrer rebellischen Tochter.

Nachdem Solange in Paris den 32 Jahre alten Bildhauer Jean-Baptiste (»Auguste«) Clésinger kennengelernt hatte, löste die 18-Jährige ihre bestehende Verlobung und heiratete am 19. Mai 1847 in Nohant zum Entsetzen ihrer Mutter den vulgären und verschuldeten Künstler.

Als Solange von ihrer Hochzeitsreise zurückkam, erfuhr sie von der geplanten Eheschließung Augustines mit Theodor Rousseau, einem mit Maurice befreundeten Landschaftsmaler. Da schrieb sie dem Bräutigam einen anonymen Brief, in dem sie ihre alte Behauptung wiederholte, Augustine sei die Geliebte ihres Bruders gewesen. Wie von der Intrigantin beabsichtigt, sagte Theodor Rousseau daraufhin die Hochzeit ab.

Ungeachtet des Konflikts erwartete Solange von ihrer Mutter, dass diese eine Hypothek auf das Landgut aufnahm und die Schulden ihres ungeliebten Schwiegersohns beglich. Weil George Sand sich weigerte, kam es im Sommer 1847 zu einem heftigen Streit. Schließlich warf die Schlossherrin das »teuflische Paar«[101] hinaus. Bei der Abreise war Auguste Clésinger betrunken und beschimpfte einen anderen Besucher, über den Solange sich beschwert hatte. Als der Bildhauer drohend einen Hammer schwang, ohrfeigte ihn George Sand, um ihn zur Vernunft zu bringen. Er versetzte ihr jedoch einen Faustschlag gegen die Brust. Das veranlasste Maurice, ins Schloss zu stürmen und seine Pistole zu holen. Zum Glück gelang es einem Bediensteten, Schlimmeres zu verhindern.

Sobald Solange mit ihrem Mann in Paris eingetroffen war, schilderte sie Chopin die Ereignisse und log, der Streit sei entstanden, als sie ihre Mutter wegen deren Untreue gegenüber dem Lebensgefährten kritisiert habe. Statt beide Seiten anzuhören, brach Frédéric Chopin daraufhin die Beziehung mit George Sand ab. Und sie war zu stolz, um sich unaufgefordert zu rechtfertigen. Mit ihrer Tochter sprach sie allerdings kein Wort mehr.

Deshalb erfuhr sie im März 1848 auch nur durch eine zufällige Begegnung mit Frédéric Chopin in Paris, dass sie Großmutter geworden war: Solange hatte eine Tochter geboren. Das Kind starb jedoch kurz nachdem George Sand von ihm erfahren hatte.

Studenten, Arbeiter und Nationalgardisten stürzten im Februar 1848 den »Bürgerkönig« Louis-Philippe und riefen die Zweite Republik aus. Da eilte George Sand begeistert nach Paris und redigierte nicht nur das Bulletin der Revolutionäre, sondern gab auch gleich noch ein eigenes Blatt heraus, von dem allerdings nur drei Ausgaben im April erschienen. Als eine Frauenzeitung dafür eintrat, George Sand als Abgeordnete ins Parlament zu wählen, verwahrte sie sich gegen die unabgesprochene Vereinnahmung. Die »Optimistin, Sozialistin, Humanistin«[102] trat durchaus für die Gleichberechtigung von Männern und Frauen ein, aber es ging ihr nicht primär um die Emanzipation der Frauen, sondern um eine Verbesserung der Gesellschaft generell.

Der aus einfachen Verhältnissen stammende Kupferstecher und Bildhauer Alexandre-Damien Manceau, den Maurice im Atelier von Eugène Delacroix* kennengelernt hatte, kam 1850 im Alter von 33 Jahren nach Nohant. Eigentlich wollte er nur ein paar Wochen bleiben. Aber daraus wurden 15 Jahre, in denen er als Privatsekretär für die Schlossherrin arbeitete und ihr bis zu seinem Tod auch als Lebensgefährte zur Seite stand. 1858 erwarb er für sich und George Sand ein Sommerhaus in Gargilesse, 35 Kilometer südwestlich von Nohant.

Am 2. Dezember 1851 entmachtete Staatspräsident Louis Napoléon seine politischen Gegner durch einen Staatsstreich. George Sand, die ihn 1838 persönlich kennengelernt hatte, schrieb ihm am 20. Januar 1852 einen Brief, und neun Tage später empfing er sie. Die politisch engagierte Schriftstellerin setzte sich für ihre verhafteten sozialistischen Freunde ein. Sie scheint tatsächlich ein paar Männern das Leben gerettet zu haben, aber Louis Napoléon setzte seinen Weg unbeirrt fort und ließ sich am 2. Dezember 1852 zum Kaiser krönen. Daraufhin wandte sich George Sand empört von ihm ab, verbrannte vorsichtshalber ihre politischen Schriften und kehrte enttäuscht nach Nohant zurück.

Um trotz der verschärften Zensurbestimmungen mit Schreiben Geld verdienen zu können, hörte sie auf, Sozialromane zu verfassen, und verlegte sich stattdessen auf unverfänglichere Themen.

Solange und Auguste Clésinger wurden Ende 1854 geschieden. Kurz darauf starb ihre fünfjährige Tochter Jeanne-Gabrielle (»Nini«). Maurice wartete sehr viel länger als seine Schwester, bis er eine Ehe schloss. Im Mai 1862 heiratete er Marcellina

---

* Eugène Delacroix hatte Maurice Dudevant 1838 in Nohant Mal- und Zeichenunterricht erteilt.

(»Lina«) Calamatta, die 20-jährige Tochter eines italienischen Kupferstechers, die sich mit ihrer Schwiegermutter gut verstand.

Anfang 1864 überließ die 59-Jährige das Landgut Nohant ihrem auf Alexandre Manceau eifersüchtigen Sohn und zog mit ihrem Lebensgefährten in ein Haus in Palaiseau bei Paris. Der Verzicht auf Nohant, wo sie die meiste Zeit ihres Lebens verbracht hatte, fiel George Sand schwer.

Bald darauf folgten die nächsten Schicksalsschläge: Linas im Juli 1863 geborener Sohn Marc-Antoine starb am 21. Juli 1864, eine Woche nach seinem ersten Geburtstag auf dem Landgut seines Großvaters Casimir Dudevant im Südwesten Frankreichs. Das schmerzte auch George Sand, die bereits zwei Enkelinnen betrauerte. (Übrigens setzte Casimir Dudevant weder Maurice noch Solange, sondern seine mit einem Dienstmädchen gezeugte Tochter als Erbin ein.)

Dazu kam, dass sich Alexandre Manceaus Gesundheitszustand rapide verschlechterte. George Sand pflegte den Lungenkranken, bis er am 21. August 1865 im Alter von 48 Jahren starb.

Anfang 1866 und zwei Jahre später konnte sie sich allerdings über die Geburten von zwei Enkelinnen freuen. Die ältere der beiden erhielt sogar den bürgerlichen Namen der Großmutter: Aurore.

George Sand glaubte bis zuletzt an ihre Vitalität. Sie war 68 Jahre alt, da verordnete ihr ein Arzt in Nohant wegen einer Erkältung Bettruhe, aber stattdessen badete sie im kalten Wasser der Indre. Und als der 15 Jahre jüngere Gustave Flaubert, der seit 1863 zu ihren engsten Brieffreunden gehörte, über das Alter klagte, schrieb sie ihm: »Keine Schwächen bitte! [...] Und ich! Glaubst du denn, dass ich keine Hilfe und Unterstützung brauche bei meiner langen Arbeit, die noch nicht zu Ende ist? Liebst du denn niemanden mehr, nicht einmal deinen alten Troubadour, der immerzu singt und oft weint, doch sich dabei verbirgt, wie die Katzen, wenn sie sterben?«[103]

Im Frühjahr 1876 wurde sie von Bauchschmerzen geplagt, denen sie anfangs keine Bedeutung beimaß, die dann jedoch unerträglich wurden. Ein eigens aus Paris angereister Arzt erkannte zunächst nicht, dass es sich um einen Darmverschluss handelte. Am 8. Juni 1876, eine Woche nach ihrem 72. Geburtstag, starb George Sand nach qualvollen Wochen in Nohant.

Flaubert trauerte um die Freundin: »Sie war ein großer Mensch und eben das, was man ein weibliches Genie nennt.«[104]

Lou Andreas-Salomé
(1861–1937)

―――•◆•―――

»AN DER WELT DER MÄNNER TEILHABEN«

Lou Andreas-Salomé beschränkte sich nicht auf die Rolle einer Frau, sondern beanspruchte ihre Teilhabe an der Gedankenwelt der Männer. Erkenntnisse waren ihr wichtiger als erotische Abenteuer. Den Orientalisten Friedrich Carl Andreas heiratete sie erst, nachdem er sie im Voraus von ihren ehelichen Pflichten befreit hatte. Nietzsche und Freud bewunderten diese eigenständige Intellektuelle, Rilke lag ihr zu Füßen. Und mit 61 Jahren wurde sie in die Wiener Psychoanalytische Vereinigung aufgenommen.

Der 40-jährige General Gustav von Salomé heiratete 1844 in Sankt Petersburg Louise Wilm, die 19 Jahre jüngere Tochter eines aus Hamburg stammenden Zuckerfabrikanten, der jedoch zu diesem Zeitpunkt bereits verstorben war, ebenso wie die Mutter der Braut. Gustav von Salomé – Abkömmling einer Hugenottenfamilie – war im Alter von sechs Jahren mit seinen Eltern nach Sankt Petersburg gekommen, hatte es in der russischen Armee zum General gebracht und war 1831 von Zar Nikolaus I. geadelt worden. In Sankt Petersburg stand ihm eine mondäne Dienstwohnung im Generalitätsgebäude gegenüber dem Winterpalais zur Verfügung; außerdem besaß Gustav von Salomé ein Landhaus in Peterhof, ganz in der Nähe der Sommerresidenz des Zaren. In der vornehmen Familie wurde übrigens nicht nur Deutsch, sondern auch Russisch und Französisch gesprochen.

Nach fünf Söhnen, von denen zwei die Kindheit nicht überlebten, gebar Louise von Salomé am 12. Februar 1861 eine Tochter, die den Namen der Mutter bekam, aber »Lolja« gerufen wurde und sich selbst später »Lou« nannte.

Lolja wurde von einer russisch-orthodoxen Amme gestillt und später von einer französischen Gouvernante erzogen.

»Louise von Salomé die Ältere existierte gewissermaßen nur auf der äußersten Umlaufbahn ihres Kindheitskosmos, und zwar als eher ungutes Gestirn. Es war nichts Förderliches von ihr zu erwarten.«[105] Die Biografin Kerstin Decker beschreibt sie als »fremd, streng, seltsam unpersönlich«[106], und die Psychiaterin Christiane Wieder meint: »Die Mutter war eine sehr disziplinierte und besonders in emotionalen Dingen auch eher distanzierte Frau.«[107]

In ihrem *Lebensrückblick* erinnert Lou Andreas-Salomé sich daran, wie ein Knecht Eier in die Stadtwohnung brachte und im Scherz erzählte, er habe auf dem Landgut der Familie ein Zuflucht suchendes Paar abgewiesen. Als sich die siebenjährige Lolja mitfühlend erkundigte, was aus dem Paar geworden sei, setzte der Knecht seine Geschichte fort: »Immer dünner und kleiner sei es geworden: dermaßen heruntergekommen sei es, und endlich vollends zusammengesunken; denn als er eines Morgens vor dem Häuschen gefegt, da habe er nur noch die schwarzen Knöpfe vom weißen Mantel der Frau vorgefunden und vom ganzen Mann nur noch einen zerbeulten Hut, den Platz aber, wo das gelegen, noch bedeckt von beider vereisten

Tränen.«[108] Das sensible Kind verstand wohl, dass es hier nicht ums Sterben, sondern um geschmolzenen Schnee ging, wurde aber durch die Geschichte mit der Vergänglichkeit konfrontiert. Die Erkenntnis, dass nichts ewig währt, schockierte Lolja und beendete ihren naiven Glauben an Gott.

Als Kind dachte sie, mit allem verbunden zu sein (»in und mit Jeglichem vorhanden«[109]). Erst durch den Blick in einen Wandspiegel stellte sie fest, dass dieses Gefühl täuschte: »Wenn ich da hineinzuschauen hatte, dann verdutzte mich gewissermaßen, so deutlich zu erschauen, dass ich nur *das* war, was ich da sah: so abgegrenzt, eingeklaftert: so gezwungen, beim Übrigen, sogar Nächstliegenden einfach aufzuhören.«[110]

General Gustav von Salomé, der altersmäßig der Großvater seiner Tochter hätte sein können, erlaubte dem klugen und wissensdurstigen Kind, an der deutschsprachigen Petri-Schule zu hospitieren, statt regelmäßig den Unterricht zu besuchen. »Schulzwang braucht die nicht«,[111] meinte er. Nur um ihren Vater, der die deutsch-reformierte Kirchengemeinde in Sankt Petersburg gegründet hatte, nicht zu verletzen, nahm Lolja auch am Konfirmationsunterricht teil. Aber nachdem Gustav von Salomé am 23. Februar 1879 gestorben war, verweigerte die 18-Jährige die vorgesehene Konfirmation und schrieb Hendrik Gillot, dem liberalen Pastor der Niederländischen Gesandtschaft, einen Brief mit der Bitte um ein Gespräch. Offenbar beeindruckte ihn die eigenständig denkende junge Frau, denn er führte sie in philosophische Themen ein und ließ sie an seinen Predigten mitarbeiten. Der 24 Jahre ältere Familienvater war so hingerissen von seiner Schülerin, dass er mit ihr zusammen ein neues Leben anfangen wollte und ihr einen Heiratsantrag machte. Lou von Salomé – wie sie sich nun nannte – war jedoch an einem intimen Verhältnis ebenso wenig interessiert wie an den Bällen in Sankt Petersburg. Sie ging nämlich davon aus, dass der Verzicht auf sexuelle Befriedigung geistig-schöpferische Kräfte freisetzt, und die hielt sie für wichtiger als alles andere. Außerdem war sie enttäuscht, denn ihr Idol und Ersatzvater hatte sich durch den profanen Wunsch entzaubert.

Bevor sie im September 1880 mit ihrer Mutter nach Zürich reiste, um sich dort an einer der wenigen Hochschulen zu immatrikulieren, die bereits für Frauen zugänglich waren, ließ sie sich doch noch von Hendrik Gillot in der niederländischen Gemeinde Santpoort konfirmieren. Schon nach einem halben Jahr musste Lou von Salomé das Studium der Theologie, Philosophie und Geschichte allerdings aufgeben, weil sie Blut hustete. Ihre Mutter brachte sie daraufhin ins Seebad Scheveningen.

Im Februar 1882 fuhren sie nach Rom. Dort gehörte Lou von Salomé zu den Intellektuellen, die von der 65 Jahre alten deutschen Schriftstellerin Malwida von Meysenbug regelmäßig in deren Salon eingeladen wurden. Auf diese Weise kam sie mit dem 32-jährigen deutschen Philosophen Paul Rée ins Gespräch. Der berichtete seinem fünf Jahre älteren Freund Friedrich Nietzsche in einem Brief von der Begegnung mit der außergewöhnlichen Russin, und der aus gesundheitlichen Gründen frühpensionierte Philologie-Professor, der sich zu diesem Zeitpunkt in Genua aufhielt, machte sich neugierig auf den Weg nach Süden. Am 24. April traf er in Rom ein, wo Paul Rée ihn Lou von Salomé vorstellte.

Die 21-Jährige regte die beiden dazu an, mit ihr gemeinsam zu philosophieren. »Sie wollte, das war augenfällig, an der Welt der Männer teilhaben.«[112] Selbstbewusst schrieb sie Hendrik Gillot: »Wir wollen doch sehn, ob nicht die allermeisten sogenannten ›unübersteiglichen Schranken‹, die die Welt sieht, sich als harmlose Kreidestriche herausstellen!«[113] Die Psychotherapeutin Heide Rohse meint dazu: »Gegensätze, wie sie hier aufscheinen – männliche Geistigkeit, selbstständiges Denken und mutiges Wollen einerseits, kindhafte Arglosigkeit, ja kindliche Unbedarftheit andererseits bei durchaus weiblicher Identität –, sind intrapsychisch nicht leicht zu vereinen. Aber wollte sie das überhaupt? Vielleicht hat ihre Fähigkeit, Kind – Mädchen – Frau – Mann, also alles in einer Person zu sein, an ihr ebenso angezogen wie irritiert, ebenso begeistert wie abgestoßen und natürlich Rätsel aufgegeben. [...] Ich wage hier die Vermutung: Aus der von Gegensätzen bestimmten Struktur ihrer Person entwickelt sich ihr Denken und Schreiben.«[114]

Bemerkenswert ist, dass Lou von Salomé »nicht trotz, sondern wegen ihrer intellektuellen Stärken eine unwiderstehliche Wirkung auf Männer ausübte«[115]. Nietzsche bewunderte sie als schöne Frau und weil sie ihre eigenen Ziele verfolgte, statt sich nach den Erwartungen anderer Menschen zu richten, vor allem aber wegen ihres herausragenden Intellekts. Ohne zu ahnen, dass sie bereits einen Heiratsantrag seines Freundes abgelehnt hatte, ersuchte er Paul Rée, in seinem Namen um ihre Hand anzuhalten. Lou von Salomé wies auch diesen dritten Heiratsantrag ab. Allerdings hielt sie an ihrer Idee eines philosophischen Bundes mit Paul Rée und Friedrich Nietzsche fest. »Durch die Bruder-/Vaterwelt ihrer Kindheit war sie eher auf Männer fixiert – sie kam gar nicht auf die Idee, diesen Plan mit Freundinnen in Erwägung zu ziehen. Die Männer mussten dabei aber brüderlich auf Distanz gehalten werden. Nur eine Freundschaftsbeziehung schien Lou von Salomé die Sicherheit zu bieten, als Partner gleichberechtigt zu sein und als Mensch – mit seiner ganzen Komplexität – ernst genommen zu werden. Eine Liebesbeziehung einzugehen, hätte vielleicht bedeutet, nur auf die Rolle der Frau beschränkt zu sein [...].«[116]

Ende April verließen sie und ihre Mutter Rom. Louise von Salomé hoffte, endlich nach Russland zurückkehren zu können, aber ihre Tochter wollte keineswegs nach Hause. In Mailand trafen sie sich erneut mit Paul Rée und Friedrich Nietzsche. Die beiden Männer reisten mit ihnen weiter zu den oberitalienischen Seen. Am Lago d'Orta unternahmen Lou von Salomé und Friedrich Nietzsche ohne die anderen einen Ausflug auf den Sacro Monte d'Orta. Warum der kranke Philosoph aufgewühlt zurückkam, wissen wir nicht. Vielleicht machte er sich neue Hoffnungen, die bewunderte junge Frau doch noch enger an sich binden zu können. Jedenfalls verabredete er sich bald darauf in Luzern mit ihr und drängte sie wie ein verliebter Pennäler, seine Frau zu werden. Lou von Salomé suchte jedoch nach wie vor weder einen Ehemann noch einen Liebhaber. »Unbedingte Hingabe ja, aber an sich selbst, an die eigene Zukunft. Von diesem Lebensplan wird sie nie abzubringen sein.«[117] Lou von Salomé verstand ihr ungewöhnliches Leben »eben nicht als Schicksal [...], sondern als radikal eigenständig zu verfolgenden Weg«[118].

Vielsagend ist das Foto, das Lou von Salomé, Paul Rée und Friedrich Nietzsche in Luzern von sich machen ließen: Die beiden Männer taten so, als würden sie einen Leiterwagen ziehen, in dem Lou von Salomé saß und eine Kinderpeitsche in der erhobenen rechten Hand hielt. »Zwei Philosophen, vor den Karren eines jungen Mädchens gespannt. Das Bild mag geschmacklos sein, wahr ist es.«[119]

Während Louise von Salomé in Berlin von ihrem Sohn abgeholt wurde, folgte ihre Tochter Paul Rée nach Stibbe in Westpreußen und verbrachte einige Zeit mit ihm auf dem Gut seiner Familie. Nietzsche fuhr währenddessen zu Mutter und Schwester nach Naumburg und arbeitete dort am letzten Kapitel seines Buches *Die fröhliche Wissenschaft*.

Im Juli 1882 verabredete sich Lou von Salomé in Leipzig mit Nietzsches Schwester Elisabeth und fuhr mit ihr zu den Wagner-Festspielen. Danach, bei der Abreise aus Bayreuth, lernte sie durch Zufall Bernhard Förster kennen, den späteren Ehemann Elisabeth Nietzsches, der ebenfalls in den Zug nach Jena stieg und während der Fahrt angeregt mit ihr plauderte. Elisabeth, die Bernhard Förster zum Bahnsteig gebracht und den Beginn der Unterhaltung miterlebt hatte, aber selbst erst mit einem späteren Zug nachkam, nörgelte in Jena an der Freundin ihres Bruders herum. Die beiden Frauen gerieten in Streit. Dabei schockierte Lou ihre Kontrahentin mit der Behauptung, Nietzsche habe ihr nach der Ablehnung des Heiratsantrags eine wilde Ehe vorgeschlagen. Nachdem Lou und Elisabeth sich beruhigt hatten, fuhren sie zusammen weiter nach Tautenburg nordöstlich von Jena, wo Nietzsche sie vom Zug abholte. Vom 9. bis 26. August wohnten sie zu dritt im Pfarrhaus. Friedrich Nietzsche und Lou von Salomé setzten ihren in Italien begonnenen Gedankenaustausch fort, und Elisabeth fungierte als Anstandsdame.

Lou von Salomé berichtete Paul Rée über ihre Gespräche mit Friedrich Nietzsche: »Wir sprechen uns diese 3 Wochen förmlich tot, und sonderbarerweise hält er es jetzt plötzlich aus, circa 10 Stunden täglich zu verplaudern.«[120] »Seltsam, dass wir unwillkürlich mit unsern Gesprächen in die Abgründe geraten, an jene schwindligen Stellen, wohin man wohl einmal einsam geklettert ist, um in die Tiefe zu schauen. Wir haben stets die Gämsenstiegen gewählt, und wenn uns jemand zugehört hätte, er würde geglaubt haben, zwei Teufel unterhielten sich.«[121] An anderer Stelle schreibt sie Paul Rée: »Ist man einander so unähnlich wie du und ich, so empfindet man die Punkte der Übereinstimmung und freut sich ihrer, – ist man sich so verwandt wie N[ietzsche] und ich, dann fühlt man die Differenzen und leidet an ihnen.«[122] Kerstin Decker hebt »die ungeheure seelische Unbedarftheit dieses Wundermädchens«[123] hervor und kommentiert die rücksichtslose Äußerung: »Lou wird ihre besondere Begabung für nicht vorsätzliche seelische Grausamkeit immer wieder unter Beweis stellen, oder nennen wir es ihr fehlendes Talent, andere zu verschonen.«[124] »Sie ist keine, die vorsätzlich Schmerzen zufügt, die den Triumph braucht und die Niederlage des anderen genießt, um aus beidem die Vergewisserung der eigenen Existenz zu ziehen.«[125]

Als Lou von Salomé abreiste, lag Friedrich Nietzsche krank im Bett und verabschiedete sich nur mit einer Notiz auf einem Zettel von ihr.

Elisabeth Nietzsche versuchte, ihren Bruder nun gegen Lou von Salomé aufzubringen. Er verwahrte sich dagegen, aber die 36-Jährige gab nicht auf: Sie zeigte entrüstet das in Luzern aufgenommene Foto herum und verbreitete das Gerücht, die Russin habe ihren Bruder verleumdet, etwa indem sie ihm die Absicht unterstellte, eine wilde Ehe mit ihr führen zu wollen. Die Kampagne zeigte schließlich Wirkung: Friedrich Nietzsche, der sich mit Paul Rée und Lou von Salomé in Leipzig aufhielt und von dort mit ihnen nach Wien, München oder Paris reisen wollte, überwarf sich mit den beiden. Im November ließen Paul Rée und Lou von Salomé den verlorenen Freund daraufhin in Leipzig zurück.

Sie mieteten in einer Berliner Pension eine Dreizimmerwohnung, aber ihre Beziehung blieb platonisch: Paul Rée wurde für Lou von Salomé kein Sexualpartner, sondern so etwas wie ein großer Bruder. Die beiden versammelten einen Kreis von Intellektuellen um sich, darunter Hans Delbrück, Paul Deussen, Hermann Ebbinghaus und Ferdinand Tönnies, der in einem Brief über Lou von Salomé schrieb: »Soviel Klugheit in einem 21-jährigen Mädchenkopf würde beinahe Schauder erwecken, wenn nicht damit eine echte Zartheit des Gemütes und die vollkommene Sittsamkeit verbunden wären.«[126]

Friedrich Nietzsches Bewunderung für Lou von Salomé schlug in Hass um. Er bezeichnete sie nun als »ein Gehirn mit einem Ansatz von Seele«[127] und höhnte in einem dann allerdings nicht abgeschickten Brief über »dieses dürre schmutzige übelriechende Äffchen, mit ihren falschen Brüsten«[128]. An ihre Mutter schrieb er im August 1883: »Meine Schwester u. ich – wir haben beide alle Gründe, die Begegnung mit Ihrem Frl. Tochter im Kalender unseres Lebens schwarz anzustreichen.«[129]

Im Frühjahr 1885 veröffentlichte ein Leipziger Verlag unter dem Titel *Im Kampf um Gott* den ersten Roman der in deutscher Sprache schreibenden Russin. Vorsichtshalber hatte sie ein männliches Pseudonym gewählt: »Henri Lou«. Im Mittelpunkt der Handlung steht Kuno, der Sohn eines Geistlichen. Auf der Suche nach sich selbst rebelliert er gegen die Eltern und den Glauben. Drei Frauen kreuzen seinen Weg: Jane stirbt bei der Geburt einer von ihm gezeugten Tochter, und Margherita nimmt sich das Leben, weil sie es für gescheitert hält. Selbstmord begeht auch Kunos Tochter Marie, nachdem sie erfahren hat, dass der von ihr leidenschaftlich geliebte Mann ihr Vater ist. »Die Geschichte, in der ein Liebesdesaster auf das andere folgt, wird flankiert von tiefsinnigen Gesprächen und Sentenzen einerseits, von melodramatischen Gedichten und einer Häufung von Gedankenstrichen bis zu drei Zeilen andererseits.«[130]

Nachdem Paul Rées Habilitationsschrift von der Universität Straßburg abgelehnt worden war, begann er im Winter 1885/86 in Berlin Medizin zu studieren. Weil die Anatomie-Kurse früh am Tag stattfanden, verließ er die Wohnung, die er sich bisher mit Lou von Salomé geteilt hatte, und nahm sich ein Zimmer in der Nähe des Seziersaals.

Bei der nun allein wohnenden Lou von Salomé klopfte im August 1886 überraschend ein Herr an die Tür. Es handelte sich um den Orientalisten Friedrich Carl Andreas, der regelmäßig in die Pension kam, um ein paar türkischen Offizieren Unterrichtsstunden in persischer Sprache zu geben. Offenbar war ihm die

15 Jahre jüngere Schriftstellerin angenehm aufgefallen, denn er bat sie kurzerhand, seine Frau zu werden.

Friedrich Carl Andreas war der Sohn eines armenisch-persischen Prinzen aus Isfahan und der Tochter eines deutschen Arztes, der auf Java eine Malaiin geheiratet hatte. Er wurde 1846 in Batavia geboren und wuchs dort bis zu seinem sechsten Lebensjahr auf. Dann zog die Familie nach Hamburg, wo er eingeschult wurde. Nach dem Abitur in einem Schweizer Internat studierte Friedrich Carl Andreas an verschiedenen Universitäten in Deutschland klassische und orientalische Sprachen, bis er 1868 in Erlangen promovierte. Mit einer Expedition reiste er 1875 nach Persien und kehrte sieben Jahre später nach Deutschland zurück.

Gewiss verblüffte der unerwartete Heiratsantrag Lou von Salomé. Auf jeden Fall lehnte sie ihn ab, nicht nur, weil sie Friedrich Carl Andreas überhaupt nicht kannte, sondern vor allem auch wegen ihrer grundsätzlichen Abneigung gegen eine Eheschließung. Doch als der 40-Jährige sich am 31. Oktober vor ihren Augen ein Messer in die Brust rammte, ließ sie sich erweichen und verlobte sich am nächsten Tag mit dem Verletzten. Allerdings stellte ihm die »Mittzwanzigerin, die inzwischen zu der Überzeugung gelangt war, so etwas Merkwürdiges wie eine Sexualität gar nicht zu besitzen«[131], zwei Bedingungen: Friedrich Carl Andreas musste ihre enge Freundschaft mit Paul Rée tolerieren und von vornherein auf jede sexuelle Annäherung verzichten. Die Psychotherapeutin Heide Rohse kommentiert: »[...] bleiben ihre Beziehungen zu Männern ein steter Kampf darum, nicht unter das Gesetz des Anderen zu gelangen, sondern dem eigenen Selbst treu zu bleiben.«[132] »Für diese Selbstständigkeit und Unabhängigkeit war ihr kein Preis zu hoch.«[133]

Paul Rée brachte allerdings kein Verständnis für die Verlobung seiner Freundin auf: Anfang 1887 trennte er sich deshalb von ihr und verließ Berlin.

Lou von Salomé setzte sich in den Kopf, dass Hendrik Gillot die kirchliche Trauung vornehmen sollte. Der niederländische Geistliche weigerte sich zwar zunächst, die Frau, die nicht an seiner Seite hatte leben wollen, mit einem anderen Mann zu vermählen, aber sie setzte schließlich ihren Willen durch. Nach einer zivilen Eheschließung in Sankt Petersburg heirateten Lou von Salomé und Friedrich Carl Andreas am 20. Juni 1887 in der Kirche in Santpoort, in der die Braut sieben Jahre zuvor konfirmiert worden war.

Anfangs musste sich das Paar mit der Junggesellenbude des Orientalisten in Berlin-Tempelhof begnügen. Zwar war Friedrich Carl Andreas noch vor der Hochzeit an das neu gegründete Institut für orientalische Sprachen in Berlin berufen worden, aber da verdiente er nicht viel, und aufgrund von Reibereien verlor er die Anstellung nach dreieinhalb Jahren. Damit war er wieder Privatgelehrter wie zuvor. »Als ein verhinderter Professor, gedemütigt von seiner Brotarbeit, beinahe mittellos steht er vor Lou.«[134]

Seine Hoffnung, seine Frau werde sich ihm nicht dauerhaft sexuell entziehen, erfüllte sich nicht. Einmal scheint er sich zu ihr gelegt zu haben, während sie schlief, denn in ihrem *Lebensrückblick* berichtet Lou Andreas-Salomé, wie sie beim Aufwachen wahrnahm, dass sie ihren Mann würgte. Offenbar wehrte er sich nicht, und sie ließ von ihm ab, sobald sie wach genug war, um die Situation zu begreifen. »Mit diesem Vorfall beginnt und endet das Geschlechtsleben des Ehepaars Andreas.«[135] Der Biograf Hans F. Peters vermutet, dass Lou Andreas-Salomé mit 30 Jahren noch Jungfrau gewesen sei. Sie war »jung und anziehend, eine offensichtlich leidenschaftliche Frau, nicht gehemmt durch moralische Skrupel und doch völlig unerreichbar [...]. Die körperliche Liebe in all ihren Äußerungen wurde eines der Hauptthemen ihrer Bücher; man gewinnt den Eindruck, als habe sie das Körperliche im Geistigen vorweggenommen«.[136]

Das Ehepaar Andreas schloss sich dem Freundeskreis der Freien Volksbühne in Berlin an, die 1890 gegründet worden war, um auch Arbeitern Theaterbesuche zu ermöglichen. Gerhart Hauptmann und Maximilian Harden, die ebenfalls Mitglieder waren, bewunderten Lou Andreas-Salomé. Bei dem Schriftsteller Wilhelm Bölsche, einem der Gründer der Volksbühne, lernte Lou Andreas-Salomé Ende 1891 den sozialistischen Journalisten und Politiker Georg Ledebour kennen. Sie begleitete ihn zu Arbeiterversammlungen und verliebte sich in ihn. Als er begriff, dass sie nicht mit ihrem Ehemann schlief, drängte er Friedrich Carl Andreas gegen ihren Willen, sie für ihn freizugeben. Aufgrund der belastenden Situation verfiel Lou in eine Depression, und ihr Mann fühlte sich so unter Druck gesetzt, dass er an einen erweiterten Suizid dachte. Erst als Georg Ledebour im Mai 1892 aus politischen Gründen inhaftiert wurde, kamen die Eheleute wieder zur Ruhe. Im Februar 1894 traf Lou Andreas-Salomé sich noch einmal mit dem inzwischen wieder freigelassenen Politiker, aber nur, um endgültig mit ihm Schluss zu machen.

Vier Tage später reiste sie allein nach Paris.

Dort lernte sie Frank Wedekind kennen, der sich nach einer durchwachten Nacht von ihr in einem Restaurant bei den Markthallen zur Zwiebelsuppe einladen ließ und auf ein Liebesabenteuer hoffte. Möglicherweise spiegelt eine Szene in Lou Andreas-Salomés Erzählung *Fenitschka* ihre Begegnung mit Wedekind an diesem Morgen:* Max Werner lockt Fenia in sein

---

* »Fast am meisten bin ich in Paris mit Frank Wedekind zusammen gewesen. Späterhin. Denn zunächst, nachdem wir uns bei der ungarischen Gräfin Nemethy kennengelernt

Hotel und sperrt sich dort mit ihr in einem Zimmer ein. »Sie richtete ihre Augen, tief erschrocken, groß und fragend, auf ihn, grade als frage sie ihn danach, was nun zu tun sei. Einen Augenblick lang war etwas Hilfloses und Hilfeheischendes über ihrer ganzen Gestalt, wie über einem im Wald verirrten Kind. – Aber nur einen Augenblick. Dann siegte ein andres Gefühl. Ihr Blick lief an ihm hinab, und ihre Lippen wölbten sich in einem unaussprechlich beredten Ausdruck des Ekels, – der Verachtung –.« Daraufhin lässt er Fenia sofort frei.

Im Sommer verbrachte Lou Andreas-Salomé unbekümmert drei Wochen mit einem russischen Arzt, den sie in Paris kennengelernt hatte, auf einer Schweizer Alm und kehrte dann in die französische Hauptstadt zurück, wo nicht nur über den skandalösen Ausflug getuschelt wurde, sondern auch über ihr braungebranntes Gesicht, denn eigentlich setzten sich nur Fischer, Bauern und Viehhirten der Sonne aus.

Im September 1894 traf Lou Andreas-Salomé wieder in Berlin ein. Aber schon ein halbes Jahr später ließ sie ihren Ehemann erneut allein. Diesmal reiste sie mit der vier Jahre älteren Schriftstellerin Frieda Freiin von Bülow, die sich zwei Jahre zuvor mit ihr angefreundet hatte, zunächst nach Sankt Petersburg und dann nach Wien.

Dort lernte sie bei der Frauenrechtlerin Rosa Mayreder im Dezember 1895 die Malerin Broncia Pinell (eigentlich: Bronizlawa Pineles) kennen und auch deren Bruder Friedrich Pineles, der als Arzt am Allgemeinen Krankenhaus in Wien arbeitete

---

und erst mit den andern vor Morgengrauen im Zwiebelsuppen-Restaurant gegenüber ›Les Halles‹ unsere eifrigen Gespräche geendet, kam es hinterher zwischen uns zu einem Wedekindschen Missverständnis, das er mit rührender Offenheit, ohne geringste Selbstbeschönigung, andern weitererzählte (und das ich gelegentlich als Novellenfüllung literarisch ebenfalls verarbeitet habe).« (Lou Andreas Salomé: *Lebensrückblick*, Antigonos Verlag 2012, S. 67)

und von seinen Freunden »Zemek« gerufen wurde. Als Lou Andreas-Salomé im Februar 1896 abreiste, waren sie Freunde geworden.

Im Frühjahr des nächsten Jahres wurde ihr in München der Student René Maria Rilke vorgestellt, der von ihrem Aufsatz *Jesus der Jude* und ihrem Roman *Ruth* begeistert war. Der angehende Dichter erinnerte Lou Andreas-Salomé an ihre eigene Phase des schwärmerischen, wirklichkeitsfremden Fühlens und Denkens. »Fremd erscheinen nun Lou sowohl die gefühlsmäßigen Exaltationen als auch die intellektuellen Rigorismen, das Asketische ihrer Jugendjahre. Nicht, wie man über das Gemeine, die Schwächen und das Wirkliche hinauskommen kann, beunruhigt sie in dieser Lebensphase, sondern die Frage, wie sie in das wirkliche Leben hineinkommen kann.«[137] Mit 21 Jahren war sie dem 37-jährigen Nietzsche begegnet. Nun war sie in Nietzsches damaligem Alter und stand einem 21-Jährigen gegenüber.

Die beiden wurden ein Liebespaar und verbrachten den Sommer miteinander in einem Bauernhaus in Wolfratshausen, in dem Lou Andreas-Salomé sich so wohlfühlte, dass sie es »Loufried« nannte. Kerstin Decker hält es für wahrscheinlich, dass die Mittdreißigerin mit dem 14 Jahre jüngeren Mann ihre ersten sexuellen Erfahrungen sammelte:* Es galt »36 Jahre aufzuholen, die sie in dem weitgehenden Irrtum verbracht hatte, sie besitze gar kein Geschlecht«[138]. Rilke wiederum ließ sich nachhaltig von seiner Geliebten beeinflussen und ersetzte auf ihren Rat hin seinen Vornamen René durch Rainer.

Im Oktober zog Rainer Maria Rilke nach Berlin und mietete in der Nähe der Wohnung des Ehepaars Andreas ein Zimmer.

---

* Andere Autoren vermuten, dass Lou Andreas-Salomé nicht mit Rilke, sondern entweder mit Friedrich Pineles oder während des dreiwöchigen Alm-Aufenthalts im Sommer 1894 erste sexuelle Kontakte hatte.

Während er mit Lou lange Gespräche in ihrer Küche führte, arbeitete Friedrich Carl Andreas im Wohnzimmer. Besorgt über die zunehmende Abhängigkeit des labilen jungen Mannes, überredete ihn seine Geliebte im Frühjahr 1898, allein eine Bildungsreise nach Italien zu unternehmen.

Friedrich Carl Andreas mochte den Liebhaber seiner Frau, der sich ihm gegenüber rücksichtsvoll verhielt. Während der Ältere für Lou einen Ersatzvater darstellte, beriet sie Rilke wie eine fürsorgliche Mutter. Der Dichter durfte das Ehepaar denn auch von April bis Juni 1899 auf einer sechswöchigen Reise nach Moskau und Sankt Petersburg begleiten. Anschließend besuchte Lou Andreas-Salomé mit ihm Frieda von Bülow in deren Gartenhaus auf dem Bibersberg bei Meiningen. Und im Jahr darauf reiste sie noch einmal mit ihm – aber diesmal ohne ihren Ehemann – nach Russland. Allerdings ließ sie ihn dann auf dem Bahnsteig in Sankt Petersburg stehen, weil sie seiner überdrüssig geworden war, und fuhr allein zu ihrer Familie, die den Sommer in Südfinnland verbrachte. Sie kehrte zwar Ende August mit ihm nach Berlin zurück, sorgte jedoch dafür, dass er bereits am nächsten Tag nach Worpswede weiterreiste, und am 26. Februar 1901 beendete sie schließlich das intime Verhältnis mit dem exaltierten Dichter. Eine mütterliche Freundin blieb sie ihm allerdings bis zu seinem Tod.

Als Lou Andreas-Salomé bald darauf unter Herzbeschwerden litt, ließ sie sich von Friedrich Pineles behandeln. Mit dem befreundeten Arzt aus Wien hatte sie bereits fünf Jahre zuvor eine Rucksackwanderung im Salzkammergut unternommen, und 1897 war sie von München nach Hallein gefahren, um sich mit ihm zu treffen. Jetzt setzte sie die Liebesbeziehung mit dem sieben Jahre Jüngeren fort. Im Mai 1901 fuhren sie zusammen ins Riesengebirge und im Sommer nach Dänemark, Wien und Oberwaltersdorf in Niederösterreich, wo seine Eltern lebten, orthodoxe Juden, die sein Verhältnis mit der Freidenkerin missbilligten. Dennoch hätte Friedrich Pineles seine inzwischen schwangere Geliebte gern geheiratet, aber sie lehnte seinen Antrag ab und redet ihm das Vorhaben aus, ihren Ehemann um die Scheidung zu bitten. Was geschehen wäre, wenn sie das Kind bekommen hätte, wissen wir nicht, denn als sie während des Aufenthalts in Oberwaltersdorf beim Apfelpflücken von einer Leiter fiel, erlitt sie eine Fehlgeburt.

Friedrich Carl Andreas erhielt im Juni 1903 endlich eine Professur, und zwar am Lehrstuhl für Westasiatische Sprachen der Universität Göttingen. Er zog deshalb im Oktober mit seiner Ehefrau und der Haushälterin Marie Stephan von Berlin-Westend – wo sie gerade einmal ein halbes Jahr gewohnt hatten – nach Göttingen. Auf dem Anwesen am Hainberg begann Lou Andreas-Salomé Gemüse anzubauen und Hühner zu züchten. »Hier bin ich Bäuerin geworden und mein Mann ein Professor«,[139] teilte sie Rainer Maria Rilke brieflich mit.

Marie Stephan gebar im Februar 1905 eine vermutlich von Friedrich Carl Andreas gezeugte Tochter, aber Lou beschäftigte die Haushälterin trotzdem weiter.

Friedrich Pineles verreiste noch einige Male mit seiner Geliebten. Erst als er die Hoffnung endgültig aufgab, dass Lou Andreas-Salomé doch noch seine Ehefrau werden könnte, trennte er sich 1908 von ihr, denn er ertrug es nicht länger, nur ein von ihren Launen abhängiger Liebhaber zu sein.

Im Jahr darauf fuhr Lou Andreas-Salomé mit der befreundeten schwedischen Reformpädagogin und Schriftstellerin Ellen Key nach Paris und traf sich dort mit Rainer Maria Rilke, der sie 1905 in Göttingen besucht hatte. Nach einem weiteren Paris-Aufenthalt mit Ellen Key im Jahr 1910 reiste Lou Andreas-Salomé im August zu ihr nach Schweden. Bei dieser Gelegenheit lernte sie Poul Bjerre kennen. Der Psychiater, dessen Ehefrau unheilbar krank war, umwarb die 15 Jahre ältere Russin und nahm sie mit nach Weimar zum Kongress der Internationalen Psychoanalytischen Vereinigung am 3. September 1911.

Ein paar Monate später kündigte Lou Andreas-Salomé einen Aufsatz »Über Sublimation« für das *Jahrbuch für psychoanalytische und psychopathologische Forschungen* an. Der verantwortliche Redakteur Carl Gustav Jung wusste nicht, was er davon halten sollte, und auch der Herausgeber Sigmund Freud äußerte sich skeptisch. Aber am Ende nahm sie den beiden Psychoanalytikern die Entscheidung ab, denn sie reichte keinen Beitrag ein. Das bedeutete jedoch nicht, dass sie ihr Interesse an der Psychoanalyse verloren hatte, im Gegenteil: Es faszinierte sie, sich mit den unter der brüchigen Fassade der Zivilisationsgesellschaft rumorenden Kräften zu beschäftigen. Und nachdem sie einiges von Sigmund Freud gelesen hatte, bat sie ihn am 27. September 1912 schriftlich um ein Treffen. Einen Monat später fuhr sie nach Wien und nahm ein knappes halbes Jahr lang sowohl an den Mittwochsitzungen als auch am Samstagskolleg teil. Freud beschrieb sie in einem Brief als »Frauenzimmer von gefährlicher Intelligenz«[140]. Nicht einmal ein Vortrag zum Tabu-Thema Sadomasochismus brachte Lou Andreas-Salomé aus der Fassung. Mit Freuds Billigung besuchte sie schließlich auch Diskussionsabende seines Kontrahenten Alfred Adler.

Ende August reiste sie wieder nach Wien und half dem 18 Jahre jüngeren Psychoanalytiker Viktor Tausk bei der Vorbereitung eines Vortrags über Narzissmus für den psychoanalytischen Kongress in München im folgenden Monat. Bei dieser Gelegenheit stellte Lou Andreas-Salomé dem Erfinder der Psychoanalyse Rainer Maria Rilke vor, und während eines Spaziergangs mit Sigmund Freud im Hofgarten führte sie ein längeres Gespräch mit ihm. Möglicherweise ermutigte er sie in ihrem Vorhaben, sich als Psychotherapeutin zu versuchen. Jedenfalls eröffnete sie kurz darauf in ihrem Wohnhaus in Göttingen eine psychotherapeutische Praxis. Die Arbeit mit Analysanden erfüllte sie, und es war ihr deshalb fast peinlich, dass sie dafür bezahlt wurde.

Unmittelbar vor dem Ausbruch des Ersten Weltkriegs besuchte Rainer Maria Rilke seine mütterliche Freundin noch einmal in Göttingen, und im Frühjahr 1915 fuhr sie trotz des Krieges zu ihm nach München. »Er war, nun viele Jahre schon, das Du in ihrem Leben, der Adressat ihrer Gedanken.«[141]

Am 21. Februar 1919 wurde der sozialistische Ministerpräsident Kurt Eisner auf offener Straße in München erschossen. Die Unruhen hielten Lou Andreas-Salomé jedoch nicht davon ab, Rilke Ende März erneut zu besuchen. Sie blieb zwei Monate lang, erlebte also sowohl die Proklamation der Münchner Räterepublik als auch deren gewaltsame Niederschlagung. Dass es die letzte Begegnung der beiden ungleichen Freunde war, konnten sie nicht ahnen.

Sigmund Freud war von seiner wissbegierigen, intelligenten und ohne Scheu vor Meinungsverschiedenheiten diskutierenden Schülerin sehr beeindruckt. Ende 1919 schrieb er ihr: »Sie besitzen um diese Zeit wahrscheinlich zwei Bilder von mir, ich keines von Ihnen. Ist das gerecht? Natürlich stelle ich mir die Abhilfe nicht so vor, dass Sie mir von den beiden eins zurückschicken.«[142] Zwei Jahre später, während eines Besuchs bei Sigmund Freud in Wien, begann ihre Freundschaft mit seiner 25-jährigen Tochter Anna. Im Alter von 61 Jahren wurde Lou Andreas-Salomé dann zusammen mit ihr in die Wiener Psychoanalytische Vereinigung aufgenommen,und sie beteiligte sich auch am Internationalen Psychoanalytischen Kongress Ende September 1922 in Berlin. Sechs Jahre später traf Lou Andreas-Salomé Sigmund und Anna Freud noch ein letztes Mal in Berlin.

Im Winter 1929/30 lag sie nach einer Operation am Fußgelenk sechs Wochen lang im Krankenhaus. Ihr Ehemann saß häufig bei ihr, und die beiden kamen sich wieder näher. Das Glück hielt jedoch nicht lange an, denn Friedrich Carl Andreas starb am 3. Oktober 1930 im Alter von 84 Jahren.

Lou Andreas-Salomé blieb einsam zurück: Frieda von Bülow war bereits 1909 gestorben; in der Zwischenzeit waren auch die Mutter Louise und der Bruder Alexander tot, ebenso wie Hendrik Gillot, Viktor Tausk und Rainer Maria Rilke. Bei Lou im Haus wohnte noch Maria Apel, die uneheliche Tochter ihrer früheren, 1928 verstorbenen Haushälterin, mit ihrem Ehemann, dem Kaminkehrer Robert Apel. Die junge Frau führte Lou Andreas-Salomé den Haushalt und pflegte sie bei Bedarf.

Mit ein paar Nutrias wollte die Schriftstellerin und Psychotherapeutin 1931 aus einer Laune heraus mit einer Pelztierzucht beginnen, aber sie brachte es letztlich nicht fertig, die Tiere zu töten, um ihnen das Fell abzuziehen, und gab daher das Vorhaben bald wieder auf.

Im Sommer 1933 schlug sich Konrad von Salomé, der jüngste Sohn ihres Bruders Alexander, zu seiner Tante nach Göttingen durch, und sie adoptierte ihn. Im Jahr darauf adoptierte sie auch Maria Apel und setzte sie als Haupterbin ein. Ihren Nachlass vertraute sie einem 32 Jahre jüngeren Mann namens Ernst Pfeiffer an, den sie kennengelernt hatte, als er zu ihr in die Praxis gekommen war, um den Termin eines psychisch kranken Freundes bei ihr abzusagen.

Nachdem die Ärzte im Herbst 1935 Brustkrebs bei Lou Andreas-Salomé diagnostiziert hatten, musste sie sich einer entsprechenden Operation unterziehen. Aber richtig gesund wurde sie nicht mehr. Am 5. Februar 1937, eine Woche vor ihrem 76. Geburtstag, starb Lou Andreas-Salomé in ihrem Haus in Göttingen.

Colette
(1873 – 1954)

»SOUVERÄNE EROTISCHE NONCHALANCE«

Colettes Debütroman wurde 1900 von ihrem ersten Ehemann unter dessen Pseudonym veröffentlicht. 1901 teilten sich die Ehepartner eine Geliebte. Mit 32 Jahren ließ sich Colette in Pantomime ausbilden und trat mit ihrer damaligen Lebensgefährtin, der Marquise de Belbœuf, in »Mimodramen« auf. Dass sie sich halbnackt auf der Bühne zeigte, löste einen Skandal aus. Dennoch wurde die Schriftstellerin 1944 in die Académie Goncourt aufgenommen und erhielt nach ihrem Tod als erste Frau in Frankreich ein Staatsbegräbnis.

Jules Robineau-Duclos verbarrikadierte sich in seinem Haus in Saint-Sauveur-en-Puisaye, einem Dorf 200 Kilometer südöstlich von Paris, und bedrohte seine Bediensteten. Daraufhin versuchten Verwandte, den 42-jährigen Alkoholkranken für geistesgestört erklären zu lassen, um an seinen Besitz zu kommen, aber Freunde verhinderten es und hielten ihn außerdem vom Trinken ab. In der Hoffnung, dass ihn eine Ehefrau vor einem Rückfall in die Trunksucht bewahren könne, überredeten sie Jules, zu heiraten, und brachten ihn mit Eugénie-Sidonie (»Sido«) Landoy zusammen.

Weil Sidonies Mutter die Niederkunft am 12. August 1835 in Paris nur um zwei Monate überlebt hatte, war das Mädchen bei einer Amme in Mézilles zehn Kilometer nördlich von Saint-Sauveur aufgewachsen. Als Sidonie 15 Jahre alt geworden war, hatten ihre sehr viel älteren Brüder sie nach Brüssel geholt.

Die Hochzeit von Jules Robineau-Duclos und Sidonie Landoy fand am 17. Januar 1857 im Rathaus von Schaerbeck bei Brüssel statt. Danach zog Sidonie zu ihrem 20 Jahre älteren Mann nach Saint-Sauveur. Anfangs versuchte sie noch, seinen Alkoholkonsum einzudämmen, aber nach einiger Zeit gab sie ihre Bemühungen frustriert auf, und als sie auch gegen seine Seitensprünge nicht ankam, ließ sie sich ihrerseits auf eine Affäre mit einem Notar ein. 1860 bzw. 1863 brachte Sidonie zwei Kinder zur Welt: Juliette und Achille.

Nachdem Jules Robineau-Duclos 1865 einem Schlaganfall erlegen war, ließ die 30-jährige Witwe sich noch im selben Jahr mit dem Infanteriehauptmann Jules Colette standesamtlich trauen. Der Offizier hatte im Juni 1859, knapp vier Monate vor seinem 30. Geburtstag, im Zweiten Italienischen Unabhängigkeitskrieg das linke Bein verloren und war gut ein Jahr später als Steuereinnehmer nach Saint-Sauveur gekommen.

1866 gebar Sidonie einen zweiten Sohn, Léo, und am 28. Januar 1873 wurde sie in Saint-Sauveur von der Tochter Sidonie-Gabrielle entbunden. Kurze Zeit stillte Sidonie ihr jüngstes Kind selbst, dann wurde es ihr lästig, und sie beauftragte eine Amme damit.

Gabrielle wuchs zu einem blonden Mädchen mit eineinhalb Meter langen Zöpfen heran. Als sie mit sechs Jahren eingeschult wurde, wollte sie von ihren Mitschülerinnen nur mit dem Familiennamen Colette angesprochen werden, so wie es bei den

Jungen üblich war. (Später sollte daraus ihr Schriftstellername werden.)

Im Jahr darauf beendete Jules Colette seine Tätigkeit als Steuereinnehmer, die er nie gemocht hatte, und kandidierte für den Landrat, erhielt jedoch nur zehn von 1470 Stimmen.

In den Achtzigerjahren verbrachte Gabrielle eine Woche mit ihrem Vater in Paris. Dabei wurde Jules Colette dem Verleger Jean-Albert Gauthier-Villars vorgestellt, und seine Tochter könnte dabei erstmals dessen Sohn begegnet sein, dem 14 Jahre älteren Salonlöwen Henry Gauthier-Villars (»Willy«). Sie behauptete zwar später, es sei im Sommer 1889 gewesen, aber einigen Hinweisen zufolge kannten sich die beiden zu diesem Zeitpunkt bereits seit fünf Jahren.

Henry Gauthier-Villars hatte nach seinem Jurastudium im Verlag seines Vaters zu arbeiten angefangen. Der Bonvivant betrieb eine Schreibwerkstatt, das heißt, er ließ Bücher schreiben und veröffentlichte sie unter seinem Namen. Als eine seiner Geliebten 1889 einen Sohn zur Welt brachte, erkannte Henry die Vaterschaft an, und der Junge bekam den Namen Jacques Gauthier-Villars.

Im Sommer 1890, ein Jahr nachdem Gabrielle den Schulbesuch abgeschlossen hatte, zogen die Eltern mit ihr zu ihrem Halbbruder Achille Robineau-Duclos, der Arzt geworden war und in Châtillon-sur-Loing (heute: Châtillon-Coligny), 70 Kilometer östlich von Orléans, praktizierte. Gabrielle begleitete ihn in der Folge des Öfteren bei seinen Hausbesuchen und assistierte ihm.

Anfang 1892 brachte Henry Gauthier-Villars seinen kleinen Sohn Jacques nach Châtillon, denn dessen Mutter Germaine Servat war an Silvester gestorben und die Colettes hatten ihm eine Amme vermittelt. Nach einem halben Jahr holte er das drei Jahre alte Kind wieder ab und überließ es seiner Mutter in Paris.

Offenbar riss der Kontakt von Henry und Gabrielle von da an nicht mehr ab, denn im November stellte er sie seinen Eltern vor. Und am 15. Mai 1893 heirateten die beiden. Seine Eltern blieben der Feier allerdings fern, denn sie hielten die Eheschließung für eine Mesalliance. Henry verlor deshalb sein Mitspracherecht im Verlag, und seine finanzielle Beteiligung wurde reduziert. Dennoch konnte er sich eine repräsentative Mietwohnung in Paris, ein Dienstmädchen und später auch eine Köchin leisten.

Ein halbes Jahr nach der Hochzeit ertappte Gabrielle ihren Ehemann in der Wohnung einer jungen Frau am Montmartre, die wohl schon seit längerer Zeit seine Geliebte war. Kurz darauf erkrankte Gabrielle, und ihre Mutter kam nach Paris, um sie zu pflegen. Möglicherweise handelte es sich um einen Nervenzusammenbruch. Es gibt aber auch Spekulationen, dass Henry sie mit einer Geschlechtskrankheit infiziert habe.

Im Winter 1894/95 sorgte Gabrielle dann für gesellschaftliches Aufsehen, als sie zu einer Einladung der Salonière Léontine Arman de Caillavet im Matrosenanzug erschien, obwohl es Frauen verboten war, in der Öffentlichkeit Männerkleidung zu tragen.*

Henry, dessen Schreibwerkstatt sich inzwischen noch vergrößert hatte, regte seine Frau dazu an, Erinnerungen an ihre Adoleszenz in einem Roman zu verarbeiten. Im Winter 1896/97 übergab Gabrielle ihm das Manuskript. Henry überflog ein paar Seiten und warf die Hefte dann achtlos in eine Schublade. Erst im März 1900 stieß er zufällig wieder auf das Manuskript, und

---

* Seit dem 7. November 1800 durften Frauen in Paris nur mit ausdrücklicher Genehmigung des Polizeipräfekten in der Öffentlichkeit eine lange Hose tragen. Diese Verordnung wurde 1892 und 1909 zwar gelockert, aber nie aufgehoben. Erst am 31. Januar 2013 erklärte die französische Ministerin für die Rechte der Frauen, Najat Vallaud-Belkacem, dass die Bestimmung gegen die französische Verfassung verstoße und deshalb ungültig sei.

diesmal begriff er, dass sich daraus etwas machen ließ: Er überredete seine Frau, ihm die Urheberrechte zu übertragen – so wie er es von den Auftragsschreibern gewohnt war – und ließ *Claudine à l'école (Claudine erwacht)* unter seinem eigenen Pseudonym »Willy« veröffentlichen. Aufgrund des Erfolgs schrieb Gabrielle eine ganze Romanreihe über die Hauptfigur Claudine, aus der Henry eine Marke für Parfums, Zigaretten, Süßigkeiten und vieles mehr machte. Der Name wurde schließlich so populär, dass auch Prostituierte ihn übernahmen. Allerdings trat Gabrielle Gauthier-Villars erst einmal nicht als Autorin in Erscheinung. (Erst 1923 führte sie den Schriftstellernamen Colette ein. Hier werden wir sie schon ab jetzt so nennen.)

Sobald sich der Erfolg abzeichnete, kaufte Henry das Landhaus Les Monts-Bouccons bei Besançon und schenkte es seiner Frau. Bis 1905 verbrachte sie die Sommermonate dort.

Aber in der Ehe kriselte es längst. Die 16-jährige Meg Villar (eigentlich: Marguerite Maniez) schrieb 1901 auf ein Foto für Henry Gauthier-Villars die Widmung: »Für meinen Papa von seinem Baby«. Sie wurde später seine zweite Ehefrau. Aber wir wollen nicht vorgreifen. Etwa zur gleichen Zeit freundete sich Colette mit der sieben Jahre älteren Amerikanerin Georgie Raoul-Duval an, die das Ehepaar im Sommer 1901 zu den Bayreuther Festspielen begleitete und abwechselnd mit Henry und Colette schlief. Als Georgie Raoul-Duval erfuhr, dass Colette in ihrem nächsten Roman auf die Ménage à trois anspielte, ließ sie die Startauflage einstampfen und übernahm dafür die Kosten. Sie konnte Henry jedoch nicht davon abhalten, dass er das Manuskript einem anderen Verlag anbot, der es im Mai 1902 unter dem Titel *Claudine en ménage (Claudine in der Ehe)* veröffentlichte.

Zu Beginn des Jahres hatte die Premiere einer Bühnenfassung von *Claudine in Paris* mit der Schauspielerin Polaire (bürgerlich: Emilie-Marie Bouchard-Zouzé) in der Hauptrolle stattgefunden. Geschäftstüchtig, wie er war, ließ Henry Gauthier-Villars für Polaire und Colette die gleichen Kleider anfertigen und führte sie zusammen aus, um durch die Andeutung einer Ménage à trois für *Claudine in der Ehe* zu werben.

Colette hatte in diesem Jahr eine Affäre mit der drei Jahre jüngeren Natalie Clifford-Barney, der als »Wilde aus Cincinnati« verschrienen Tochter einer Malerin und eines Eisenbahnbesitzers, die 1898 nach Paris gekommen war und dort jahrzehntelang nicht nur einen berühmten Salon führte, sondern auch ein Laientheater betrieb.

Augenscheinlich bevorzugte Colette zu dieser Zeit Frauen, wenn sie sich Lust verschaffen wollte, denn im März 1905 begann sie ein weiteres lesbisches Liebesverhältnis, diesmal eines, das Jahre dauerte. Bei der Lebensgefährtin handelte es sich um die zehn Jahre ältere Transvestitin Sophie-Mathilde-Adèle-Denise de Morny, Marquise de Belbœuf, kurz: »Missy«. Ihr Vater Charles, Herzog von Morny, war ein illegitimer Sohn von Hortense de Beauharnais, also ein Enkel der französischen Kaiserin Josephine, und bei ihrer Mutter handelte es sich um eine russische Fürstin aus dem Hause Romanow. Im Alter von 18 Jahren hatte man Missy mit Jacques Godard, Marquis de Belbœuf, verheiratet, aber als sie Colette kennenlernte, war sie bereits geschieden.

Obwohl Henry und Colette im Mai 1905 die Scheidung eingeleitet hatten, lebten und arbeiteten sie auch weiterhin zusammen. Henrys Sohn Jacques, der inzwischen in einem Internat in England lebte, wunderte sich darüber, wenn er in den Ferien nach Hause kam. Auch als Jules Colette im September 1905, neun Tage nach seinem 76. Geburtstag, starb, begleitete Henry seine Noch-Ehefrau zur Beerdigung ihres Vaters.

Aber der Sommer 1905 war der letzte, den Colette in Les

Monts-Bouccons verbrachte. Von da an fuhr sie stattdessen zu Missy, die in Le Crotoy an der Somme-Mündung ein Haus besaß.

Einige Monate nachdem Colette im Juni im Laientheater ihrer Freundin Natalie Clifford-Barney in Neuilly erstmals auf der Bühne gestanden hatte, ließ sie sich von dem ein Jahr jüngeren französischen Pantomimen Georges Wague (bürgerlich: Georges Waag) unterrichten. Im Théâtre des Mathurins in Paris begann Colette am 6. Februar 1906 als Tänzerin aufzutreten, und zwar mit einer Pantomime von Francis de Croisset. Die Familie Gauthier-Villars war entsetzt, denn Schauspielerinnen galten in gehobenen Kreisen als anrüchig.

Nachdem Henry und Colette im November 1906 ihre gemeinsame Wohnung in Paris geräumt hatten, zog Colette zu Missy, die auch in Paris ein Haus besaß, mietete aber zudem ein kleines Apartment. Und Henry richtete sich mit Meg Villar, die inzwischen seine Lebensgefährtin geworden war, in einer neuen Wohnung ein.

Im selben Monat spielte Colette in dem Stück *Pan* von Charles Van Lerberghe im Théâtre Marigny die Rolle der Paniska. Dabei tanzte sie im letzten Akt fast nackt in einer bacchantischen Prozession. Das war zwar anstößig, löste aber noch keinen Theaterskandal aus. Dazu kam es erst ein paar Wochen später: Bei der Premiere eines »Mimodramas« mit dem Titel *Rêve d'Égypte* am 3. Januar 1907 im »Moulin Rouge« verkörperte Missy unter dem Künstlernamen »Yssim« einen Archäologen, der eine von ihrer Freundin gespielte ägyptische Mumie entdeckt und aus Tüchern wickelt. Colette trug auf dem ansonsten nackten Oberkörper nur zwei an Riemen zwischen Rock und Halskrause befestigte Brustschalen. Als sich die beiden lesbischen Darstellerinnen dann auch noch auf der Bühne küssten, war das Publikum in Buh-Rufer und Applaudierer gespalten. Henry Gauthier-Villars, der Beifall klatschte, wurde als Hahnrei verspottet. Weil es bei dem Tumult sogar zu tätlichen Auseinandersetzungen kam, griff schließlich die Polizei ein.

Am nächsten Tag forderten empörte Angehörige der Familie de Morny den Polizeipräfekten auf, jede weitere Aufführung zu verbieten. Um die Vorstellungen aber nicht absagen zu müssen, ersetzte das »Moulin Rouge« die Marquise de Belbœuf durch Georges Wague. Henry, der sich um seinen eigenen Ruf sorgte, bestand nun auf einer raschen Auflösung seiner Ehe. Ein Gericht nahm den Antrag im Februar 1907 an; rechtskräftig wurde die Scheidung allerdings erst im Juni 1910.

Bei der Veröffentlichung des Romans *Claudine findet zu sich selbst* im Februar 1907 wurde erstmals die Autorin angegeben. Allerdings gehörte Colette auch weiterhin zu den Ghostwritern in Henrys literarischer Werkstatt. Und im Sommer wohnten Missy und Colette, Meg und Henry in benachbarten Häusern in Le Crotoy. Das offenbar noch immer gute Einvernehmen mit Colette hinderte Henry, der inzwischen fast pleite war, jedoch nicht daran, im Herbst die Rechte an den Claudine-Romanen zu verschleudern, ohne ihr Einverständnis einzuholen oder sie wenigstens darüber zu unterrichten. Im Dezember 1907 verkaufte er auch noch das Landhaus Les Monts-Bouccons, von dem er einmal behauptet hatte, es gehöre Colette.

Bei der Premiere der Pantomime *La chair* am 1. November 1907 zerfetzte der von Georges Wague dargestellte Schmuggler seiner von Colette gespielten Geliebten Yulka das bodenlange Kleid, sodass ihre linke Körperhälfte von der Brust bis zum Bein entblößt wurde. Sie stellte diese Szene auch für einen Fotografen nach. Die Tänzerin und Dichterin Toni Bentley erinnerte sich später daran: »Sie trug einen zerrissenen weißen Leinenstreifen, der ihre linke Brust entblößte, und blickte mit schamlosem Stolz in die Kamera.«[143] Das Bild symbolisierte auch eine Befreiung. »Es war eine Bekanntgabe an die Welt, dass die Weiblichkeit –

Feminität in all ihren komplizierten [...] Formen – aus Pandoras Büchse entwichen sei. [...] Ob gut oder schlecht, Frauen waren in der Literatur nicht länger beschränkt auf die Rolle von schablonenhaften Charakteren [...].«[144]

Das skandalöse Stück erwies sich als Riesenerfolg: Insgesamt etwa 600-mal trat Colette im Verlauf der nächsten Jahre als Yulka auf, nicht nur in Paris, sondern auch in Nizza und anderen Städten.

In Genf spielte sie 1908 die Hauptrolle in *Son premier voyage* von Léon Xanrof. Am 5. Februar 1909 stand sie bei der Premiere des von ihr selbst geschriebenen Theaterstücks *En camarades* in Paris ebenfalls als Hauptdarstellerin auf der Bühne. In diesem Frühjahr trat sie in 32 französischen Städten auf. Dennoch hielt sie es für erforderlich, ihr Einkommen zusätzlich aufzubessern, und versuchte sich vorübergehend als Immobilienmaklerin. Auch im folgenden Frühjahr spielte Colette wieder in etwa 30 Städten. Diesmal folgte ihr Auguste Hériot, der 24-jährige Erbe des Kaufhauses »Les Magasins du Louvre«. Er besuchte fast alle ihre Vorstellungen, schickte ihr Blumen und wurde schließlich ihr erster deutlich jüngerer Liebhaber. Parallel dazu setzte sie ihre lesbische Beziehung mit Missy fort.

Ihr noch lange nach der Trennung freundschaftlicher Umgang mit Henry Gauthier-Villars endete, als sie mit eineinhalb Jahren Verspätung erfuhr, dass er hinter ihrem Rücken die Rechte an den Claudine-Romanen verkauft hatte.

In ihrem 1920 veröffentlichten Roman *La Vagabonde (Renée Néré)* reflektiert Colette ihre eigene Situation. Wie auch in ihren anderen Romanen veranschaulicht sie den Konflikt zwischen der Sehnsucht nach Liebe oder Geborgenheit und dem Bedürfnis nach Unabhängigkeit. Sie porträtiert eine moderne Frau auf der Suche nach sich selbst.

Kritisch setzte Colette sich mit der Institution Ehe auseinander. Und sie war eine der ersten Schriftstellerinnen, die offen mit dem Thema Sexualität umgingen. »Lesbisch und zugleich männerfressend, sperrig unzugänglich und gleichzeitig für aparte Liebesspiele offen, dem *pur et l'impur* in gleicher Weise zugeneigt, galt sie als frühfeministische Belegfigur für souveräne erotische Nonchalance. Dass ihr umfangreiches erzählerisches Werk in all seiner musikalisch umspielten *lucidité* mehr als nur gefällige Unterhaltung war, geruhte man selbst in Frankreich erst nach ihrem Tod 1954 wahrzunehmen.«[145]

Nachdem Missy und Colette sechs Jahre lang jeweils einen Teil des Sommers in Le Crotoy verbracht hatten, suchten sie etwas Neues. Im Herbst 1910 kaufte Missy das Anwesen Rozven in der Bretagne.

Im folgenden Frühjahr traten Colette und ihr Geliebter Auguste Hériot in *Xantho* von Jacques Richepin in Nizza auf. Dort ließ sich Colette auch auf eine Affäre mit der 20-jährigen Lily de Rême ein. Zu dritt reisten sie weiter nach Tunesien. Aber dort trennte Colette sich zuerst von Auguste, dann auch von Lily und kehrte schließlich zu Missy nach Rozven zurück.

Im Juni begann Colette eine Liebesbeziehung mit dem drei Jahre jüngeren Pariser Journalisten Henry de Jouvenel des Ursins. Nach der Trennung seiner Eltern war er bei seiner Mutter aufgewachsen, aber mit 17 Jahren zum Vater nach Paris gezogen, um an der Sorbonne Philosophie zu studieren. Er hatte zwei Söhne: mit seiner Ehefrau Claire den siebenjährigen Bertrand und mit seiner Geliebten, der Grafentochter Isabelle de Comminges, den vier Jahre jüngeren Renaud.

Als Colette im Juni mit Georges Wagues *La chair* in der Schweiz spielte, folgte Henry de Jouvenel ihr nach Lausanne und schrieb Claire, er wolle sich scheiden lassen. Zur gleichen Zeit trennte Colette sich von Missy, die ihr großzügig Rozven überließ und in eine benachbarte Villa zog. Bereits am 19. Dezember 1912, wenige Wochen nach seiner Scheidung, ließ Henry sich mit Colette, die inzwischen schwanger war, auf einem Standesamt in Paris trauen. Am 3. Juli 1913 gebar Colette eine Tochter. Das Kind erhielt den Namen Colette Renée, wurde aber nicht getauft. Bel-Gazou – so der Kosename des Mädchens – wuchs in der Obhut eines englischen Kindermädchens im Schloss Castel-Novel im Département Corrèze auf, das Henrys Großvater gekauft hatte. Die Eltern sah sie mitunter ein halbes Jahr lang nicht. Statt bei ihrer Tochter zu bleiben, verbrachte Colette den Juli 1914 mit der 25-jährigen Filmschauspielerin Musidora (bürgerlich: Jeanne Roques) in Rozven.

Als der Erste Weltkrieg ausbrach, wurde Henry de Jouvenel nach Verdun geschickt. Weil dadurch seine Zeitungshonorare wegfielen, musste Colette sich einschränken, die Bediensteten entlassen und sich zum ersten Mal in ihrem Leben selbst um den Haushalt kümmern. Kurzerhand bildete sie deshalb mit Musidora, der seit Langem mit ihr befreundeten Schauspielerin Marguerite Moreno und der Schriftstellerin Annie de Pène eine Art Kommune.

Nachdem sich Colette im Oktober als Pflegerin in einem Lazarett engagiert hatte, hielt sie sich einige Wochen unter falschem Namen in Verdun auf, um hin und wieder ihren Mann sehen zu können.

Im Jahr darauf ließ sie sich von der Zeitung *Le Matin*, für die sie seit viereinhalb Jahren regelmäßig Artikel schrieb, als Berichterstatterin nach Rom entsenden, wo sie Gabriele D'Annunzio kennenlernte, der im benachbarten Hotelzimmer wohnte. Danach war sie ein paar Tage mit ihrer Tochter in Rozven. Und als Henry de Jouvenel im Herbst 1916 nach Mailand versetzt wurde, verbrachte Colette zwei Monate am Comer See. Außer ihrem Mann traf sie dort seinen jüngeren Bruder Robert de Jouvenel und dessen Freundin. Im Winter fuhr sie erneut nach

Rom und verabredete sich mit Henry, der an einer Konferenz der Alliierten in Udine teilnahm. Er war bereits wieder abgereist, als sie einen Vertrag über die Verfilmung ihres Romans *La Vagabonde* abschloss und mit Musidora zusammen anfing, das Drehbuch dafür zu schreiben *(La vagabonda)*. Im Auftrag ihrer Freundin, die sich inzwischen nicht nur zum Stummfilmstar entwickelt hatte, sondern außerdem selbst Regie führte und Filme produzierte, verfasste Colette danach auch das Drehbuch für *La flamme cachée*. Aber statt bei den Dreharbeiten zuzuschauen, fuhr sie im Herbst 1917 nach Castel-Novel, um sich mit ihrem Mann zu treffen, der zwei Wochen Heimaturlaub bekommen hatte. Während sie mit Bel-Gazou auf ihn wartete, stolperte die Vierjährige auf einer Steintreppe und schürfte sich das Gesicht auf. Da schlug die Mutter zu und schimpfte, sie werde ihr noch beibringen, nicht »zu ruinieren, was ich geschaffen habe«[146].

Colette befand sich noch in Castel-Novel, als sie die Nachricht erhielt, dass Annie de Pène an spanischer Grippe gestorben war. Deren Tochter Germaine Beaumont (eigentlich: Germaine Battendier) besuchte die Freundin ihrer Mutter im Sommer 1918 in Rozven und wurde eine der beiden Sekretärinnen, die Colette als Leiterin des literarischen Feuilletons der Zeitung *Le Matin* beschäftigte. Sie gehörte bald ebenso wie ihre Kollegin Hélène Picard zu Colettes engsten Vertrauten.

Henry de Jouvenel, der nach dem Ersten Weltkrieg ebenfalls seine Tätigkeit bei *Le Matin* wiederaufgenommen hatte, ging nun zunehmend eigene Wege. Mit Germaine Patat, einer seiner Geliebten, die eine kleine Modeschneiderei betrieb, freundete sich aber auch Colette an. »Auf diese Weise versuchte sie, was sie schon mit Lotte, Georgie, Meg, Musi und vielen anderen Frauen in ihrem Leben gemacht hatte: wenn sie die Rivalin nicht loswerden konnte, sich mit ihr zu verbünden. [...] Germaine

Patat sollte später für Hélène Picards private Krankenschwestern zahlen. Sie half, sich um Bertrand und Renaud de Jouvenel zu kümmern, und sie wurde gewissermaßen Bel-Gazous Pflegemutter, indem sie das Mädchen unter ihre Fittiche nahm, als Colette die Geduld verlor. Neben den Jouvenels hatte Germaine ihre eigene ›schwierige‹ Familie zu unterhalten, und Colette, die sich offenbar der Ironie nicht bewusst war, warnte Germaine gern vor den Gefahren des Altruismus: ›Sei ein Egoist! Egoisten werden nicht ausgebeutet!‹ Zum Glück für Colette hielt Germaine sich nicht an diesen Ratschlag. Sie lieh Colette erhebliche Summen Geldes, versorgte sie mit Kleidungsstücken und, am wichtigsten, sie litt mit ihr und büßte für sie.«[147]

Im Sommer 1920 nahm Colette Bertrand de Jouvenel, der gerade seine Schulausbildung im Internat abgeschlossen hatte, mit nach Rozven. Nachdem die anderen Gäste abgereist waren, blieb sie mit ihm, ihrer Tochter, Hélène Picard und Germaine Beaumont zurück. Sie brachte ihrem 16-jährigen Stiefsohn wohl nicht nur Schwimmen bei, sondern dachte auch an seine Initiation. Dem unerfahrenen Jungen entging nicht, dass Colette mit ihren Freundinnen über ihn tuschelte. Später erzählte er, seine Stiefmutter habe ihn schließlich gefragt, ob er seine ersten sexuellen Erfahrungen lieber mit Hélène oder mit Germaine machen wolle. Weil er darauf keine Antwort wusste, entschied Colette für ihn. »In dieser Nacht oder wenig später nahm Germaine Bertrand mit in ihr Schlafzimmer.«[148] Aber der Junge war eigentlich in Colette verliebt. »Als er mitten in der Nacht niedergeschlagen und unglücklich auftauchte, traf er seine Stiefmutter auf dem Treppenabsatz wartend. Später sollte er einem Freund erzählen, sie habe ›all ihre Künste aufbieten müssen, um diese Initiation zu vollenden‹, wobei er auch sagte, sie sei eine ›anspruchsvolle, gierige, kundige und lohnende‹ Professorin der Begierde gewesen.«[149] Als Claire ihren Sohn im September aus

Rozven abholte, argwöhnte sie wegen seines veränderten Benehmens sofort, dass Colette ihn verdorben haben könnte. Sie beschwerte sich darüber bei ihrem Ex-Mann Henry, konnte aber nicht verhindern, dass Colette die Affäre mit Bertrand im Sommer 1921 in Rozven fortsetzte. Auch in Paris traf Colette den Jungen häufiger und ging beispielsweise mit ihm ins Theater. Hin und wieder übernachtete er sogar bei ihr. Im April 1922 verbrachten die beiden dann zwei Wochen in Algerien und wohnten bei einem mit Colette befreundeten Fürstenpaar in Tipasa.

Im selben Jahr begann *Le Matin* mit dem Abdruck des Romans *Le blé en herbe (Erwachende Herzen)*, in dem Colette die sexuelle Initiation eines 16-Jährigen durch eine reife Frau schildert. Auch Leser, die nichts von der Affäre Colettes mit ihrem Stiefsohn ahnten, empfanden dies als skandalös, und die Zeitung brach aufgrund der Proteste die Veröffentlichung ab. Im Jahr darauf erschien der Roman allerdings in Buchform, und dabei benutzte die Autorin erstmals nur den Familiennamen ihrer Kindheit: Colette.

Aufgrund ihrer Erfolge als Schriftstellerin war Colette am 25. September 1920 zusammen mit der drei Jahre jüngeren Lyrikerin Anna de Noailles Ritter der Ehrenlegion geworden. (1953 avancierte Colette sogar zum Grand Officier der Ehrenlegion.) Das Théâtre Michel in Paris hatte am 13. Dezember 1921 die Bühnenfassung ihres erfolgreichen Romans *Chéri* uraufgeführt, und in der 100. Vorstellung spielte Colette statt Valentine Tessier die Rolle der Léa. Damit stand sie nach zehn Jahren erstmals wieder auf der Bühne. Außerdem fand am 21. März 1925 die Uraufführung der Oper *Das Kind und der Zauberspuk* von Maurice Ravel statt, für die Colette 1915 das Libretto geschrieben hatte.

Henry de Jouvenil hatte seit einigen Jahren eine Affäre mit der zehn Jahre jüngeren, ebenfalls verheirateten Schriftstellerin Marthe Bibesco. Im April 1925 wurden er und Colette geschieden. Noch im selben Jahr avancierte Henry de Jouvenil, der bereits 1922 als französischer Chefdelegierter beim Völkerbund in Genf über Abrüstung und Reparationen verhandelt hatte, zum französischen Hochkommissar in Syrien und Libanon.

Ungefähr zur gleichen Zeit kamen sich Colette und der 16 Jahre jüngere Geschäftsmann Maurice Goudeket näher. Im Sommer 1925 machten sie in Var gemeinsam zwei Wochen Ferien. Während eines Aufenthalts an der Riviera im November verabredete Colette sich mit Bertrand de Jouvenel, der sich zufällig auch dort erholte, brachte dann aber Maurice Goudeket mit zu dem Abendessen – vielleicht, um Bertrand eifersüchtig zu machen. Jedenfalls verbrachte sie nach dem Restaurantbesuch die letzte Nacht mit dem damals 21-jährigen Sohn ihres Ex-Manns in einem Hotelzimmer.

Colette beschloss nun, Rozven zu verkaufen, und erwarb als Ersatz das Bauernhaus Tamaris les Pins bei Saint-Tropez, das sie in La Treille Muscate umbenannte. Im Sommer 1926 beaufsichtigte sie den Abtransport der Möbel aus Rozven. Und sie bezog eine Wohnung im Palais Royal in Paris.

1929 erwarb Maurice Goudeket in Montfort-l'Amaury westlich von Paris, wo Colette ein Wochenendhaus gemietet hatte, die Villa La Gerbière. Aber im Winter 1930/31 war er pleite und musste das Anwesen an Coco Chanel verkaufen. Zusammen mit Colette quartierte er sich daraufhin im »Hotel Claridge« an den Champs Elysées ein. Sie reisten auch viel miteinander, zum Beispiel nach Marokko, wo sie bei Al-Glâwi, dem Pascha von Marrakesch, zu Gast waren. Als Colette während einer gemeinsamen Autofahrt im September 1931 an der Riviera ein Gatter zu öffnen versuchte, brach sie sich ein Bein und musste nach Saint-Tropez ins Krankenhaus gebracht werden.

Ein halbes Jahr später ließ sie eine Firma ins Handelsregister eintragen, mit der sie unter ihrem Namen Schönheitsprodukte herstellen und vertreiben wollte. Außerdem eröffnete sie im Juni 1932 einen Schönheitssalon in Paris und zwei Monate danach eine erste Filiale in Saint-Tropez. Das Unternehmen blieb letztlich jedoch erfolglos.

In Saint-Tropez traf Colette sich häufig mit ihren Nachbarn Vera und Julio van den Henst, denn der in Guatemala geborene Zahnarzt war eng mit Maurice befreundet. Zum Freundeskreis der van den Hensts gehörten auch die Brüder Georges und Joseph (»Jef«) Kessel. In diesem Sommer schrieb Jef in einem Hotel bei Le Lavandou an einem Roman. Seinen jüngeren Bruder Georges nahm Colette in La Treille Muscate auf, damit er sich vom Drogenmissbrauch erholen konnte. Ob sie auch intim miteinander wurden, wissen wir nicht.

Im März 1935 freute Colette sich über eine besondere Ehrung: Sie wurde in die Académie Royale de Langue et de Littérature Française de Belgique aufgenommen. Sie arbeitete aber auch weiterhin nicht nur als Schriftstellerin, sondern schrieb parallel dazu Artikel für verschiedene Zeitungen. Und der deutsch-französische Regisseur Max Ophüls drehte nach ihrem Roman *Wir Komödianten vom Varieté* den Film *Divine*.

Als das »Hotel Claridge« 1935 in Konkurs ging, mieteten Colette und Maurice zwei benachbarte Wohnungen in Paris. Am 3. April 1935 heirateten sie, und nach einem weiteren Aufenthalt in Saint-Tropez gingen sie am 29. Mai in Le Havre an Bord des Passagierschiffs »Normandie«, um für ihre Zeitungen über die Jungfernfahrt des zu dieser Zeit größten Schiffes der Welt zu berichten. Zufällig war auch Bertrand de Jouvenal als Reporter auf dem Schiff. Nach der Ankunft in New York gab es in der Tat eine Sensation zu vermelden, denn die »Normandie« hatte den Atlantik in der Rekordzeit von vier Tagen und drei Stunden überquert.

Im selben Jahr, am 11. August, heiratete Colettes Tochter,

doch an der Hochzeitsfeier in Castel Novel nahm die Schriftstellerin nicht teil. Ob sie nicht eingeladen worden war oder aus einem anderen Grund fehlte, wissen wir nicht. Erst ein paar Wochen später, als die Neuvermählten Colette in Saint-Tropez besuchten, lernte sie ihren Schwiegersohn kennen. Die Ehe der beiden überdauerte allerdings kaum die Flitterwochen und wurde bereits nach einem Jahr geschieden. Bel-Gazou war eigentlich lesbisch und gestand ihrer Mutter später, die Eheschließung sei nur ein Versuch der »Normalisierung« gewesen.[150]

Als Colette in einem Interview erwähnte, dass sie gern weiter im Palais Royal gewohnt hätte, überließ ihr ein Mieter, der das las, sein Apartment in dem Gebäude aus dem 17. Jahrhundert. Nebenan wohnte Jean Cocteau, der später über sie sagen sollte: »Colettes Leben: Skandal auf Skandal«.

Im Juni 1939 verkaufte sie ihr Anwesen La Treille Muscate bei Saint-Tropez und erwarb stattdessen das Landhaus Le Parc in Méré, einem Dorf bei Montfort-l'Amaury.*

Nachdem Colette und Maurice 1939 vom Sommerurlaub in Dieppe zurückgekommen waren, erlebten sie in Paris den ersten Luftangriff der Deutschen. Colette ließ sich zwar überreden, den Luftschutzkeller aufzusuchen, aber sie fand es dort so unerträglich, dass sie von da an selbst bei schweren Bombardements in ihrer Wohnung ausharrte. Am 12. Juni 1940, zwei Tage bevor die Deutschen Paris besetzten, fuhren Colette, Pauline Vérine, die ihr seit 24 Jahren den Haushalt führte, und Maurice zu Bel-Gazou in die Corrèze. Colettes Tochter hatte dort von ihrem Stiefbruder Renaud, dessen Vater inzwischen gestorben war, das Gut Curemont bekommen. Es lag 15 Kilometer von Castel-Novel entfernt, wo Renaud de Jouvenel mit seiner Ehefrau Arlette

---

* Im Oktober 1940 verkaufte Colette auch das Landhaus Le Parc – und besaß damit nach 40 Jahren erstmals kein Domizil auf dem Land mehr.

lebte. Fünf Wochen lang blieben Colette, Maurice und Pauline Vérine in Curemont. Dann wollten sie nach Südfrankreich, kamen aber wegen der inzwischen erfolgten Aufteilung Frankreichs in eine besetzte und eine unbesetzte Zone nur bis Clermont-Ferrand bzw. Lyon. Im September beschafften sie sich dann Passierscheine und kehrten nach Paris zurück.

Colette scheute sich im Allgemeinen nicht, klar Stellung zu beziehen, lehnte es jedoch ab, sich öffentlich vom Vichy-Regime zu distanzieren, und weigerte sich auch, eine Petition gegen die Festnahme des jüdischen Direktors der Bibliothèque Nationale zu unterzeichnen oder sich an der Umhüllung von Sacré-Cœur mit der Trikolore zu beteiligen. Möglicherweise wollte sie wegen der jüdischen Herkunft ihres Ehemanns vorsichtig sein. Der wurde am 12. Dezember 1941 dennoch von der Gestapo abgeholt, in ein Lager in Compiègne gebracht, aber nach acht Wochen wieder freigelassen. Und im April 1942 lud die französische Ehefrau des deutschen Botschafters das Ehepaar Goudeket demonstrativ zum Tee ein. Als jedoch die Massendeportationen von Juden aus dem besetzten Teil Frankreichs begannen, setzte sich Maurice mit gefälschten Papieren in den Süden ab und suchte Zuflucht bei seinen Freunden Vera und Julio van den Henst in Saint-Tropez. (Später revanchierte sich Colette für die Gastfreundschaft, indem sie die van den Hensts vor deren Emigration nach Guatemala in Paris beherbergte.) Erst nach einem halben Jahr wagte Maurice sich nach Paris zurück.

Im Frühjahr 1943 empfing Colette mehrmals den katholischen Schriftsteller François Mauriac, der versuchte, die Atheistin zu bekehren. Möglicherweise ging Colette im Interesse ihres Mannes darauf ein, weil Mauriac über gute Beziehungen verfügte. Der Jesuitenpater, den er empfahl, lehnte es allerdings ab, Maurice beim Übertritt zum katholischen Glauben zu unterstützen.

Schon seit Anfang der Dreißigerjahre litt Colette an Arthritis. Die Beschwerden hatten sich inzwischen so verschlimmert, dass sie seit Juni 1942 auf einen Rollstuhl angewiesen war. Die meiste Zeit verbrachte sie auf dem Sofa, und die Wohnung verließ sie kaum noch. Weil sie stark zugenommen hatte, benötigte sie zwei kräftige Männer, wenn sie die Treppe hinuntergetragen werden wollte.

Renée Hamon, eine der engsten Freundinnen Colettes, starb im Oktober 1943 im Alter von 46 Jahren an Krebs. Renée hatte 1928 den 30 Jahre älteren schwedischen Übersetzer Harald Heyman geheiratet. Nachdem sie drei Jahre lang allein mit dem Rad um die Erde gefahren war, hatte sie sich 20 Monate lang in Tahiti aufgehalten. Ihr Mann war ihr dorthin gefolgt und dann als Aussteiger in der Südsee geblieben. Ein Dreivierteljahr nach Renée Hamons Tod drehte Missy, mit der Colette sich längst versöhnt hatte, in ihrer Wohnung den Gashahn auf und nahm sich das Leben. Als dann Anfang 1945 auch noch Hélène Picard starb, blieb Colette mit Marguerite Moreno nur noch eine einzige enge Freundin. (Und die lebte auch nur noch gut drei Jahre lang.)

Maurice wurde bei einem Spaziergang im August 1944 in Paris unfreiwillig Zeuge eines Gefechts zwischen deutschen Soldaten und französischen Polizisten in der Nähe der Tuilerien. Daraufhin brachte er sich im nächsten Luftschutzkeller in Sicherheit. Dort wurde er versehentlich eingeschlossen und erst nach drei – auch für Colette sorgenvollen – Tagen befreit.

Nach Judith Gautier wurde Colette am 2. Mai 1945 als zweite Frau in die Académie Goncourt gewählt. Dabei hatte Edmond de Goncourt Frauen, Juden und Mitglieder der Académie française eigentlich ausschließen wollen. (Nach vier Jahren übernahm Colette sogar den Vorsitz der Académie Goncourt.)

Das Théâtre de la Madeleine in Paris nahm Ende Oktober 1948 die Bühnenfassung von Colettes Roman *Chéri* ins Programm. Jean Marais und Valentine Tessier spielten die Hauptrollen. Die Autorin, die bei der Premiere in der Proszeniumsloge saß, wurde vom Publikum mit Ovationen gefeiert.

Colette und Maurice, der 1948 bis 1950 eine 15-bändige Gesamtausgabe der Werke seiner Frau editiert hatte, waren im Mai 1950 Gäste von Fürst Rainier III. in Monaco. Auch in den folgenden Jahren verbrachten sie jeweils einige Wochen in dem Fürstentum.

Weil Colettes immer kränker wurde und sie sich Ende Juli 1954 nicht mehr im Bett aufsetzen konnte, stellte Maurice eine Krankenschwester ein. Kurz darauf, am 3. August, starb seine Frau im Alter von 81 Jahren.

Der Erzbischof von Paris verweigerte die von Maurice gewünschte religiöse Zeremonie in der Église Saint-Roch mit der Begründung, Colette habe sich von der Kirche abgewandt. Die Schriftstellerin erhielt jedoch am 7. August als erste Frau in Frankreich ein Staatsbegräbnis.

Colette soll einmal gesagt haben: »Eigentlich hatte ich ein wunderschönes Leben, leider habe ich es zu spät gemerkt.«[151]

Leni Riefenstahl

(1902–2003)

———•◆•———

»TRIUMPH DES WILLENS«

Bevor Leni Riefenstahl als Filmregisseurin im »Dritten Reich« neue Maßstäbe für den Dokumentarfilm setzte, hatte sie Karrieren als Tänzerin und Schauspielerin begonnen. Wegen ihrer Nähe zu Hitler wurde die Regisseurin nach dem Zweiten Weltkrieg immer wieder öffentlich angefeindet. Mit 60 Jahren reiste sie zu den Nuba im Südsudan, und im Alter von 71 Jahren lernte sie Tauchen. Mit Nuba- und Unterwasser-Fotografien feierte sie im hohen Alter nochmals große internationale Erfolge. Sie wurde 101 Jahre alt.

Helene (»Leni«) Riefenstahl kam am 22. August 1902 im Berliner Arbeiterviertel Wedding zur Welt. Ihre Eltern hatten gut vier Monate zuvor geheiratet. Die Mutter Bertha war das jüngste von 18 Kindern einer Zimmermannsfamilie. Im Alter von 21 Jahren heiratete Bertha Scherlach den zwei Jahre älteren Schlosser Alfred Riefenstahl, der es durch die Übernahme eines Installationsgeschäftes für Lüftungsanlagen und Zentralheizungen in Berlin zu einem gewissen Wohlstand brachte. Über ihn heißt es in Leni Riefenstahls Memoiren: »Selten wagte jemand, ihm zu widersprechen, überall verschaffte er sich wie selbstverständlich Autorität [...]. Er allein hatte das Bestimmungsrecht über Frau und Kinder [...].«[152] Der Biograf Jürgen Trimborn schreibt: »So schreckte der Patriarch auch nicht davor zurück, seine Tochter bei geringsten Vergehen zu verprügeln, zu demütigen und einzusperren oder mit wochenlangem Schweigen zu bestrafen.«[153] Und Alice Schwarzer meint: »Die vom Vater eingepflanzte Mischung aus Faszination und Furcht vor dem Tyrannen wird lebenslanges Leitmotiv bleiben.«[154]

Leni wuchs mit einem drei Jahre jüngeren Bruder auf. Im Alter von vier oder fünf Jahren war sie von einer Theateraufführung des Märchens *Schneewittchen* so beeindruckt, dass sie das Erlebnis 80 Jahre später noch deutlich vor Augen hatte: »Es versetzte mich in die allergrößte Erregung, und ich erinnere mich sehr gut an die Heimfahrt in der ›Elektrischen‹; die Mitfahrer hielten sich die Ohren zu und forderten meine Mutter auf, das hysterisch plappernde Kind endlich zum Schweigen zu bringen.«[155] Im gleichen Alter lernte sie auch schwimmen. In einer Zeit, in der Freizeitsport noch weitgehend unbekannt war, nutzte sie die Möglichkeiten sowohl eines Turn- als auch eines Schwimmvereins. Im Winter ging sie Schlittschuh laufen, und im Sommer tollte sie auf Rollschuhen herum. »Wenn [die Schule] aus war, machte ich häufig einen Abstecher zum Tiergarten, wo ich mit meinen Rollschuhkünsten das Publikum anlockte [...].«[156] Das Bestreben, im Mittelpunkt zu stehen und bewundert zu werden, kannte sie offenbar schon sehr früh. »Schon als Kind zeichnete sich [...] Leni Riefenstahl durch eisernen Willen, Zähigkeit, brennenden Ehrgeiz und vielfältigste Interessen aus.«[157]

1918 ging sie mit dem Abschluss der mittleren Reife vom Lyzeum ab. Auf ein Zeitungsinserat hin suchte die 16-Jährige ohne Wissen ihrer Eltern die Schule von Helene Grimm-Reiter auf, in der Bühnentänzerinnen ausgebildet wurden. Dort wollte sie sich zwar eigentlich als Komparsin bei einem Film bewerben, aber stattdessen meldete sie sich spontan für den Unterricht an. Ihrer Mutter gestand sie das, aber beide hielten es für ratsam, dem Vater die Neuigkeit zu verschweigen. Der erfuhr davon allerdings durch einen Bekannten, der arglos von einem Auftritt Lenis bei einer Vorführung der Grimm-Reiter-Schule schwärmte, bei dem sie für die erkrankte Tänzerin Anita Berber* eingesprungen war. Alfred Riefenstahl verbot seiner Tochter daraufhin den weiteren Besuch der Ballettschule, und von seiner Frau, von der er sich ebenso wie von Leni hintergangen fühlte, wollte er sich in seinem Zorn sogar scheiden lassen. Davon konnte Bertha ihn dann doch abbringen, aber Leni schickte er nach vorübergehendem Zeichenunterricht an der Staatlichen Kunstgewerbeschule in Berlin im Sommer 1919 in ein Mädchenpensionat in Thale im Harz. Erst als sie im folgenden Frühjahr bereit war, sich als Bürokraft in seinem Betrieb anlernen zu lassen, erlaubte er ihr, in ihrer Freizeit nicht nur Tennisstunden zu nehmen, sondern auch den Tanzunterricht fortzusetzen. Leni ließ sich nun von der ehemaligen russischen Ballettmeisterin Eugenie Eduardowa im klassischen Tanz und parallel dazu an der Schule von Jutta Klamt im Ausdruckstanz schulen. »Mit neunzehn Jahren war ich eigentlich schon zu alt für diesen Unterricht. Die meisten von Eugenie Eduardowas Schülerinnen fingen mit sechs bis acht Jahren an. Und diesen großen Vorsprung musste ich versuchen einzuholen. Ich übte, bis mir manchmal vor Erschöpfung schwarz vor Augen wurde, aber immer wieder gelang es mir, durch Willenskraft meine Schwäche zu überwinden.«[158]

Die Familie, die bisher in den Berliner Stadtteilen Wedding, Neukölln, Schöneberg und Wilmersdorf gewohnt hatte, zog zu

---

* Über Anita Berber schrieb der Autor ein Kapitel in seinem Buch *AußerOrdentliche Frauen. 18 Porträts* (Piper Verlag 2009).

dieser Zeit nach Rauchfangswerder am Zeuthener See (heute: Berlin-Schmöckwitz), wo Alfred Riefenstahl ein Haus gekauft hatte. Leni nutzte dort jede Gelegenheit, um im See zu schwimmen, und legte dabei – von ihrer Mutter im Ruderboot begleitet – lange Strecken zurück.

Nach ihrem 21. Geburtstag entschied Leni Riefenstahl, dass es jetzt an der Zeit sei, ihre Jungfräulichkeit aufzugeben. Deshalb drängte sie einen Freund, ihr ein Rendezvous mit dem 18 Jahre älteren Otto Froitzheim zu vermitteln, der sieben Mal deutscher Tennismeister geworden war und inzwischen als stellvertretender Polizeipräsident in Köln amtierte. In ihren Memoiren schildert sie ihr »erstes Erlebnis mit einem Mann«[159]: »Er riss mir fast die Kleider vom Leib und versuchte, mit beinahe brutaler Gewalt schnell und ganz von mir Besitz zu ergreifen. Was ich nun erlebte, war fürchterlich. Das sollte Liebe sein? Ich fühlte nichts als Schmerz und Enttäuschung.«[160] Trotzdem verlobte sich Leni Riefenstahl 1924 mit Froitzheim. Zu einer Eheschließung kam es dann allerdings doch nicht.

Auch bei der Tänzerin Mary Wigman in Dresden-Hellerau nahm Leni Riefenstahl Unterricht, kehrte aber nach kurzer Zeit nach Berlin zurück und richtete sich in einer eigenen kleinen Wohnung ein, für die zunächst ihr Vater die Miete bezahlte. Als ihr der Chefredakteur einer Modezeitschrift nach einem Schönheitswettbewerb, bei dem sie Zweite geworden war, ein Engagement als Solotänzerin in der »Scala« verschaffen wollte, einem der berühmtesten Varietés in Deutschland, antwortete sie hochnäsig: »Ich habe nie die Absicht gehabt, in einem Varieté-Theater aufzutreten, auch wenn es so berühmt ist wie die ›Scala‹. Ich werde nur in Konzertsälen und auf Theaterbühnen tanzen.«[161] Kurz darauf mietete der vier Jahre ältere Innsbrucker Bankier Henry R. (»Harry«) Sokal, der sie im Urlaub in Warnemünde kennengelernt hatte und nun umwarb, eigens einen Saal in

München, wo sie am 23. Oktober gewissermaßen eine Generalprobe für ihr drei Tage später in Berlin geplantes Bühnendebüt als Solotänzerin absolvierte. Mit einem eineinhalbstündigen Programm aus zehn selbst choreografierten Tänzen und in von ihrer Mutter geschneiderten Kostümen beeindruckte Leni Riefenstahl dann am 26. Oktober in dem von ihrem Vater für sie gemieteten Blüthner-Saal ihrer Heimatstadt das Publikum. In ihren Augen war der Abend ein sensationeller Erfolg. Wie gut sie wirklich war, lässt sich heute leider nicht mehr einschätzen. Immerhin trat sie bis zum Jahresende in mehreren anderen deutschen Städten auf. Sogar Max Reinhardt nahm sie unter Vertrag, und sie tanzte im Dezember 1923 und dann noch einmal ein halbes Jahr später insgesamt dreimal in den Kammerspielen des Deutschen Theaters Berlin. Im Frühjahr 1924 ging Leni Riefenstahl erneut auf Tournee, diesmal nicht nur in Deutschland, sondern auch in der Schweiz, in Österreich und in der Tschechoslowakei. Die Veranstaltung im Juni im Konzertsaal Central in Prag musste sie jedoch nach einem Meniskusriss[162] abbrechen. Sie versuchte es zwar im Jahr darauf noch einmal in Düsseldorf, Frankfurt am Main, Berlin, Dresden, Leipzig, Kassel und Köln, sah aber ein, dass sie wegen der Knieverletzung wohl kaum noch eine Zukunftschance als Tänzerin hatte.

Nach dem Abbruch ihrer Tanzkarriere griff Leni Riefenstahl ihren ursprünglichen Plan wieder auf und versuchte sich als Filmschauspielerin. »Doch Leni Riefenstahl wollte nicht zum Film, sie wollte zum ›Bergfilm‹, einem spezifisch deutschen Genre, das in der ersten Hälfte der Zwanzigerjahre zu boomen begann. [...] Sie wollte [...] in einem Genre Fuß fassen, das bis dato als Männerdomäne galt und in dem sie nicht als strahlend schöner Star, sondern viel stärker als Sportlerin und Alpinistin in Erscheinung treten würde.«[163] Sie fuhr deshalb in die Dolomiten und sprach im Karersee-Hotel den Schauspieler Luis Trenker an. Der sollte sich bei dem Filmregisseur Arnold Fanck, einem Pionier des Bergfilms, für sie verwenden.«›Auf Wiedersehen beim nächsten Film‹, soll sie zum Abschied gerufen haben.«[164] Luis Trenker behauptete später, er habe Arnold Fanck geschrieben.[165] Leni Riefenstahl beschuldigt ihn dagegen in ihrer Autobiografie, nichts dergleichen unternommen zu haben. Ohne sein Zutun sei es ihr aber dennoch gelungen, Arnold Fanck in einem Berliner Café zu treffen.[166] Wie auch immer das ablief, jedenfalls engagierte der Filmemacher sie für sein Projekt *Der heilige Berg*. Begeistert schrieb er Luis Trenker, die »schönste Frau Europas« werde »bald die berühmteste Frau Deutschlands« sein.[167] Dass Harry Sokal seine Karriere bei der Österreichischen Kreditanstalt in Innsbruck aufgab, Arnold Fancks finanziell angeschlagene Berg- und Sportfilm GmbH in Freiburg im Breisgau kaufte und sich mit 25 Prozent an den Produktionskosten von *Der heilige Berg* beteiligte, wird dem Regisseur die Entscheidung zumindest erleichtert haben.

Bevor die Dreharbeiten im Januar 1925 begannen, ließ Leni Riefenstahl ihr Knie operieren und lernte während des Krankenhausaufenthalts ihren Text. Nach der Genesung bat sie Luis Trenker und den Kameramann Hans Schneeberger, der sein Studium als Bergführer und Skilehrer finanziert hatte, ihr Skifahren beizubringen. Dabei brach sie sich jedoch einen Knöchel. Weil es deshalb und auch aus anderen Gründen zu Verzögerungen kam, konnten die Dreharbeiten in diesem Winter nicht mehr abgeschlossen werden. (Erst im April 1926 fiel die letzte Klappe.) Zwischen Arnold Fanck und Luis Trenker kam es zu Streitigkeiten, denn dem in Leni Riefenstahl verliebten und deshalb eifersüchtigen Regisseur entging nicht, dass seine beiden Hauptdarsteller eine Affäre miteinander hatten.

Zu dritt arbeiteten sie nur noch einmal zusammen, und zwar in der Humoreske *Der große Sprung*. Leni Riefenstahl, die inzwischen auch Bergsteigen gelernt hatte und selbst in halsbrecherischen Szenen kein Double duldete, verkörperte eine barfuß über Felsen kletternde Ziegenhirtin; Luis Trenker und Hans Schneeberger spielten zwei um sie rivalisierende Verehrer. Im wirklichen Leben mieteten Leni Riefenstahl und Hans Schneeberger ein gemeinsames Dreizimmerapartment in Berlin-Wilmersdorf, und Harry Sokal wohnte nebenan. »Obgleich Schneeberger sieben Jahre älter war als ich, ließ er sich gerne führen, er war der passive, ich der aktive Partner«,[168] heißt es in Leni Riefenstahls Memoiren. »Ich fühle wie eine Frau und denke wie ein Mann«,[169] sagte sie einmal. »Niemals wollte ich in meinem Leben von irgendjemand abhängig werden. Wenn ich sah, wie meine Mutter von meinem Vater manchmal behandelt wurde [...], dann schwor ich mir, dass ich in meinem späteren Leben niemals das Steuer aus der Hand geben würde. Nur mein eigener Wille sollte entscheiden.«[170] Dass Leni Riefenstahl nicht zuletzt im Umgang mit Sexualpartnern zur Dominanz neigte und sich diese selbst aussuchte, ist durchaus glaubhaft: »Ungewöhnlich für die damalige Zeit ist vor allem, dass sich diese Selbstständigkeit und Souveränität auch auf Riefenstahls Liebesleben bezog. In einer Zeit, in der zumeist die Frauen von den Männern erobert wurden, es aber umgekehrt im höchsten Maße verpönt war, einem Mann Avancen zu machen, agierte Riefenstahl auch auf diesem Gebiet absolut selbstbewusst.«[171] Dass sie sich dabei durchaus Abwechslung verschaffte, können wir aus einer Bemerkung des Kameramanns Hans Ertl schließen: »Für Leni waren wir jungen Sportler wie Konfekt, von dem man nascht, solange es Spaß macht.«[172] Sein Kollege Heinz von Jaworsky hielt sie sogar für nymphoman.[173]

Weil Leni Riefenstahl nicht auf das Genre des Berg- und Skifilms festgelegt werden wollte, übernahm sie in der von Rudolf Raffé inszenierten Schnulze *Das Schicksal derer von Habsburg* die Nebenrolle der Mary Vetsera. Im ersten Halbjahr 1929 spielte sie dann aber wieder in einem Bergfilm die Hauptrolle: *Die weiße Hölle von Piz Palü*.

Hans Schneeberger, der mit Sepp Allgeier und Richard Angst zusammen hinter der Kamera gestanden hatte, trennte sich noch im selben Jahr von Leni Riefenstahl und wandte sich einer anderen Frau zu.

Während Josef von Sternberg im Winter 1929/30 mit Marlene Dietrich als Hauptdarstellerin *Der blaue Engel* in Berlin drehte, soll er sich täglich mit Leni Riefenstahl getroffen und beraten haben. Das behauptete diese zumindest später und fügte hinzu, er sei in sie verliebt gewesen und habe sie sogar mit nach Hollywood nehmen wollen.[174] Marlene Dietrich kommentierte das allerdings mit der Bemerkung, Josef von Sternberg hätte sich darüber totgelacht, wenn er nicht schon tot gewesen wäre.[175] Es fällt auf, dass Leni Riefenstahl in ihrer eigenen Dar- und vielleicht auch Vorstellung von allen berühmten Männern begehrt wurde, die ihr begegneten. Ob Josef von Sternberg ihr nun wirklich ein Angebot für Hollywood gemacht hatte oder nicht, Leni Reifenstahl versuchte ihr Glück nicht in Kalifornien, sondern übernahm die Hauptrolle in *Stürme über dem Montblanc*, Arnold Fancks erstem Tonfilm.

Danach gründete sie die L. R. Studio Film GmbH und schrieb mit dem Ungarn Béla Balázs das Drehbuch für *Das blaue Licht*. Um dieses Filmprojekt wenigstens teilweise finanzieren zu können, verkaufte sie Schmuck und verpfändete sogar ihre Wohnung. Den restlichen Betrag steuerte Harry Sokal bei, der sie wohl immer noch liebte, obwohl sie ihn nach wie vor auf Distanz hielt. Die Dreharbeiten fanden von Juli bis September 1931 statt. Leni Riefenstahl fungierte als Produzentin (mit Harry Sokal), Drehbuchautorin und Regisseurin (beides mit Béla Balázs), Hauptdarstellerin und Cutterin (mit Arnold Fanck). Hans

Schneeberger stand mit Walter Riml und Heinz von Jaworsky hinter der Kamera. Mit ihrem märchenhaft und mythologisch aufgeladenen Debütfilm *Das blaue Licht* ging Leni Riefenstahl über Arnold Fanck hinaus: »Ein Film, der Elemente des Märchens, des Horrorfilms und Symbole der Romantik aufgriff, war 1932 ein Unikum der Filmproduktion. Man sieht dem *Blauen Licht* an, wie stark das Werk vom Stilwillen bestimmt war, wie konsequent es auf einen einheitlichen Eindruck zielte.«[176]

Die Reaktion der Kritiker war zwiespältig, es gab durchaus Anerkennung, aber auch Verrisse. »Wie komme ich dazu, mir von diesen Fremdlingen, die unsere Mentalität, unser Seelenleben nicht verstehen können, mein Werk zerstören zu lassen?«, soll Leni Riefenstahl über jüdische Feuilletonisten getobt haben. »Gott sei Dank wird das nicht mehr lange dauern! Sobald der Führer an die Macht kommt, werden diese Zeitungen nur noch für ihr eigenes Volk schreiben dürfen. Sie werden in Hebräisch erscheinen.«[177]

Dreieinhalb Wochen vor der Premiere des Films im Ufa-Palast am Zoo in Berlin, am 27. Februar 1932, hörte Leni Riefenstahl im Berliner Sportpalast erstmals eine Rede Adolf Hitlers, der zu diesem Zeitpunkt für das Amt des Reichspräsidenten kandidierte. Daraufhin las sie sein programmatisches Buch *Mein Kampf*, und am 18. Mai 1932 bat sie ihn in einem Brief um ein persönliches Gespräch. Leni Riefenstahl habe offensichtlich um die Gunst des kommenden Mannes gebuhlt, meint der Historiker Lothar Machtan.[178] Vier Tage später holte Hitlers Adjutant Wilhelm Brückner sie in Wilhelmshaven vom Zug ab und brachte sie in den Fischerort Horumersiel an der Nordsee, wo Hitler sich gerade aufhielt. Bei einem Strandspaziergang soll er zu ihr gesagt haben: »Wenn wir einmal an die Macht kommen, dann müssen Sie meine Filme machen.«[179] In ihren Memoiren schildert Leni Riefenstahl eine theatralische Szene, deren Wahrheitsgehalt sich jedoch nicht überprüfen lässt: »Nach einer längeren Pause blieb er stehen, sah mich lange an, legte langsam seine Arme um mich und zog mich an sich. Ich war bestürzt, denn diese Wendung der Dinge hatte ich mir nicht gewünscht. Er schaute mich erregt an. Als er merkte, wie abwehrend ich war, ließ er mich sofort los. Er wandte sich etwas von mir ab, dann sah ich, wie er die Hände hob und beschwörend sagte: ›Ich darf keine Frau lieben, bis ich nicht mein Werk vollendet habe.‹«[180]

Leni Riefenstahl übernachtete in Horumersiel, und weil sie am nächsten Tag an Bord eines Schiffes sein musste, mit dem Arnold Fanck und die Filmcrew zu Dreharbeiten für *S.O.S. Eisberg* nach Grönland reisen wollten, ließ Hitler sie mit einer Sondermaschine nach Hamburg fliegen.

Während sie noch in der Arktis war, wurde *Das blaue Licht* auf der Biennale in Venedig mit einer Silbermedaille ausgezeichnet.

Nach ihrer Rückkehr, im Spätherbst 1932, erzählte Leni Riefenstahl Hitler von ihrer Arbeit in Grönland und lernte mit Joseph Goebbels und Hermann Göring zwei seiner wichtigsten Parteifreunde persönlich kennen. Goebbels hatte sie in *Die weiße Hölle vom Piz Palü* gesehen und war hingerissen: »[...] die wunderschöne Leni Riefenstahl. Ein herrliches Kind! Voll von Grazie und Anmut.«[181] Laut ihrer Autobiografie will Leni Riefenstahl nicht nur von Hitler, sondern auch von Goebbels begehrt worden sein. Er habe schluchzend vor ihr auf den Knien gelegen und ihre Fußgelenke umklammert, schreibt sie und zitiert ihn mit den Worten: »Sie müssen meine Geliebte werden, ich brauche Sie – ohne Sie ist mein Leben eine Qual! Ich liebe Sie schon so lange!«[182] Weil sie ihn empört zurückgewiesen habe, sei er ihr hasserfüllter Widersacher geworden, behauptete sie nach dem Krieg, aber in vorhandenen Quellen, zum Beispiel in Goebbels' Tagebüchern, gibt es dafür keine Belege.

Am 6. November gehörte Leni Riefenstahl zu den Gästen, die in der Privatwohnung des Reichspropagandaleiters der NSDAP und seiner Frau Magda den Ausgang der Reichstagswahlen im Radio verfolgten. Auch zu Festen und Empfängen hoher NS-Funktionäre wurde sie nun eingeladen. Joseph und Magda Goebbels sollen sogar versucht haben, Hitler und Leni Riefenstahl zu verkuppeln.[183] Ernst Hanfstaengl, der Auslandspressechef der NSDAP, erzählte später von einem Abend in Leni Riefenstahls Wohnung: »Hitler [...] geriet sichtlich in Bedrängnis. Ich beobachtete ihn, wie er die Büchertitel auf den Regalen studierte, während Leni Riefenstahl alle Register weiblicher Verführungskunst zog.«[184] Diese Beobachtung widerspricht Leni Riefenstahls Darstellung, sie habe Hitlers Annäherungsversuch beim Strandspaziergang an der Nordsee zurückgewiesen. Einmal schrieb sie ihm: »Meine Bewunderung für Sie, mein Führer, steht über allem, was ich sonst zu denken und zu fühlen vermag.«[185] Auch Hitler schätzte Leni Riefenstahl sehr, aber eine Duzfreundin wie Winifred Wagner, die Schwiegertochter Richard Wagners, wurde sie nicht.

Am 30. Januar 1933 übernahm Hitler das Amt des Reichskanzlers. Drei Monate später trat Alfred Riefenstahl in die NSDAP ein. Seine Tochter wurde dagegen nie Mitglied der Partei, obwohl sie Hitler bewunderte, freundschaftlich mit ihm verkehrte und persönliche Aufträge des »Führers« übernahm.

Reichspropagandaminister Joseph Goebbels versprach Arnold Raether, dem Leiter der Filmabteilung der NSDAP, im Mai 1933 das Monopol für Filmaufnahmen bei Parteiveranstaltungen. Aber Hitler übertrug Leni Riefenstahl die künstlerische Leitung eines Filmes über den »Reichsparteitag des Sieges« vom 30. August bis 3. September 1933 in Nürnberg. Damit sie an der Premiere des Films »*S.O.S. Eisberg*« am Abend des 30. August in Berlin teilnehmen und am nächsten Morgen in Nürnberg weiterarbeiten konnte, stellte Hitler ihr noch einmal eine Sondermaschine zur Verfügung.

Monatelang beschäftigte sich Leni Riefenstahl mit dem Schnitt des Films. »Gleich mit ihrem ersten Parteitagsfilm *Der Sieg des Glaubens* hat Riefenstahl eine neue Art von dokumentarischem Film definiert.«[186] Sie erhob »die künstlerische Überhöhung der Realität zu ihrem Credo und ging damit weit über die reine Dokumentation hinaus«.[187] In Anwesenheit Hitlers und anderer Repräsentanten des NS-Regimes hatte Leni Riefenstahls Parteitagsfilm am 1. Dezember im Ufa-Palast am Zoo in Berlin Premiere. Danach lief *Der Sieg des Glaubens* in allen deutschen Städten, und in ländlichen Gebieten, in denen es kein Kino gab, wurde der Film mit Tonfilmwagen vorgeführt.

Nach der Zerschlagung der SA am 30. Juni 1934 ließ Hitler die Kopien des Films allerdings vernichten, denn er wollte nicht mehr mit Ernst Röhm an seiner Seite – wie zum Beispiel in *Der Sieg des Glaubens* – zu sehen sein. Herrschte der Diktator seit der Ermordung des SA-Chefs doch unangefochten allein.

Noch unter der Berufsbezeichnung Schauspielerin war Leni Riefenstahl Mitglied der Reichsfilmkammer geworden, die Goebbels als Unterabteilung der Reichskulturkammer eingerichtet hatte, um den Kulturbetrieb wie alle anderen Lebensbereiche »gleichzuschalten« und Juden davon auszuschließen. Mit dem Lichtspielgesetz vom Februar 1934 verschärfte Goebbels die Filmzensur und führte eine Prüfung von Treatments und Drehbüchern ein, damit missliebige Filme erst gar nicht entstanden.

Béla Balázs war noch vor der Premiere des Films *Das blaue Licht* einem Ruf nach Moskau gefolgt. Nach der Machtübernahme der Nationalsozialisten gab es für den jüdischen Kommunisten dann keine Möglichkeit mehr, in Deutschland zu leben und zu arbeiten. Als er sich nun aus der Ferne an Leni Riefenstahl wandte und sie um die Überweisung seiner Honorare bat, verweigerte sie die Zahlung und bevollmächtigte ihren späteren Duzfreund Julius Streicher, den Herausgeber des fanatisch-antisemitischen Hetzblattes *Der Stürmer*, »in Sachen der Forderung des Juden Béla Balázs an mich«[188].

Im April 1934 hielt sie in London, Oxford und Cambridge Vorträge über ihre Arbeit. Im selben Monat betraute Hitler sie mit der künstlerischen und diesmal auch technischen Leitung eines weiteren Parteitagsfilms. Als »Sonderbevollmächtigte der Reichsleitung der NSDAP« drehte Leni Riefenstahl daraufhin mit 120 Mitarbeitern beim »Reichsparteitag der Einheit und Stärke«, der vom 4. bis 10. September 1934 in Nürnberg stattfand. Inzwischen hatte man die hölzerne Rednertribüne auf dem Luitpoldhain durch eine Konstruktion aus Kalkstein ersetzt und davor eine 84000 Quadratmeter große Aufmarschfläche geschaffen; aber das war erst der Auftakt größenwahnsinniger Baumaßnahmen. Mit ihren Kameramännern zusammen entwickelte Leni Riefenstahl eine Reihe neuer Ideen: Vor der Rednertribüne ließ sie Schienen für Kamerafahrten verlegen, um dynamische Aufnahmen drehen zu können. Sepp Allgeier filmte mit einer Handkamera, während er auf Rollschuhen lief. Oder er stand im offenen Wagen hinter Hitler, als dieser sich durch Nürnberg fahren ließ und nahm das Geschehen aus dem Blickwinkel des »Führers« auf.

Für eine erste Durchsicht des 128000 Meter langen Filmmaterials aus Nürnberg benötigte Leni Riefenstahl 80 Stunden. Um daraus einen 3000 Meter bzw. 110 Minuten langen Film zusammenzustellen, arbeitete sie monatelang »täglich, auch an Sonntagen, bis drei oder vier Uhr nachts«[189].

Während sie den Dokumentarfilm *Triumph des Willens* schnitt, berichtete sie Hitler in seinem Domizil einmal auf dem Obersalzberg über den Stand ihrer Arbeit, und er kam auch zu ihr in den Schneideraum. Am ersten Weihnachtsfeiertag besuchte Leni Riefenstahl ihn sogar in seiner Privatwohnung am Prinzregentenplatz in München-Bogenhausen.

Ursprünglich war für den Film ein Prolog geplant: Während des Anflugs auf Nürnberg sollte der »Führer« Schlüsselszenen der politischen Entwicklung seit dem Ersten Weltkrieg an seinem geistigen Auge vorüberziehen lassen. Diese Idee wurde dann jedoch verworfen, möglicherweise weil Hitler nicht die Bewegung, sondern sich selbst im Zentrum der Darstellung sehen wollte.

Der NSDAP-Zentralverlag in München veröffentlichte im März 1935, rechtzeitig zur Premiere des Films *Triumph des Willens*, das Buch *Hinter den Kulissen des Reichsparteitag-Films* von Leni Riefenstahl. Darin erläutert sie, dass es ihr beim Schnitt nicht um die chronologische Dokumentation der Ereignisse, sondern um eine sinfonische Steigerung gegangen sei.[190] »Geschichte wird Theater. [...] In *Triumph des Willens* ist das Dokument (die Abbildung) nicht mehr einfach eine Aufzeichnung der Wirklichkeit; ›Realität‹ wurde als Vorlage für die Abbildung geschaffen.«[191] »Dabei werden ›Führer und Gefolgschaft‹ durch eine suggestive Kameraführung, Schnitttechnik und Filmdramaturgie zusammengeschweißt: Der Totalen aus der Aufsicht auf die formierten Massen folgt vielfach ein Close Up auf die Symbole der Bewegung [...] und den Redner, dem dann im Gegenschuss Nahaufnahmen einzelner Zuhörer folgen, die aufmerksam und andächtig zum Redner aufblicken. Oft werden die Zuhörer von oben, die Redner hingegen von unten aufgenommen, wobei der Kamerablick die jeweiligen Perspektiven abwechselnd einnimmt, dem Filmzuschauer also einen multiperspektivischen Eindruck vermittelt.«[192] Im Hauptteil verzichtete Leni Riefenstahl auf den bei Dokumentarfilmen üblichen Kommentar und verließ sich ganz auf die Wirkung der mit Musik untermalten Bilder und Schnittfolgen. »Dabei konnte sie sich auf ihr unzweifelhaft perfektes Gefühl für den filmischen Rhythmus verlassen.«[193]

Für *Triumph des Willens* erhielt Leni Riefenstahl nicht nur den Staatspreis der Reichsregierung und den Nationalen Filmpreis, sondern auch eine Goldmedaille auf der Biennale in Venedig 1935 sowie den Grand Prix der Weltausstellung in Paris 1937.

Weil sich die Wehrmacht über zu wenig Beachtung in ihrem Film beschwerte, musste Leni Riefenstahl mit Aufnahmen vom Nürnberger Parteitag 1935 und von Schaumanövern auf dem Zeppelinfeld den Kurzfilm *Tag der Freiheit! Unsere Wehrmacht* nachliefern. Zur italienischen Premiere des neuen Films im Februar 1936 reiste sie nach Rom und wurde dort von Benito Mussolini empfangen. Angeblich trug der »Duce« ihr auf, dem »Führer« auszurichten, dass er sich nicht in österreichische Angelegenheiten einmischen werde. Das habe sie als Freibrief für einen »Anschluss« Österreichs ans Deutsche Reich verstanden, schreibt Leni Riefenstahl in ihren Memoiren.[194]

Hitler beauftragte sie im August 1935, die Olympischen Sommerspiele 1936 in Berlin filmisch zu dokumentieren, und Joseph Goebbels ließ sich über die Planungen auf dem Laufenden halten. »Frl. Riefenstahl berichtet über Vorarbeiten am Olympiafilm. Sie ist ein kluges Stück!«[195] »Mit Leni Riefenstahl ihren Olympiafilm durchgesprochen. Eine Frau, die weiß, was sie will!«[196] Im November überreichte er ihr den von seinem Ministerium aufgesetzten und von Hitler abgesegneten Vertrag. Ende des Jahres gründete Leni Riefenstahl mit ihrem Bruder Heinz die Olympia-Film GmbH und begann mit den Vorbereitungen. Ein Schreiben des Reichspropagandaministeriums widerlegt ihre spätere Behauptung, es habe sich dabei um ein reines Privatunternehmen gehandelt, an dem Hitler gar nicht interessiert gewesen sei: »Die Olympia-Film GmbH wird auf Veranlassung des Reiches und mit Mitteln gegründet, die das Reich zur Verfügung stellt. Auch die von der Gesellschaft für die Herstellung des Films benötigten Mittel werden sämtlich im Reichshaushalt bereitgestellt. Die Gründung der Gesellschaft ist notwendig, weil das Reich nicht offen als Hersteller des Films in Erscheinung treten will.«[197]

Den Prolog schuf Willy Zielke im Juli 1936 mit nackten Athleten in Griechenland und später mit unbekleideten Mädchen bei Gymnastikübungen auf der Kurischen Nehrung. Während der Olympischen Spiele vom 1. bis 16. August in Berlin drehte Leni Riefenstahl mit bis zu 300 Mitarbeitern. Sie filmten aus eigens ausgehobenen Gruben schräg von unten, aus einem Fesselballon oder Luftschiff von oben und mit einer Kamera, die an einer 35 Meter hohen Fahnenstange auf und ab bewegt werden konnte. Das Turmspringen ließ Leni Riefenstahl sogar von drei Kameras gleichzeitig aufnehmen, darunter einer eigens für diesen Zweck entwickelten Unterwasserkamera. Daraus schnitt sie später die einzelnen Sprünge zusammen und variierte dabei nicht nur die Perspektive, sondern wechselte zwischendurch auch in die Zeitlupe. In ihrer Eitelkeit inszenierte sie sich während der Dreharbeiten auch selbst: »Immer wieder rannte sie [...] von einem Kameratrupp zum anderen und tat mit großer Geste, als gebe sie wichtige Regieanweisungen.«[198] »Sie sucht sich den Anschein unermüdlicher Wirksamkeit zu geben und unterstreicht auf diese Weise ihre Wichtigkeit. Inzwischen führen ihre Gehilfen mit Ruhe und Sachkenntnis die Arbeit aus, die Leni nur abzusegnen braucht.«[199] Einmal schrien Joseph Goebbels und die Regisseurin sich an, weil zwei Kameras Zuschauern die Sicht versperrten.[200] »Ich stauche die Riefenstahl zusammen«, notierte er in seinem Tagebuch. »Eine hysterische Frau. Eben kein Mann!«[201] Aber Goebbels' Kritik prallte an der Regisseurin ab, die sich auf Hitlers persönlichen Auftrag berief und in der Tat so unabhängig vom Reichspropagandaministerium arbeiten konnte wie außer ihr nur noch Heinrich Hoffmann, Winifred Wagner und Albert Speer, die alle drei im Gegensatz zu ihr Parteimitglieder waren.

»Frl. Riefenstahl macht mir ihre Hysterien vor«, klagte Joseph Goebbels am 6. November. »Mit diesen wilden Frauen ist nicht zu arbeiten. Nun will sie für ihren Film ½ Million mehr und zwei daraus machen. Dabei stinkt es in ihrem Laden wie nie. Ich bin kühl bis ans Herz hinein. Sie weint. Das ist die letzte Waffe der Frauen. Aber bei mir wirkt das nicht mehr. Sie soll arbeiten und Ordnung halten.«[202] Der Minister verweigerte ihr tatsächlich das zusätzliche Geld; Hitler erfüllte ihr jedoch auch diesen Wunsch.

Wie vereinbart, lieferte Willy Zielke im Januar 1937 den Prolog ab. Leni Riefenstahl verwendete seine fertige Arbeit aber lediglich als Rohmaterial und schnitt alles noch einmal neu. Zielke erlitt daraufhin einen Nervenzusammenbruch und wurde in eine psychiatrische Klinik eingeliefert. Später schrieb er: »Da sie maßlos eitel und krankhaft ehrgeizig war, wollte sie nur allein glänzen, bewundert werden und als die einmalige Erscheinung im gesamten deutschen Filmwesen gelten. Deshalb passte es ihr nicht, dass sie den Verdienst an diesem Film mit einem Zielke teilen sollte.«[203]

400000 Meter Film hatte Leni Riefenstahl schließlich belichten lassen. Das entsprach einer Laufzeit von 250 Stunden. Sie benötigte über ein Jahr, um davon 225 Minuten auszuwählen und zu dem zweiteiligen Film *Olympia* zusammenzustellen. *Fest der Völker* bzw. *Götter des Stadions* (bis 1958: *Fest der Schönheit*) lauten die Untertitel. Die Uraufführung fand am 20. April 1938, Hitlers 49. Geburtstag, in Berlin statt. Leni Riefenstahl erhielt dafür den Staatspreis der Deutschen Reichsregierung, eine Goldmedaille auf der Biennale in Venedig und eine Goldmedaille des IOC. »Riefenstahl schuf das filmische Pendant zum skulpturalen Idealbild der NS-Bildhauer.«[204] »Leni Riefenstahl erweist sich mit diesem Film nicht nur als Meisterin der sportlichen, sondern auch der erotischen Inszenierung und Mythisierung gestählter Körper und sportlicher Wettkämpfe. [...] Die erotische Faszination dieses [...] Körperkults hat sich – wie die Werbung von Joop bis Calvin Klein zeigt – als Ideal von Fitness, Dynamik und Vitalität bis heute ungebrochen erhalten.«[205] Dass *Olympia* ein Meisterwerk war, konstatierten später auch die Regisseure Paul Verhoeven und Quentin Tarantino: »Der Schnitt, der Einsatz verschiedener Brennweiten, die Bewegung der Kamera – das alles war regelrecht bahnbrechend.«[206] »Sie war die beste Regisseurin, die jemals lebte. Um das zu erkennen, muss man nur ihre *Olympia*-Filme ansehen.«[207] Hanno Loewy, der Direktor des Jüdischen Museums Hohenems und Lehrbeauftragter für Medienwissenschaften an der Universität Konstanz, meint dagegen: »Anders sieht es freilich aus, wenn man den Erfolg ihrer Propagandafilme weniger ihren künstlerischen Qualitäten zuschreibt, als den unerschöpflichen Mitteln, die ihr zur Verfügung gestellt wurden, und ihrer eigenen unerschöpflichen Energie, mit der sie diese Filme produzierte und ihre Mitarbeiter begeisterte. Wenn man jenseits davon ihre schauspielerische und inszenatorische Leistung eher als ausgesprochenen Kitsch empfindet, dann erscheint es eher so, dass eine mittelmäßig begabte, aber von innerem, weniger ideologischem als selbstverliebtem, Fanatismus getriebene Persönlichkeit sich mit höchster Protektion einen Platz in der Filmgeschichte sicherte, den sie sonst womöglich niemals hätte einnehmen können.«[208]

Kurz vor der Premiere des Films hatten sich der »Führer« und seine Regisseurin in Innsbruck getroffen. Und im Juni 1938 überraschte er sie mit einem Besuch in der Villa, die sie sich auf einem 5000 Quadratmeter großen Grundstück in Berlin-

Dahlem hatte bauen lassen. Dort wohnte sie seit dem Sommer des Vorjahres.

Ein halbes Jahr lang stellte Leni Riefenstahl *Olympia* als »Ehrenbotschafterin Deutschlands« in europäischen Städten zwischen Rom und Helsinki vor. Dann schiffte sie sich nach New York ein, wo sie am 4. November freundlich empfangen wurde, obwohl sie als unkritische Bewunderin Hitlers galt und zum Beispiel 1937 zu einem Reporter der *Detroit News* gesagt hatte: »Für mich ist Hitler der größte Mann, der je gelebt hat. Er ist wirklich tadellos, so einfach und außerdem so erfüllt von männlicher Kraft. Er beansprucht nichts, nichts für sich selbst. Er ist wirklich schön, er ist klug. Strahlen gehen von ihm aus.«[209] Nachdem jedoch am 9. November Nachrichten über die Pogromnacht in Deutschland eingetroffen waren, wurden einige der ursprünglich vorgesehenen Begegnungen und Veranstaltungen mit Leni Riefenstahl in Hollywood abgesagt. Nach ihrer Rückkehr berichtete sie im Februar 1939 Goebbels in Berlin und Hitler auf dem Berghof von der Reise und dem Boykott.

Im Sommer 1939 hielt Leni Riefenstahl sich mit ihrer Mutter und einer Sekretärin in Kampen auf. Sie arbeitete am Drehbuch eines Spielfilms über die Amazonenkönigin Penthesilea, und weil sie selbst die Titelrolle zu spielen beabsichtigte, lernte sie beispielsweise auf ein galoppierendes Pferd zu springen und ohne Sattel zu reiten. Wegen des Kriegs konnte sie das ehrgeizige Projekt jedoch nicht verwirklichen. Auch die Pläne Hitlers und Albert Speers, in der geplanten »Welthauptstadt Germania« für Leni Riefenstahl auf Staatskosten ein eigenes Filmstudio zu errichten, zerschlugen sich.

Leni Riefenstahl erzählt in ihren Memoiren, sie sei in der zweiten Augusthälfte in Berlin gewesen, habe Hitler dort zweimal getroffen und einen Brief Stalins mit einem Lob ihres Films *Olympia* bekommen. Am 30. August sei sie mit ihrem Sportwagen nach Bozen gefahren, aber nach einer Bergtour am nächsten Tag wegen der Gerüchte über den bevorstehenden Kriegsbeginn nach Berlin zurückgeeilt.[210] Jürgen Trimborn ist dagegen überzeugt, dass Leni Riefenstahl ihren 37. Geburtstag am 22. August auf dem Obersalzberg feierte. Sie habe dort »mit den Mächtigen des Regimes diniert[e], während diese den Angriffskrieg auf Polen vorbereiteten«[211]. Hitler verließ sein Refugium erst am 24. August, nach der Unterzeichnung des deutsch-sowjetischen Nichtangriffspakts in der Nacht davor. Leni Riefenstahl – so Trimborn weiter – sei dann von Berchtesgaden nach Bozen gefahren und in der Nacht auf den 1. September wieder in Berlin eingetroffen.[212] Jedenfalls saß sie am Vormittag des 1. September 1939 im Publikum, als Hitler vor dem Reichstag in der Krolloper* log: »Polen hat nun heute Nacht zum ersten Mal auf unserem eigenen Territorium auch durch reguläre Soldaten geschossen.** Seit 5.45 Uhr wird jetzt zurückgeschossen! Und von jetzt ab wird Bombe mit Bombe vergolten!«[213]

Am 10. September traf Leni Riefenstahl mit einem Sonderfilmtrupp an der polnischen Front ein. Generalleutnant Erich von Manstein erinnerte sich später an ihren Anblick: »Ihr schönes Haar umwallte das interessante Gesicht mit den nah zusammenstehenden Augen wie eine lodernde Mähne. Sie trug eine Art Tunika, Breeches und weiche hohe Stiefel. Am Lederkoppel [...] hing eine Pistole. Die Nahkampfausrüstung war durch ein nach bayerischer Art im Stiefelschacht steckendes Messer ergänzt.«[214]

Leni Riefenstahl schreibt in ihren Memoiren, sie habe aus eigener Initiative eine Gruppe von Mitarbeitern zusammen-

---
* Dort tagte das Parlament nach dem Reichstagsbrand am 28. Februar 1933.
** Um diese Lüge glaubhafter zu machen, waren am Vorabend Grenzzwischenfälle fingiert worden. In Wirklichkeit wurde Polen vom Deutschen Reich überfallen.

gestellt, um zur Kriegsberichterstattung beizutragen, und ihr Vorhaben sei von der Wehrmacht genehmigt worden.[215] Jürgen Trimborn widerlegt diese Darstellung jedoch und zitiert aus einem Schreiben des Reichspropagandaministeriums: »Am 5.9.39 übermittelte Major d. G. Kratzer des OKW eine Anordnung des Führers, nach der im Rahmen der Einsatzstelle des Propagandaministeriums ein ›Sonderfilmtrupp Riefenstahl‹ aufzustellen war.«[216] Seiner Meinung nach wollte Leni Riefenstahl keineswegs Material für die *Wochenschau* liefern, sondern eine zusammenfassende Filmdokumentation über den »Blitzkrieg« in Polen erstellen. »Dass sie auch angesichts des von Hitler entfesselten Krieges dazu bereit war, sich für die totalitäre Propagandamaschinerie der Nazis einspannen zu lassen, wirft ein Licht auf den zutiefst politischen Charakter ihrer Karriere im Dritten Reich.«[217] Das Projekt habe sie allerdings abgebrochen, vermutet Trimborn, weil sich unter Kriegsbedingungen keine Aufnahmen drehen ließen, die ihren künstlerischen Qualitätsansprüchen entsprachen.

Hitler, der am 3. September in einem Sonderzug nach Polen aufgebrochen war, kam am 10. September durch das Gebiet, in dem sich auch der Sonderfilmtrupp zu diesem Zeitpunkt aufhielt.* Ob dies ein Zufall war, oder ob Leni Riefenstahl dort war, um sich für Filmaufnahmen des »Führers« bereitzuhalten, wissen wir nicht.

Auf dem Marktplatz von Końskie wurde Leni Riefenstahl zwei Tage später Augenzeugin eines Massakers: Als ein Schuss unter von Wehrmachtsangehörigen malträtierten Juden eine Panik auslöste, feuerten die Soldaten auf die unbewaffneten Zi-

---

* Am 10. September 1939 flog Hitler von seinem in Illnau nordöstlich von Oppeln abgestellten Zug nach Bialaczów, kehrte nach einem Frontbesuch über Końskie dorthin zurück und flog wieder nach Illnau.

vilisten, töteten 19 von ihnen und verletzten andere zum Teil schwer. Leni Riefenstahl bestritt später, das Kriegsverbrechen gesehen zu haben,[218] aber Fotos und Zeugenaussagen lassen kaum einen anderen Schluss zu. Beispielsweise schreibt Erich von Manstein: »Der Filmtrupp wurde Zeuge dieser bedauerlichen Szene, und unsere Besucherin verließ erschüttert das Feld.«[219] Leni Riefenstahl protestierte damals wohl sogar bei General Walter von Reichenau gegen das Massaker, und der dafür verantwortliche Offizier Bruno Kleinmichl wurde dann auch von einem Militärgericht verurteilt, allerdings wenig später begnadigt.[220]

Sieben Tage nach dem Massaker in Końskie flog Leni Riefenstahl mit einer Militärmaschine von Lublinitz nach Danzig, wo Hitler am selben Vormittag eintraf und sie zum Mittagessen im nahen Kurort Zoppott einlud. Hitler blieb bis zum 25. September in Danzig, und Jürgen Trimborn vermutet, dass Leni Riefenstahl dann mit ihm im Sonderzug nach Berlin zurückfuhr.[221]

Am 5. Oktober war sie bereits wieder in Polen und filmte die Parade deutscher Truppen in Warschau.

Danach wandte sie sich jedoch einem anderen Thema zu: *Tiefland*. Die gleichnamige, auf einem Theaterstück des Katalanen Angel Guimerà aus dem Jahr 1896 basierende Oper von Eugen d'Albert wurde von Hitler sehr geschätzt. Bereits im Frühsommer 1934 hatte Leni Riefenstahl sich in Spanien mit dem Filmprojekt beschäftigt. 1940 griff sie es wieder auf, gründete die Riefenstahl-Film GmbH und schrieb mit Harald Reinl zusammen das Drehbuch. Mit den Dreharbeiten begann sie am 1. August in Krün bei Mittenwald. Leni Riefenstahl betrieb einen gewaltigen Aufwand: Beispielsweise mussten 50 Männer mit einer Eimerkette das Wasser für einen künstlichen See in den Dolomiten herbeischaffen. Aus einem »Zigeuner-Sammellager« der Polizei in Salzburg-Maxglan ließ sie 68 Sinti und Roma, die sie als Komparsen einsetzen wollte, unter Bewachung zum Set bringen. Zwei Jahre später beschäftigte sie im Studio Babelsberg Sinti und Roma aus dem Lager Marzahn.

Zu Beginn der Dreharbeiten verliebte sich Leni Riefenstahl, die auch die Hauptrolle spielte, in Peter Jacob, einen Oberleutnant der Gebirgsjäger, der ihren Filmpartner Bernhard Minetti doubelte und seinen Weihnachtsurlaub 1940/41 mit ihr zusammen in Kitzbühel verbrachte. Als Leni Riefenstahl dann herausfand, dass er mehrere Tage mit einer anderen Frau in einem Hotel in Berlin zusammen gewesen war, während sie geglaubt hatte, er sei bereits wieder an der Front, machte ihr das schwer zu schaffen.[222]

Sie hatte in dieser Zeit nicht nur Liebeskummer, sondern litt auch an Blasenkoliken und musste in diesem Winter mehrmals ins Krankenhaus. Während sie im März 1941 in einem Münchner Hotel auf ein freies Klinikbett wartete, besuchte Hitler sie. Er war auf dem Weg nach Wien, um dort einen Dreimächtepakt mit Italien und Jugoslawien zu unterzeichnen.

Mit langen Unterbrechungen aufgrund von organisatorischen Schwierigkeiten, aber auch Depressionen und anderen gesundheitlichen Problemen der Regisseurin, setzte sie die Arbeit an *Tiefland* fort und drehte beispielsweise im Sommer 1943 in Spanien mit 600 Stieren. Im November zog sie nach Kitzbühel, wo sie am Fuß des Wilden Kaisers das Haus Seebichl gekauft hatte. Trotz aller Streitigkeiten heiratete sie Peter Jacob am 21. März 1944. Neun Tage später stellte sie ihn Hitler auf dem Obersalzberg vor. Es war ihre letzte persönliche Begegnung mit dem »Führer«.

Am 20. Juli 1944 scheiterte das von Claus Schenk Graf von Stauffenberg durchgeführte Attentat auf Hitler. Am selben Tag wurde Leni Riefenstahls vier Tage zuvor gestorbener Vater in Berlin beerdigt. Und ihr Bruder Heinz fiel an der Ostfront. Daraufhin ließ sie ihre beiden drei bzw. vier Jahre alten Neffen nach Kitzbühel bringen, aber die Witwe Ilse Riefenstahl holte ihre Kinder zurück und behielt durch einen Gerichtsbeschluss das Sorgerecht, das die Schwägerin ihr streitig gemacht hatte.

Die vier Jahre zuvor begonnenen Dreharbeiten für *Tiefland* schloss Leni Riefenstahl im September 1944 in den Barrandow-Studios in Prag ab, wo sie für die 30 Sekunden lange Schlusseinstellung die gigantische Kulisse einer Berglandschaft hatte errichten lassen.

Mit geschätzten Produktionskosten von sieben Millionen Reichsmark[223] zählte *Tiefland* zu den teuersten im »Dritten Reich« entstandenen Filmen. Martin Bormann, der Leiter der Parteikanzlei, der später als »Sekretär des Führers« eine Schlüsselstellung bekleidete, schrieb 1942: »[...] die Riefenstahl-Film GmbH [ist] unter besonderer Förderung des Führers gegründet worden; die Kosten des *Tiefland*-Films [...] werden im Auftrag des Führers aus den von mir verwalteten Mitteln getragen.«[224] »Es war Hitler selbst, der das Geld für den Film zur Verfügung stellte und damit die einmalige Situation schuf, dass ein Spielfilmprojekt, das in keiner Weise kriegswichtig war, mit Mitteln der Partei und des Reichs finanziert wurde.«[225]

Die Witwe Bertha Riefenstahl verließ im Februar 1945 ihr Haus in Zernsdorf südöstlich von Berlin und zog zu ihrer Tochter und ihrem Schwiegersohn nach Kitzbühel. Nach Kriegsende wurde Leni Riefenstahl von den Amerikanern festgenommen, nach Dachau gebracht und dort vernommen. Offenbar gelang es ihr, die Militärs davon zu überzeugen, dass sie eine unpolitische Künstlerin gewesen sei, die vom Holocaust nichts mitbekommen habe. Diese Darstellung entsprach wohl nicht ganz der Wahrheit, aber Leni Riefenstahl war in der Tat keine fanatische Nationalsozialistin. Wäre sie in Moskau aufgewachsen, hätte sie möglicherweise den Kommunismus propagiert. »Riefenstahl war einzig und allein an sich selbst interessiert. Für die Erlangung und den Erhalt von Ruhm, Macht und Karriere fand sie sich zur Adaption und Kooperation bereit.«[226] Leni Riefenstahl wurde am 3. Juni in Dachau freigelassen, kehrte in ihr Haus in Kitzbühel zurück und arbeitete weiter am Schnitt von *Tiefland*.

Nachdem die Amerikaner im Juli den Franzosen Tirol überlassen hatten, wies die französische Militärregierung Leni Riefenstahl im April 1946 aus. Man verfrachtete sie zusammen mit ihrer Mutter, ihrem Mann sowie einigen Mitarbeitern nach Freiburg im Breisgau und quartierte sie dann erst einmal in einem Hotel in Breisach ein, bevor sie in Baden-Baden vernommen wurde. Im Herbst wiesen ihr die französischen Besatzer eine Zweizimmerwohnung in Königsfeld nördlich von Villingen zu. Ihr Vermögen wurde beschlagnahmt und das in Kitzbühel vorgefundene Filmmaterial nach Paris gebracht.

Im Mai 1947 ließ Leni Riefenstahl sich in einer psychiatrischen Klinik in Freiburg behandeln. Kurz darauf wurde ihre Ehe geschieden.

Leni Riefenstahl habe auf dem Obersalzberg nackt vor Hitler getanzt, hieß es in Eva Brauns angeblichem Tagebuch, das 1948 in Paris und Rom gedruckt wurde. Auszüge veröffentlichte auch das deutsche Boulevardblatt *Wochenende*. Luis Trenker behauptete, Eva Braun habe ihm ihre Aufzeichnungen 1944 in Kitzbühel persönlich anvertraut. Tatsächlich handelte es sich um eine plumpe Fälschung. Auf Antrag von Eva Brauns Schwester Ilse erließ das Landgericht München I deshalb am 10. September eine einstweilige Verfügung gegen weitere Veröffentlichungen.

In einem Spruchkammerverfahren in Villingen wurde Leni Riefenstahl am 1. Dezember 1948 als »vom Gesetz nicht betroffen« eingestuft, also vom Verdacht entlastet, Nationalsozialistin gewesen zu sein.* Weil die französische Militärregierung gegen das Urteil Einspruch einlegte, kam es am 6. Juli 1949 zu einem weiteren Spruchkammerverfahren, diesmal vor dem Badischen Staatskommissariat für politische Säuberung in Freiburg im Breisgau, das mit der gleichen Einstufung endete.

Dabei hatte die Illustrierte *Revue* fünf Wochen vor dem zweiten Verfahren einen Artikel veröffentlicht, in dem es hieß, bei den Dreharbeiten für *Tiefland* seien Sinti und Roma als »Filmsklaven« eingesetzt worden. Die Beschuldigte beantragte daraufhin Armenrecht (Prozesskostenhilfe) und ging gerichtlich gegen die Darstellung vor. In der elfstündigen Hauptverhandlung vor dem Amtsgericht München am 23. November 1949 sagten Bernhard Minetti und andere Mitglieder der Filmcrew für sie aus, und weil Helmut Kindler, der Herausgeber der *Revue*, die veröffentlichten Behauptungen nicht beweisen konnte, verurteilte ihn das Gericht am 30. November zu einer Geldstrafe.

Leni Riefenstahl wurde gut zwei Wochen später in einem dritten Spruchkammerverfahren – wieder in Freiburg – als »Mitläuferin« eingestuft.

Anfang 1950 zog Leni Riefenstahl dann mit ihrer Mutter in eine Vierzimmerwohnung in München-Schwabing. Vermutlich wäre sie erstaunt gewesen, wenn ihr jemand gesagt hätte, dass sie dort 28 Jahre lang bleiben würde. Den Sommer verbrachte sie in Italien, wo sie erfolglos versuchte, verschiedene Filmprojekte anzustoßen. In Deutschland sah sie ohnehin keine Chance, wieder einen Film zu drehen. Denn anders als etwa Luis Trenker wurde Leni Riefenstahl wegen ihrer Haltung im »Dritten Reich« gemieden. Die Kritik daran und an ihren Versuchen, sich als unpolitische Künstlerin darzustellen, war gewiss berechtigt, aber Jürgen Trimborn meint: »So komplex und widersprüchlich,

---
* Es gab fünf Stufen: Hauptschuldige, Belastete, Minderbelastete, Mitläufer, Entlastete.

wie es die Person Leni Riefenstahl ist, war die öffentliche Diskussion über sie gleichwohl nie.«[227] Und Erich Schaake schreibt: »Unter den Frauen, die sich im engeren Kreis Adolf Hitlers bewegten, gab es keine andere, die so widersprüchlich war, an der sich die Geister später so schieden wie an Leni Riefenstahl.«[228]

Um ihr Anwesen mit der zerbombten Villa in Berlin-Dahlem verkaufen zu können, unterzog Leni Riefenstahl sich auch im amerikanischen Sektor Berlins einem Spruchkammerverfahren. Drei Tage vor der Verhandlung, am 19. April 1952, veröffentlichte die *Revue* unter der Schlagzeile »Darüber schweigt Leni Riefenstahl« einen weiteren Artikel über sie. Diesmal versuchte die Illustrierte mit Fotos zu beweisen, dass die Filmemacherin Augenzeugin des Massakers am 12. September 1939 in Końskie gewesen sei, sich also spätestens von da an keine Illusionen mehr über den Nationalsozialismus gemacht haben könne. Die Spruchkammer entlastete Leni Riefenstahl jedoch, und sie konnte daraufhin im Frühjahr 1953 ihr Grundstück in Berlin verkaufen.

Ende 1952 gelang es Henri Langlois, dem Leiter der Cinémathèque française in Paris, das *Tiefland*-Filmmaterial freizubekommen und nach Wien zu schaffen. Leni Riefenstahl gründete im Sommer 1953 mit dem früheren Ski-Weltmeister Gustav (»Guzzi«) Lantschner zusammen die Junta Film GmbH in Wien und ließ das Material nach München bringen, um den Film fertigzustellen. Als *Tiefland* am 11. Februar 1954 in Stuttgart endlich uraufgeführt werden konnte, passte der pathetische Film allerdings nicht mehr in die Zeit und gefiel kaum einem Kritiker. Einer von ihnen schrieb: »[...] die Eingangs-Montage des Sonnenaufgangs in den Bergen [...] könnte fast aus dem Abfallmaterial eines alten Arnold-Fanck-Films zusammengestellt sein.«[229]

Nachdem Leni Riefenstahl im Sommer 1955 in Madrid, Pamplona und auf Mallorca erfolglos Filmideen propagiert hatte, reiste sie im April 1956 nach Kenia, um nach Drehorten für einen geplanten Film über die Sklaverei mit dem Titel *Die schwarze Fracht* zu suchen. Dabei wurde sie in einen Autounfall verwickelt und danach schwer verletzt nach Nairobi ins European Hospital gebracht.

Im Krankenhaus sei sie – so erzählte sie später – auf eine fünfeinhalb Jahre alte Ausgabe der Illustrierten *Stern* gestoßen und habe darin ein von George Rodger aufgenommenes Foto von zwei Nuba-Ringkämpfern entdeckt. Davon sei sie so begeistert gewesen, dass sie sich vorgenommen habe, die sudanesischen Ureinwohner in den Nuba-Bergen aufzusuchen. Allerdings dauerte es noch sechs Jahre, bis sie dieses Vorhaben in Angriff nehmen konnte. Ende 1962 schloss sie sich in der sudanesischen Hauptstadt Khartum einer von Oskar Luz geführten Ostafrika-Expedition der Nansen-Gesellschaft an, und mit einer Sondergenehmigung der sudanesischen Regierung drang sie zu den Nuba* in der südsudanesischen Provinz Kordofan vor. Sieben Wochen lang hielt sie sich in der Siedlung Tadoro auf. Danach bereiste sie noch weitere Gebiete im Sudan und in Kenia, bevor sie im August 1963 nach München zurückkehrte.

Im Dezember 1964 traf sie erneut in Tadoro ein, diesmal mit Mitarbeitern und einer professionellen Filmausrüstung. Da jedoch am 14. Januar 1965 ihre Mutter Bertha in München starb, musste sie die Expedition unterbrechen. Von Dezember 1966 bis März 1967 hielt sie sich ein weiteres Mal in Tadoro auf. Zwei Jahre später unternahm sie mit dem 25 Jahre alten Horst Kettner, der nicht nur ihr engster Mitarbeiter, sondern auch ihr Lebensgefährte wurde, die vierte Reise zu den Nuba. »Leni Riefenstahl

---

* Bei diesen Ureinwohnern handelt es sich um in den Nuba-Bergen lebende Ethnien, die 40 verschiedene Sprachen sprechen und zusammen die bevölkerungsreichste nichtarabische Volksgruppe im Sudan bilden. Leni Riefenstahl besuchte Nuba vom Stamm der Masakin-Qisar.

fotografierte die Nuba. Bilder, die noch keiner sah« betitelte der *Stern* einen mit 20 Fotos illustrierten Artikel in der Ausgabe vom 14. Dezember 1969.

Zu heftigen Protesten kam es in Deutschland, als die Öffentlichkeit erfuhr, dass Leni Riefenstahl im Auftrag des *Sunday Times Magazine* bei den Olympischen Sommerspielen 1972 in München fotografierte. Danach flog sie mit Horst Kettner nach Kenia in den Urlaub und schnorchelte bei Malindi zum ersten Mal im Indischen Ozean. Weil sie davon begeistert war, wiederholten sie es im Jahr darauf. Um trotz ihrer 71 Jahre an einem Tauchkurs teilnehmen zu können, gab Leni Riefenstahl 1922 statt 1902 als Geburtsjahr an. Erst als sie den Tauchschein in der Hand hielt, nannte sie ihr korrektes Alter – und wurde umso mehr bestaunt.

Im Oktober 1973 erschien der Bildband *Die Nuba. Menschen wie von einem anderen Stern* mit 140 Fotografien von Leni Riefenstahl. Ihre Bewunderung gesunder, starker und schöner Körper, die in ihrem Film *Olympia* ebenso wie in den Nuba-Fotografien zum Ausdruck kommt, wird von Susan Sontag im Zusammenhang mit ihren Bergfilmen und den Dokumentationen der Reichsparteitage gesehen und als faschistisch interpretiert. *Die Nuba. Menschen wie von einem anderen Stern,* ein Klagelied auf die Schönheit und die mystischen Kräfte der Primitiven, die bald ausgelöscht sein würden, kann man als dritten Teil in Riefenstahls Triptychon faschistischer Bilder sehen. [...] Obwohl die Nuba schwarz sind, nicht arisch, entspricht Riefenstahls Porträt von ihnen einigen der großen Themen der Nazi-Ideologie: der Gegensatz zwischen dem Reinen und dem Unreinen, dem Charakterstarken und dem Verdorbenen, dem Körperlichen und dem Geistigen, dem Freudvollen und dem Nörgelnden.«[230] Georg Seesslen greift diesen Gedanken auf: »[...] dass Leni Riefenstahls sogenannte Kunst nicht nur zufällig in entscheidender

Zeit auf das faschistische Sujet stieß, sondern dass ihr Blick auf die Welt [...] im Wesen antihuman, gefühllos [...], todesgeil, mitleidlos, antiaufklärerisch und faschistisch ist. Da führt eine klare Linie von Olympiaden, Bergwelten, Reichsparteitagen zu Nuba-Kämpfen [...].«[231]

Kurz nach der Veröffentlichung des Bildbandes reiste sie noch einmal mit Horst Kettner in den Sudan, wo ihr ehrenhalber die Staatsbürgerschaft verliehen wurde. Aber in Tadoro mussten die beiden Deutschen feststellen, dass die Bewohner inzwischen Kleidung, Brillen und Armbanduhren trugen. Deshalb suchten sie nach Nuba, die noch nicht mit der Zivilisation in Berührung gekommen waren. In Kau und Fungor fanden sie auch tatsächlich Ureinwohner, die nach wie vor nackt herumliefen, sich allerdings nur widerwillig fotografieren ließen. Um trotzdem Bilder machen zu können, verwendete Leni Riefenstahl Teleobjektive mit bis zu 560 Millimeter Brennweite. »Sie ging dabei mit größter Rücksichtslosigkeit vor, wenn sie etwa nächtliche Rituale mit großen Scheinwerfern zu beleuchten versuchte, um sie fotografieren zu können [...]. So wie es ihr einst im Olympia-Stadion egal war, wie sehr ihre Kameraleute die Sportler behinderten, ging es ihr auch dieses Mal nur darum, gute und aufsehenerregende Aufnahmen zu erzielen.«[232]

Im Sommer 1974 ehrte man Leni Riefenstahl auf dem Telluride Film Festival in Colorado für ihr Lebenswerk. Ihr Mitpreisträger Francis Ford Coppola lud sie nach San Francisco ein, und in New York traf sie sich mit Andy Warhol in dessen berühmten Studios, der »Factory«.

Als Leni Riefenstahl und Horst Kettner im Januar 1975 ein weiteres Mal zu den Nuba reisten, stießen sie in Kau auf Touristenbusse!

Der *Stern* veröffentlichte Anfang Oktober eine mit 50 Fotografien bebilderte, 25 Seiten lange Titelgeschichte: »Leni Riefenstahl fotografierte, was noch kein Weißer sah. Nuba. Das Fest der Messer und der Liebe«. Für die Fotostrecke zeichnete der Art Directors Club für Deutschland Leni Riefenstahl mit einer Goldmedaille aus. Und im Jahr darauf erschien unter dem Titel *Die Nuba von Kau* ein zweiter Bildband von ihr.

Am 30. Oktober 1976 saß Leni Riefenstahl in der von Hansjürgen Rosenbauer in Köln moderierten WDR-Sendung *Je später der Abend*, mit der das Format der Talkshow im deutschen Fernsehen eingeführt worden war. Dabei geriet sie in eine heftige Auseinandersetzung mit den beiden anderen Gästen über ihre Vergangenheit. Verärgert beschloss sie daraufhin, nie wieder eine Einladung zu einer Talkshow anzunehmen.

Die Zeitschrift *Geo* veröffentlichte im September 1977 unter dem Titel »Abschied von den Nuba« einen mit Fotos von Leni Riefenstahl bebilderten Bericht von Peter Schiller über eine gemeinsame Reise zu den Nuba.

Im Jahr darauf änderte sich ihr Thema: Nun erschien gleichzeitig in Deutschland, Italien, Spanien, Frankreich, im Vereinigten Königreich und in den USA der Bildband *Korallengärten* mit Unterwasseraufnahmen von Leni Riefenstahl. 1990 folgte *Wunder unter Wasser*. Die hohe Qualität der Fotografien ist kaum zu bestreiten. »Im Grunde meines Herzens bin ich immer auch eine Malerin«, erläuterte sie in einem Interview. »Deshalb mache ich auch als Fotografin [...] den Versuch, die Realistik eines Fotos ins Malerische aufzulösen.«[233]

Durch den im September 1982 im WDR ausgestrahlten Dokumentarfilm *Zeit des Schweigens und der Dunkelheit* von Nina Gladitz wurde Leni Riefenstahl erneut mit ihrer Vergangenheit konfrontiert. Im Film wird behauptet, sie habe Sinti und Roma aus dem Lager in Salzburg-Maxglan persönlich ausgewählt und zwangsweise als Komparsen für *Tiefland* beschäftigt. Leni Riefenstahl erwirkte dagegen eine einstweilige Verfügung. Das Gericht hätte *Zeit des Schweigens und der Dunkelheit* schließlich mit geringfügigen Änderungen zugelassen, aber Nina Gladitz zog ihr Werk lieber zurück, als von ihren Vorwürfen abzurücken oder ihrer Kontrahentin die Möglichkeit einer Stellungnahme im Film einzuräumen. In einem Interview sagte Nina Gladitz später: »Nachdem die Dreharbeiten in Mittenwald 1941 zu Ende waren, blieben die Roma und Sinti noch ein Jahr im Lager Maxglan, von Herbst 1941 bis zum Frühjahr 1943. Dann wurde das Lager aufgelöst; der größte Teil kam nach Auschwitz, und ein kleiner Teil ins Lager Lackenbach im Burgenland.«[234] Leni Riefenstahl blieb dagegen bis an ihr Lebensende bei ihrer Darstellung und sagte beispielsweise 2002 wahrheitswidrig: »Wir haben alle Zigeuner, die in Tiefland mitgewirkt haben, nach Kriegsende wiedergesehen. Keinem einzigen ist etwas passiert.«[235]

Im August 1987 publizierte sie mit ihren 926 Seiten dicken *Memoiren* eine kitschige und zum Teil verdrehte Version der Vergangenheit. Sechs Jahre später drehte Ray Müller über sie den Dokumentarfilm *Die Macht der Bilder*. Aber auch ihm gelang es nicht, sie zu offenen Aussagen über ihre Rolle im »Dritten Reich« zu bewegen. »Sie [...] beharrte auch dann noch auf ihren einmal zurechtgelegten Geschichten, als diese schon längst durch Dokumente widerlegt waren.«[236] »[...] ich werde wegen dieses Meisterwerks *[Triumph des Willens]* seit Jahrzehnten bespuckt und beleidigt. Man hat mich als Nazi und Antisemitin beschimpft. Man hat geschrieben, ich hätte vor Hitler Nackttänze aufgeführt. Man behauptet, ich hätte gesehen, wie Juden erschossen wurden. Ich habe zehn eidesstattliche Erklärungen, dass das nicht stimmt. Ich habe über fünfzig Prozesse geführt und habe sie alle gewonnen. Aber man glaubt mir nicht. Man will, dass ich sage, ich hätte gewusst, was in den Konzentrationslagern geschah. Aber ich habe es nicht gewusst.«[237] Margarete Mitscherlich hielt Leni Riefenstahl wegen Äußerungen wie dieser für »eine vom Männlichkeitswahn besessene Superverleugnerin«[238].

In Deutschland wagte man sich im Oktober 1995 auf dem Dokumentarfilmfestival in Leipzig erstmals an eine Retrospektive ihrer Filme: *Montierte Perspektive – Blick der Kamera, Standpunkt der Masse*. Aber die Veranstalter betonten, das sei »keineswegs als Hommage gedacht«, sondern diene einer kritischen Sichtung. Außerhalb von Deutschland waren Retrospektiven bereits 1959 auf der Biennale in Venedig und 1966 im Museum of Modern Art in New York veranstaltet worden. In Tokio hatte die Designerin Eiko Ishioka 1980 im Sheibu Museum of Art und 1991 im Bunkamura-Kulturzentrum zwei Foto-Ausstellungen zusammengestellt: *Nuba by Leni Riefenstahl* und *Leni Riefenstahl – Life*. Als der Hamburger Galerist Andreas Schlüter 50 Fotografien von Leni Riefenstahl nicht nur ausstellte, sondern auch zum Verkauf anbot, sagte die eigens angereiste Künstlerin wegen der Demonstranten im letzten Augenblick ihre Teilnahme an der Vernissage am 8. August 1997 ab, kam dann aber nach dem Abzug der Demonstranten doch noch. Im Dezember 1998 veranstaltete das Filmmuseum Potsdam eine Retrospektive *Leni Riefenstahl*, während zugleich im Schloss Wahn in Köln die Ausstellung *Leni Riefenstahl und der deutsche Bergfilm* zu sehen war.

Auch auf die Bühne schaffte es Leni Riefenstahl noch einmal, allerdings als Figur: Das auf einem Text von Andreas Marber basierende Tanztheaterstück *Riefenstahl* von Johann Kresnik wurde am 3. November 1996 im Schauspielhaus Köln mit Barbara Petrisch in der Titelrolle uraufgeführt. Und Thea Dorn ließ Marlene Dietrich und Leni Riefenstahl miteinander reden, und zwar in dem Hörspiel *Marleni. Preußische Diven blond wie Stahl*, das im November 1998 mit Gisela May und Gisela Uhlen in den Hauptrollen erstmals ausgestrahlt und später zum Theaterstück umgeschrieben wurde.*

Im Februar 2000 besuchte Leni Riefenstahl die Nuba ein letztes Mal. Begleitet wurde sie dabei von Horst Kettner und Ray Müller. Auf dem Rückflug von Kadugli nach Khartum setzte der Hubschrauber wegen eines Triebwerkschadens bei El Obeid zu einer Notlandung an und stürzte aus fünf Meter Höhe ab. Mit Rippenbrüchen und kleineren Verletzungen wurde die 97-Jährige aus dem Wrack geborgen.

Nicht zuletzt um Platz für eine digitale Schnittanlage zu schaffen, hatte Leni Riefenstahl 1997 die Villa vergrößern lassen, die 1978 für sie in Pöcking am Starnberger See errichtet worden war. »Das Haus ist [...] ein Fertigbau, aber einer von der schlichten, geschmackvollen Sorte, eine Art japanische Berghütte: massives Holz, Stahl, große Glasfassaden, karg möblierte Räume.«[239] Nachdem Leni Riefenstahl sich mit ihrer digitalen Schnittanlage vertraut gemacht hatte, stellte sie Ende 2001 ihren 45 Minuten langen Film *Impressionen unter Wasser* fertig, der dann mit Musik von Giorgio Moroder untermalt und im August 2002 in Berlin uraufgeführt wurde.

Im März 2002, fünf Monate vor ihrem 100. Geburtstag, tauchte Leni Riefenstahl noch einmal vor den Malediven im Indischen Ozean.

Am 8. September 2003, zweieinhalb Wochen nach ihrem 101. Geburtstag, starb sie in ihrem Haus in Pöcking.

---

* Uraufführung am 15. Januar 2000 im Deutschen Schauspielhaus Hamburg (Regie: Jasper Brandis, Hauptrollen: Ilse Ritter, Marlen Diekhoff)

Evita Perón

(1919 – 1952)

———◆·———

»SIE TRÄUMEN VON MIR, UND ICH DARF SIE NICHT ENTTÄUSCHEN«

Evita wuchs als eines von fünf unehelichen Kindern der Konkubine eines argentinischen Farmers auf. Mit 15 Jahren reiste sie Anfang 1935 nach Buenos Aires und versuchte sich als Schauspielerin. Ihre überzeugendste Rolle spielte sie jedoch als wohltätige Ehefrau des Staatspräsidenten Juan Perón. Evita stilisierte sich zum »Engel der Armen«. Im Alter von nur 33 Jahren starb sie.

Eva María Duarte – die spätere Evita Perón – wurde am 7. Mai 1919 in Los Toldos, einem kleinen Ort 250 Kilometer westlich von Buenos Aires, als fünftes Kind der 25 Jahre alten unverheirateten Hausangestellten Juana Ibarguren geboren. Juan Duarte, der Vater der fünf Kinder, bewirtschaftete eine Estancia bei Los Toldos. Er war 22 Jahre älter als Juana. Dass er eine Konkubine und eine Ehefrau hatte, war in Argentinien damals nichts Außergewöhnliches. »Für einen Mann war es üblich, sowohl eine ›erste Familie‹ mit seiner Ehefrau in seiner Heimatstadt zu haben, als auch eine ›zweite Familie‹ mit seiner Konkubine, vielleicht in der Nähe seines Arbeitsplatzes. Juana Ibarguren und ihre fünf Kinder waren Juan Duartes Zweitfamilie. Die Kinder erhielten den Namen Duarte, ohne dass ihre Eltern jeweils verheiratet waren.«[240]

Duartes Ehefrau lebte mit ihren Kindern in Chivilcoy, 100 Kilometer östlich von Los Toldos. Sie starb 1922. Zu diesem Zeitpunkt hatte Juan Duarte seine Konkubine und deren Kinder bereits verlassen. 1930, vier Jahre nachdem Juan Duarte bei einem Autounfall in Chivilcoy ums Leben gekommen war, zog sie mit ihren Kindern nach Junín, eine Stadt 50 Kilometer nördlich von Los Toldos. Dort kam Evita in die dritte Klasse der Grundschule. (Sie war erst im Alter von acht Jahren eingeschult worden.) Ihre Schwester Blanca wurde Lehrerin, und Elisa fand ebenso Arbeit wie ihr Bruder Juan. Um das Haushaltseinkommen aufzubessern, begann Juana in Junín für drei Männer zu kochen, für Major Alfredo Arrieta, Rechtsanwalt Justo Alvarez Rodríguez und dessen Bruder Don José Alvarez Rodríguez, den Rektor des Gymnasiums. Der Offizier heiratete schließlich Elisa, und der Anwalt nahm Blanca zur Frau.

Anders als ihre Schwestern wollte Evita sich nicht anpassen, und aus Angst, so korpulent wie ihre Mutter zu werden, aß sie möglichst wenig. (Aber sie war wohl nicht magersüchtig.) In der Schule hatte sie Schwierigkeiten mit Mathematik, konnte aber gut Gedichte aufsagen. Deshalb wollte sie Schauspielerin werden. Gleichzeitig träumte sie von einer guten Partie. Als zwei junge Männer aus der Oberschicht Evita zu einer Autofahrt einluden, sagte sie zu und nahm eine Freundin mit. Doch statt in den mondänen Badeort Mar del Plata zu fahren, brachten die Männer die Mädchen zu einer abgelegenen Estancia, vergewaltigten sie – oder versuchten es zumindest – und ließen sie danach mit zerrissenen Kleidern am Straßenrand zurück. Ein Lastwagenfahrer habe sie dann mitgenommen, schreibt Alicia Dujovne Ortiz in ihrer Biografie *Evita Perón*.[241]

Am 2. Januar 1935 stieg die 15-jährige Evita in einen Zug nach Buenos Aires. Es heißt, sie sei mit Agustín Magaldi gereist, aber das wird von manchen Biografen bezweifelt, zumal kein Auftritt des Tangosängers um diese Zeit in Junín dokumentiert ist. Erminda Duarte behauptete später, ihre Schwester sei von der Mutter begleitet worden. Jedenfalls versuchte sich das Mädchen in der argentinischen Hauptstadt unter dem Namen Eva Duarte als Schauspielerin und stand am 28. März erstmals in einer kleinen Rolle auf der Bühne. Mit wechselnden Ensembles reiste sie dann durchs Land, bis sie 1937 nach Buenos Aires zurückkehrte, wo sie bald darauf eine Nebenrolle in dem Film ¡*Segundos afuera!* spielen und in einem Hörspiel mitwirken durfte.

Weil der große Erfolg allerdings ausblieb, ließ sie sich von Männern aushalten, deren Beziehungen ihr förderlich sein konnten. »Dass sie sich mit ihrer Freundin Juanita Larrauri vor dem Eingang zum Radiosender postierte und darauf wartete, dass ein Mann sie einlud, ist eine Tatsache. Es stimmt auch, dass sie einwilligte, mit einem anderen Mädchen und zwei Unbekannten ein Wochenende auf einer Tigre-Insel zu verbringen.«[242] Lucy O'Brien schreibt unumwunden: »Sie musste sich ihren Lebensunterhalt als Prostituierte verdienen.«[243] Einer der Männer, die Evita nützlich waren, der ehemalige chilenische Rennfahrer Emilio Kartulowicz, der inzwischen das Filmmagazin *Sintonía* redigierte, veröffentlichte 1937 ein Foto von ihr und verschaffte ihr dadurch Aufmerksamkeit.

Kleine Filmrollen wurden Evita nur hin und wieder angeboten, aber beim Hörfunk machte die junge Frau mit der glockenreinen Stimme schließlich Karriere: Am 1. Mai 1939 begann die Übertragung einer Reihe von Hörspielen von Héctor P. Blomberg mit Eva Duarte und Pascal Pelliciotta in den Hauptrollen. Eine zweite und dritte Serie folgten. Die Honorare erlaubten es Evita, im Mai 1942 eine eigene Wohnung in einem guten Stadtviertel zu mieten. (Dass sie vom NS-Regime als Spionin bezahlt worden sei, ist lediglich ein Gerücht.)

Am 22. Januar 1944 wurde die 24-Jährige einem doppelt so alten Mann vorgestellt: Juan Domingo Perón Sosa. Sie konnte zu diesem Zeitpunkt nicht ahnen, wie sehr diese Begegnung ihr Leben verändern würde.

Oberstleutnant Juan Perón war von 1936 bis 1939 als argentinischer Militärattaché im Ausland gewesen, zuletzt in Berlin. Danach verbrachte der Bewunderer Mussolinis im Auftrag seiner Regierung einige Zeit in Italien. 1941 kehrte er nach Argentinien zurück und schloss sich mit anderen Offizieren, die ebenfalls mit den Faschisten in Europa sympathisierten, in der Geheimorganisation El Grupo de Oficiales Unidos (GOU) zusammen. Am 4. Juni 1943 gehörte Juan Perón zu den Putschisten, die den argentinischen Präsidenten Ramón S. Castillo Barrionuevo stürzten. In der neuen Regierung fungierte Perón zunächst als Unterstaatssekretär im Kriegsministerium, dann als Minister für Arbeit und Wohlfahrt.

Eine Woche nach einem verheerenden Erdbeben am 15. Januar 1944 im Westen Argentiniens, bei dem 6000 Menschen starben, begegneten sich Juan Perón und Eva Duarte bei einer Benefizveranstaltung zugunsten der Opfer der zu 90 Prozent zerstörten Stadt San Juan. Die Biografin Alicia Dujovne Ortiz sprach später mit zwei Männern, von denen jeder behauptete, er habe Eva Duarte im Luna Park einen Sitzplatz neben Perón verschafft, und ein dritter Gesprächspartner nannte seinen Vater als Drahtzieher.[244] Wer auch immer es war, Juan Perón verließ jedenfalls den Luna Park um zwei Uhr nachts in Begleitung von Eva Duarte.

Der 48-jährige Witwer – seine erste Ehefrau war im September 1938 an Unterleibskrebs gestorben – lebte zu dieser Zeit mit einer Jugendlichen zusammen, die er zärtlich Piraña nannte.

»Evita gefiel ihm [...] gerade wegen der mangelnden sexuellen Ausstrahlung ihres Körpers«, meint Alicia Dujovne Ortiz. »Eine kurvenreiche Schauspielerin [...] wäre nichts für ihn gewesen.«[245] Die beiden wurden dann auch rasch ein Paar, und nach kurzer Zeit verdrängte Evita ihre Rivalin von der Seite des Arbeitsministers, der zusätzlich die Ämter des Kriegsministers und des Vizepräsidenten übernahm. Gegen jede Gepflogenheit ließ sich der mittlerweile mächtigste Mann der Militärjunta von seiner Geliebten zu politischen Beratungen begleiten. Viele empfanden das als skandalös.

Juan Perón sorgte dafür, dass im Mai 1944 eine Gewerkschaft der Rundfunkmitarbeiter gegründet und Evita zur Präsidentin gewählt wurde. Kurz darauf begann sie mit einer täglichen Hörfunksendung, einer Seifenoper, in der die politischen Erfolge ihres Liebhabers gepriesen wurden.

Es gab stets nicht nur eine Evita, sondern mehrere: »Evita, die Frivole, die Gierige, die Bestimmende, Evita, die fürchtet, sich nicht richtig zu benehmen. Evita, die Ausfallende, die laut wird, um ihre Angst zu verbergen. Und Evita, die sensible Protagonistin einer wunderschönen Geschichte.«[246] Von Natur aus war sie brünett, aber für ihre Rolle in dem Film *La Cabalgata del Circo* ließ sie ihr Haar Anfang 1945 blondieren, und diese Haarfarbe behielt sie von da an bei. Das gehörte zur Selbstinszenierung der Frau, die sich drei Jahre jünger machte, als sie war, ihre uneheliche Geburt vertuschte und in einem am 7. April 1945 von der Zeitung *Radiolandia* veröffentlichten Interview log, sie habe Schauspiel studiert, liebe klassische Musik und reite gern. »Evita hat sich selbst kreiert. Sie hat alles erfunden: ihr Leben, ihre Schönheit, ihren Tod.«[247]

Als das »Dritte Reich« am Ende des Zweiten Weltkriegs zusammenbrach, galt Argentinien als eines der Zufluchtsländer für Nationalsozialisten. Angeblich wurden am 7. Februar und am

18. Juli 1945 vor den Stränden von San Clemente de Tuyú bei Mar del Plata schwere Kisten mit der Aufschrift »Geheime Reichssache« aus fünf deutschen U-Booten an Land gebracht. Es soll sich um Devisen, 2,5 Tonnen Gold und 4638 Karat Diamanten gehandelt haben. Gerüchten zufolge wurde der Schatz von dem deutsch-argentinischen Unternehmer Ludwig Freude bei drei Banken in Buenos Aires für Juan Domingo Perón Sosa und Eva Duarte deponiert.[248] In einem vom *Time*-Magazin am 20. Januar 1997 veröffentlichten Artikel weist Tomás Eloy Martínez jedoch die Behauptung zurück, Evita Perón habe zu den Faschisten gehört: »Sie war keine Faschistin – vielleicht wusste sie gar nicht, was diese Ideologie bedeutete. [...] Es stimmt, dass (Juan) Perón 1947/48 die Aufnahme von kriminellen Nationalsozialisten in Argentinien begünstigte, weil er hoffte, dadurch fortschrittliche Technologien erwerben zu können, die von den Deutschen während des Krieges entwickelt worden waren. Evita spielte dabei jedoch keine Rolle. Auch wenn sie von Millionen Argentiniern verehrt wurde, war sie alles andere als eine Heilige, aber sie war keine Verbrecherin.«[249]

Im September 1945 demonstrierten 250 000 Menschen mit einem »Marsch für die Verfassung« gegen Juan Perón, der allerdings nicht die geforderten demokratischen Reformen einleitete, sondern stattdessen den Ausnahmezustand verhängte und zahlreiche Regimegegner verhaften ließ. Den wegen des Unmuts in der Bevölkerung besorgten Kollegen in der Regierung missfiel zudem der Einfluss, den Evita auf wichtige Entscheidungen bekam: Beispielsweise erreichte sie, dass ihr alter Freund Oscar Nicolini am 5. Oktober 1945 zum Direktor des Post- und Fernmeldewesens berufen wurde. General Eduardo Avalos übernahm es, seinem Freund Juan Perón die bestehenden Bedenken der Militärs gegen ihn vorzutragen. Doch Perón wischte sie vom Tisch. Daraufhin verstärkten die Offiziere den Druck auf ihn, bis er am 9. Oktober schließlich zurücktrat und sich in einer der folgenden Nächte mit seiner Geliebten auf einer Ludwig Freude gehörenden Insel im Delta des Río Paraná versteckte. Dort wurde er am 12. Oktober festgenommen, erst nach Buenos Aires zurückgebracht und dann auf der Insel Martín García im Río de la Plata eingesperrt. Einen Tag nachdem man den Häftling am 16. Oktober aus gesundheitlichen Gründen ins Militärkrankenhaus von Buenos Aires verlegt hatte, zogen 300 000 seiner Anhänger in einem Protestmarsch zum Präsidentenpalast und forderten seine Freilassung. Der Legende zufolge hatte Evita die Demonstration organisiert. Tatsächlich handelte es sich bei den Initiatoren um Gewerkschaftsführer und Angestellte des Arbeitsministeriums. Immerhin sprach sie um 23 Uhr von einem Balkon des Präsidentenpalastes zur Menge. Am Ende ließen die Verantwortlichen Juan Perón frei, weil sie keinen Bürgerkrieg riskieren wollten.

Fünf Tage später, am 22. Oktober 1945, heiratete Juan Perón in Junín seine Geliebte, die laut einer gefälschten Geburtsurkunde, die sie dem Standesbeamten vorgelegt hatte, am 7. Mai 1922 in Junín geboren war. Sie nannte sich nun María Eva Duarte de Perón. Die kirchliche Trauung fand am 10. Dezember in La Plata statt.

Um die Macht zurückzugewinnen, gründete Juan Perón den Partido Único de la Revolución bzw. den Partido Peronista. Die Peronisten peilten einen dritten Weg zwischen Kapitalismus und Kommunismus an (»Justicialismo«). Ihre politischen Gegner hielten den mit Hitler, Mussolini und Franco sympathisierenden Juan Perón jedoch für einen argentinischen Faschisten. In einer Zeit, in der argentinische Frauen noch nicht wählen durften, engagierte sich Evita Perón unermüdlich für die politische Karriere ihres Mannes und begleitete ihn auch auf seinen Wahlkampfreisen durchs Land. In der Geschichte des vom Machismo geprägten südamerikanischen Landes setzte Juan Perón einen Meilenstein, indem er sich nicht nur mit seiner Ehefrau in der Öffentlichkeit zeigte, sondern auch neben statt vor ihr aus dem Flugzeug trat. Während es ihm zuwider war, wenn ihn jemand aus einer begeisterten Menge anfasste, und er sich deshalb nicht selten bei seinen Auftritten von einem Double vertreten ließ, liebte sie den direkten Kontakt mit den Menschen und schreckte nicht einmal davor zurück, ansteckend Kranke zu küssen. Bei jeder Gelegenheit betonte sie ihre Solidarität mit den Unterprivilegierten und wurde so deren Idol. Weil sie selbst in Armut aufgewachsen war, hielt sie sich für besonders geeignet, die Interessen der »descamisados« (Hemdlosen) zu vertreten, auf deren Unterstützung Juan Perón im Präsidentschaftswahlkampf 1946 angewiesen war.

Die Bemühungen der Peronisten führten schließlich zum Erfolg: Am 24. Februar 1946 wurde Juan Perón zum Staatspräsidenten gewählt. Nach seiner Inauguration am 4. Juni residierte er mit seiner Frau im Unzué-Palast, einem Gebäude mit 283 Zimmern. Obwohl Evita kein offizielles Amt bekleidete, übte sie im Regime ihres Mannes von Anfang an großen Einfluss aus. Ihr Bruder Juan Duarte wurde zum Privatsekretär des Präsidenten ernannt; ihre Schwester Blanca übernahm die Leitung der Kindergärten und Grundschulen; Evitas Schwäger erhielten wichtige Ämter in der Politik, beim Zoll und im Justizwesen. Als Beraterinnen wählte die Präsidentengattin Isabel Ernst, eine der Initiatorinnen des Protestmarschs vom 17. Oktober 1945, und die vierfache Mutter Lilian Lagomarsino de Guardo, die Ehefrau des mit Juan Perón befreundeten Zahnarztes Ricardo Guardo, der zum Präsidenten der Abgeordnetenkammer avancierte.

In seinem Büro im Arbeitsministerium war Juan Perón auch von einfachen Leuten aufgesucht worden. Als Präsident hatte er jedoch nicht mehr genügend Zeit, um sich die Sorgen seiner

Anhänger anzuhören. Deshalb übertrug er diese Aufgabe seiner Frau und ließ ihr ein Büro einrichten, in dem sie Bittsteller und Arbeiterdelegationen empfangen konnte. »Es gab Arbeitergruppen, Gewerkschaftsführer, Frauen vom Land mit ihren Kindern, ausländische Journalisten; eine Gauchofamilie in Ponchos, der Mann mit riesigem schwarzen Schnauzbart; es gab Flüchtlinge aus Ländern hinter dem Eisernen Vorhang, Leute aus dem Nachkriegseuropa, Intellektuelle und Leute von der Universität der baltischen Staaten, Priester und Mönche, korpulente, lebhafte, schwitzende Frauen mittleren Alters, junge Beamte und Fußballspieler, Schauspieler und Zirkusleute (... und) mitten in diesem scheinbaren Chaos, diesem lauten Durcheinander hörte Evita sich aufmerksam alle Bitten an, vom einfachen Wunsch nach Gehaltserhöhung bis hin zur Errichtung einer ganzen Fabrik und zwischendurch das Gesuch um eine Wohnung für eine ganze Familie, Möbel, einen Arbeitsplatz, eine Schule oder Essen, um die Erlaubnis, einen Film zu drehen, um finanzielle Unterstützung jeglicher Art, Klagen wegen Machtmissbrauchs [...].«[250] Es kam zum Beispiel vor, dass eine Frau um ein Bett bat. Evita Perón fragte, ob sie nicht auch Betten für die Kinder haben wolle, und als sie begriff, dass es dafür in der engen Behausung keinen Platz gab, ordnete sie an, der Bittstellerin eine größere Wohnung zur Verfügung zu stellen. Eine Gruppe von Sozialarbeiterinnen bearbeitete die bis zu 12 000 Briefe, die täglich eingingen. Evita Perón nahm sich nicht nur viel Zeit für die Menschen, die zu ihr kamen, sondern besuchte auch Fabriken, Schulen, Krankenhäuser und Elendsviertel. Außerdem trat sie als Rednerin auf. Ihr Arbeitstag dauerte in der Regel vom Morgengrauen bis spät in die Nacht.

Während die Oberschicht der argentinischen Gesellschaft Evita wegen ihrer Herkunft, ihrer promiskuitiven Vergangenheit und ihres unangepassten Verhaltens verachtete, wurde sie von

Arbeitern und anderen Besitzlosen verehrt. Eine Persönlichkeit aus dem Showgeschäft, die sich politisch betätigte, war damals ein Novum. »Evita hatte getan, was noch keine andere argentinische Frau vor ihr getan hatte. Obwohl sie arm, bedeutungslos und unehelich zur Welt gekommen war, hatte sie den Aufstieg zur mächtigsten Frau der Nation geschafft. Sie war arm aufgewachsen, aber nun trug sie Designerkleidung, Pelze und kostbaren Schmuck. Aus dem Dorfmädchen war eine Schauspielerin und dann die Ehefrau eines Vizepräsidenten geworden – und all das vor ihrem 30. Geburtstag. All diese hart erkämpften Errungenschaften befeuerten die Bewunderung, die sie durch die Arbeiter erfuhr, für die sie eine Heldin war, ein Beispiel dafür, was sie selbst anstreben konnten. Aber für Argentiniens reiche Bürger war sie eine Blenderin, die sich eine Position erschlichen hatte, in die sie nicht gehörte.«[251] Dass sie ein Vermögen für Schmuck und Kleidung ausgab und ihren Reichtum auch nicht versteckte, begründete sie folgendermaßen: »Die Armen lieben es, mich hübsch zu sehen. Sie wollen nicht von einer schlecht gekleideten Alten beschützt werden. Sie träumen von mir, und ich darf sie nicht enttäuschen.«[252] Evita Perón stand im Zentrum eines außergewöhnlichen Personenkults.

Als der spanische Diktator Francisco Franco den argentinischen Staatspräsidenten einlud, flog dieser nicht selbst nach Europa, sondern schickte seine Frau. Am 6. Juni 1947 wurde sie von Menschenmassen am Flugplatz von Morón verabschiedet, zwei Tage später von General Franco, dessen Frau und Tochter in Madrid empfangen und bei der Fahrt in die Stadt von 300 000 Madrilenen bejubelt. Zum Leidwesen von Francos Ehefrau Carmen Polo de Franco bestand Evita Perón auch hier darauf, Elendsviertel zu besuchen, in die Hütten hineinzuschauen und mit den Bewohnern zu sprechen. Franco verlieh ihr den Orden de Isabel la Católica, die höchste Auszeichnung der spanischen Regierung. Bis zum 26. Juni bereiste Evita Spanien, dann flog sie weiter nach Rom. Am nächsten Morgen verschlief sie und kam deshalb um 20 Minuten zu spät zur Privataudienz bei Papst Pius XII. Auch in Rom interessierte sie sich weniger für Kunst und Baudenkmäler als für Waisenhäuser und andere Sozialeinrichtungen. Außer der italienischen Hauptstadt besuchte sie Mailand, Venedig, Florenz und Neapel, Rapallo, Portofino, San Remo und Genua. *Time* machte die Ausgabe vom 14. Juli mit einem Porträt Evita Peróns auf. Das war ungewöhnlich, denn noch nie zuvor hatte das Nachrichtenmagazin die Ehefrau eines lateinamerikanischen Staatschefs allein auf dem Titelblatt abgebildet. Drei Tage später flog Evita nach Lissabon, und von dort reiste sie nach Paris. Auf einen Besuch in England verzichtete sie, als man sie wissen ließ, dass der britische König George VI. sie nicht empfangen würde. Manche vermuten, dass sie ihren fünftägigen Schweiz-Aufenthalt dazu nutzte, einen Teil des gewaltigen Vermögens, das die Nationalsozialisten nach Argentinien geschafft hatten, neu anzulegen. Was auch immer sie in der Schweiz zu erledigen hatte, sie wurde dort mit Tomaten beworfen. Am 10. August traf Evita Perón dann wieder in Portugal ein, und am 23. August endete die »Regenbogentour«, die den Zweck gehabt hatte, europäischen Meinungsmachern den Peronismus näherzubringen.

Im September 1947 gab Evita Perón die Einführung des Frauenwahlrechts in Argentinien bekannt. Obwohl die Initiativen dazu bis in die Zeit vor der Präsidentschaft ihres Manns zurückreichten, sah es so aus, als habe man die Neuerung allein ihr zu verdanken, und sie versuchte auch nicht, diesen Eindruck zu korrigieren.

Evita sammelte Unmengen von Kleidungsstücken und Lebensmitteln, die sie in leer stehenden Räumen des Unzué-Palastes stapeln ließ, bevor sie an Bedürftige verteilt wurden.

Spätabends half sie persönlich mit, die Sachen zu ordnen und einzupacken. Als bedeutendste argentinische Wohlfahrtsorganisation galt bis dahin die Sociedad de Beneficencia, als deren Präsidentin üblicherweise die Ehefrau des Staatschefs fungierte. Evita Perón wurde wegen ihrer unsoliden Vergangenheit jedoch nicht aufgefordert, das Amt zu übernehmen. Also gründete sie 1949 die Fundación Eva Perón, in der auch die ein Jahr zuvor von Teresa Adelina Fiora ins Leben gerufene Krankenschwestern-Schule María Eva Duarte de Perón aufging. Evita richtete auch Frauenhäuser ein, initiierte den Bau einer Studentenstadt in Buenos Aires und eines Kinderdorfs. Das alles tat sie nicht vom Schreibtisch aus, sondern sie kümmerte sich persönlich um Details und besuchte sogar mitten in der Nacht Heime, um sich zu vergewissern, dass die Kinder dort ungestört schlafen konnten. Gegen die Armut führte sie geradezu einen Kreuzzug.

Mary Main alias María Flores behauptet in ihrem Buch *The Woman with the Whip*, die Stiftung habe dazu gedient, staatliche Gelder auf Peróns Privatkonten in der Schweiz umzuleiten, aber diese Meinung wird von anderen Biografen nicht geteilt.

Die Peronisten kauften Zeitungen, um die öffentliche Meinung kontrollieren zu können, und begannen, ihre politischen Gegner gewaltsam zu verfolgen. Den Journalisten Raúl Apold, der seit Januar 1947 Direktor des Informationsministeriums war, beschuldigte die Opposition, einen Propagandaapparat nach dem Vorbild von Joseph Goebbels aufgebaut zu haben. Zu seinen Aufgaben gehörte es auch, für eine vorteilhafte Darstellung Evitas in den Medien zu sorgen und ihr soziales Engagement hervorzuheben. Wer die Fundación Eva Perón nicht freiwillig unterstützte, musste allerdings mit Schwierigkeiten rechnen. So zum Beispiel Arnaldo Massones, der sich 1950 weigerte, der Stiftung kostenlos Impfstoff zur Verfügung zu stellen. Daraufhin wurde die Stromzufuhr zu seinem Labor abgeschaltet. Einige Stunden später erschien eine Prüfungskommission, und weil die Temperatur der Medikamente in den nicht mehr funktionierenden Kühlschränken höher als erlaubt war, musste das Labor schließen. Arnaldo Massones floh daraufhin nach Uruguay ins Exil.

Am 26. Juli 1949 gründete Evita Perón im Teatro Nacional Cervantes die peronistische Frauenpartei Partido Peronista Femenino und ließ sich zur Vorsitzenden wählen.

Während der Eröffnung der neuen Zentrale der Taxifahrergewerkschaft am 9. Januar 1950 fiel Evita in Ohnmacht. Bei einer Blinddarmoperation drei Tage später diagnostizierte Oscar Ivanissevich, ein Arzt, der auch als Erziehungsminister amtierte, Gebärmutterhalskrebs. (Durch diese Erkrankung hatte Juan Perón bereits seine erste Frau verloren.) Zunächst versuchten die Ärzte, das Karzinom mit Bestrahlungen zu bekämpfen, aber am 3. November 1951 wurde Evita Perón in die von ihrer Stiftung errichtete Klinik Presidente Perón eingeliefert, wo die Ärzte den Uterus und das umliegende Gewebe entfernten.

Am 11. November brachte man Evita Perón eine Wahlurne ans Krankenbett, damit sie sich an der Präsidentschaftswahl beteiligen konnte, bei der erstmals auch Frauen ihre Stimme abgeben durften. Juan Perón wurde wiedergewählt.

Seine Frau hatte zunächst für das Amt der Vizepräsidentin kandidieren wollen, aber das war von den Militärs verhindert worden. »Sollte der Präsident im Amt sterben, würde der Vizepräsident für ihn einspringen. Eine Frau im Präsidentenamt wäre neu – und für manche Leute beängstigend. Ein weiteres Hindernis war das Militär, eine mächtige Kraft in Argentinien. Die Militärführer waren nicht bereit, Evita als Zweite in der Machtfolge und ihre potenzielle Vorgesetzte zu akzeptieren.«[253] Lesli J. Favor behauptet in ihrer Biografie, selbst Juan Perón habe nur dem Anschein nach die Kandidatur seiner Frau unterstützt, in Wirklichkeit jedoch hintertrieben.[254]

Als Juan Perón am 4. Juni 1952 den Eid für die zweite Amtszeit leistete, wog Evita nur noch 37 Kilogramm. Obwohl sie ohne ein vom Mantel kaschiertes Korsett nicht mehr stehen konnte, ritt sie bei der Parade in Buenos Aires mit. Ein paar Tage später wurde sie offiziell zur »geistigen Führerin der Nation« proklamiert.

Aus Deutschland eingeflogene Fachärzte konnten der 33-Jährigen nicht mehr helfen. Möglicherweise wurde wegen unerträglicher Schmerzen eine Lobotomie bei ihr durchgeführt. Sie starb schließlich am 26. Juli.

Juan Perón ließ die Tote in einem Sarg mit Glasdeckel im Kongressgebäude aufbahren. Außerdem ordnete er eine mehrtägige Staatstrauer und ein Staatsbegräbnis an, obwohl Evita nie ein staatliches Amt bekleidet hatte. Innerhalb eines Tages waren alle Blumengeschäfte in Buenos Aires leer gekauft. Acht Menschen starben in dem Gedränge der Trauernden auf der Straße, und mehr als 2000 mussten sich in Krankenhäusern behandeln lassen.

»Als sie 1952 starb, war ihr Witwer, Präsident Perón, nicht in der Lage, sein Volk davon zu überzeugen, dass er jetzt die Hauptperson und sie der Schatten sei.«[255] In der Hoffnung, den Kult um die Tote für sich nutzen zu können, gab Juan Perón ein Grabmal in Auftrag, das größer als die Freiheitsstatue in New York werden sollte. Der Plan sah im Sockel einen öffentlich zugänglichen Raum für die Ausstellung von Evitas einbalsamierter Leiche vor. Doch bevor Perón das Vorhaben verwirklichen konnte, musste er sich wegen eines Militärputsches im September 1955 ins Ausland absetzen.

Die neuen Machthaber ließen sich von drei Wachskopien der toten Evita nicht täuschen. Trotz des Ablenkungsmanövers fanden sie den in dreijähriger Arbeit von dem spanischen Pathologen Pedro Ara Sarriá einbalsamierten Leichnam und brachten ihn an einen Ort, den sie geheim hielten, weil das einfache Volk den »Engel der Armen« wie eine Heilige verehrte und wohl zum Grab gepilgert wäre. Es wurde sogar gesetzlich verboten, Fotos von Evita Perón zu besitzen. Tomás Eloy Martínez erzählt in seinem Roman *Santa Evita*, Major Eduardo Arancibia habe die Leiche eigenmächtig in seinem Haus versteckt und seine Ehefrau ermordet, um das Geheimnis zu wahren. Als Evita Perón anonym beerdigt werden sollte, so heißt es weiter in *Santa Evita*, sei der Lastwagen mit dem Sarg verunglückt.[256] Jedenfalls wurde der Leichnam heimlich nach Mailand gebracht und dort unter falschem Namen bestattet.

Im spanischen Exil heiratete Juan Perón am 15. November 1961 die 30-jährige argentinische Nachtklubtänzerin María Estela Martínez, die sich nach der Eheschließung Isabel Martinez de Perón oder kurz Isabel Perón nannte. 1971 holte das Paar Evitas Leiche nach Madrid und stellte den Sarg angeblich im Speisezimmer auf. Evitas Schwestern Blanca und Erminda reisten daraufhin nach Madrid und sahen, dass die einbalsamierte Leiche geschändet worden war: »Evitas Körper war entweiht worden: ihr Genick so gut wie gebrochen, ihr Gesicht durch Hammerschläge entstellt, Gesicht und Körper mit einem Messer oder einem Schwert aufgeschlitzt, ihre Knie gebrochen, ein Finger abgetrennt, ihre Nase zertrümmert, das Zink des Sarges durchlöchert und ihr Körper mit ungelöschtem Kalk bedeckt und verätzt.«[257]

Der argentinische Staatspräsident Héctor José Cámpora trat schon vier Monate nach seiner Wahl am 11. März 1973 zurück, um den Weg für Juan Perón frei zu machen, der im September noch einmal zum Präsidenten gewählt wurde. Aber am 1. Juli 1974 starb der 78-Jährige. Die Witwe Isabel Perón, die bereits als

Vizepräsidentin amtiert hatte, wurde daraufhin die erste Frau an der Spitze eines lateinamerikanischen Staates. Sie ließ Evitas sterbliche Überreste nach Argentinien holen. Am 22. Oktober 1976 wurden sie im Grab der Familie Duarte auf dem Friedhof Recoleta in Buenos Aires beigesetzt.

Am 24. März 1976 putschte das Militär gegen Isabel Perón. Sie wurde festgenommen und unter Hausarrest gestellt, während eine neue Phase der Militärdiktatur begann.

Evita Perón ist bis heute eine Ikone geblieben. Das am 21. Juni 1978 im Prince Edward Theatre in London uraufgeführte Musical *Evita*, in dem Tim Rice und Andrew Lloyd Webber die Lebensgeschichte der legendären Argentinierin erzählen, wurde 1996 von Alan Parker mit Madonna in der Titelrolle verfilmt.

Hildegard Knef

(1925 – 2002)

»FÜR MICH SOLL'S ROTE ROSEN REGNEN«

1948 kam die deutsche Schauspielerin Hildegard Knef nach Hollywood. Doch der Erfolg blieb zunächst aus. Erst Mitte der Fünfzigerjahre glänzte sie am Broadway in der Hauptrolle des Musicals Silk Stockings. *Dann kehrte sie erschöpft nach Deutschland zurück, wo sie 1962 eine sensationelle Karriere als Chanson-Sängerin begann. 1970 machte sie sich auch noch mit dem Weltbestseller* Der geschenkte Gaul *einen Namen als Schriftstellerin.*

Hildegard (»Hilde«) Knef war noch kein halbes Jahr alt, als ihr Vater am 2. Juni 1926 im Alter von 29 Jahren an Syphilis starb, während ihre Mutter mit einer Blinddarmentzündung im selben Krankenhaus in Ulm lag. Hans Knef und Frieda Groehn hatten im April 1923 in Berlin geheiratet und waren kurz darauf nach Ulm gezogen, wo ihre Tochter am 28. Dezember 1925 geboren wurde.

In ihrer Autobiografie *Der geschenkte Gaul* beschreibt Hildegard Knef ihren Vater, der zuletzt Prokurist in einer Tabakfabrik in Ulm gewesen war: »Er hieß Hans Theodor, war groß, war wild, war rastlos, war rothaarig – durcheilte Leben, durcheilte Berufe wie Schnellzüge Stationen – gewann Wettschwimmen gegen die Rheinströmung, gewann Fußballpokale, gewann Amateurboxkämpfe. War verzweifelt. [...] Er konnte sich nicht mehr zurechtfinden in dem nach Kohlrüben riechenden Deutschland. Suchte Kriege, suchte Streit – bis er seine Frieda Auguste traf. Sie heirateten. Packten ein, packten aus, zogen hin, zogen her, führten eine Umzugsehe. Manchmal verdiente er, hatte Auto samt Chauffeur, verlor beides, landete in Ulm. Da kam die nächste große, einmalige, alles bisher Dagewesene in den Schatten stellende Chance: Türkei, eigene Fabrik, Unabhängigkeit. Die vermasselte ich.«[258]

Die Witwe kehrte nach dem Tod ihres Mannes mit Hilde und der Urne in ihre Heimatstadt Berlin zurück und zog zu ihren Eltern Karl und Albertine Groehn, die im Stadtteil Schöneberg wohnten, in einem »rote Insel« genannten Arbeiterviertel, schräg gegenüber dem Haus, in dem Marlene Dietrich 1901 geboren worden war. Während Frieda Knef als Sekretärin arbeitete, kümmerten sich ihre Eltern um das kleine Mädchen. Karl Groehn, der mit 61 Jahren in Rente gegangen war, um Zeit für die Enkelin zu haben, verbrachte die Sommermonate mit ihr in seiner Laube in der Nähe des Rangsdorfer Sees. Dort durfte das Kind im Garten herumtollen. »Schwierig wurde unser Leben, wenn Großmutter für jeweils zwei bis drei Tage in der Woche in unser Paradies kam. Ich durfte nicht mehr halbnackt herumrasen und wurde in Wolle gesteckt, Karl sollte sein Netzhemd nicht ›öffentlich‹ tragen, Äpfel wurden als wurmfördernd verschrien, meine Ziege durfte ich nachts nicht mehr an mein Bett binden, und mein Lieblingskarnickel musste in seinem Verschlag ein anständiges Karnickeldasein führen, das ganze sommerliche Leben wurde organisiert und weiblich ordentlich.«[259]

Im Mai 1931 starb Albertine Groehn im Alter von 64 Jahren.

Daraufhin kündigte Frieda Knef ihre Stelle bei Siemens, denn sie wollte das Mädchen nicht bei einem alten Mann aufwachsen lassen. Sie eröffnete zunächst einen Zigarrenladen, aber den vertauschte sie bald mit einem Schokoladengeschäft – das allerdings auch nicht besser lief.

Es scheint Frieda Knef nicht an Verehrern gefehlt zu haben. »Mutter war schön, sehr schön. Sie hatte die längsten, schönsten Beine von Schöneberg und die grünsten Augen, war gesund, war schlank, war zäh, war kräftig, war ohne Angst.«[260] Im Mai 1932 heiratete die 36-jährige Witwe den fünf Jahre älteren Schuhmacher Wilhelm Wulfestieg, der am Bahnhof Wilmersdorf eine »Schuhbesohlanstalt« betrieb.

Nachdem Hilde am 20. August 1935 einen Halbbruder bekommen hatte – Heinz –, musste sie ihrer Mutter bei dessen Betreuung helfen und sie auch verstärkt bei der Hausarbeit unterstützen. »Zu meinem Stiefvater fand ich keine innere Beziehung«, sagte Hildegard Knef später in einem Interview, »und als mein Bruder geboren wurde, fühlte ich mich als fünftes Rad am Wagen.«[261] Verunsichert wurde sie auch durch Zweifel an ihrem Aussehen. »Mutter sagte zum Stiefvater, so nachts in die Finsternis hinein: ›Ein Jammer, dass Hilde nicht hübscher ist.‹ Und Stiefvater murmelte gestört-verschlafen: ›Na ja, aber ganz interessant sieht sie aus.‹«[262]

Obwohl Hilde eine gute Schülerin war, ging sie im Alter von 16 Jahren mit der mittleren Reife vom Lyzeum ab und begann im Jahr darauf eine Ausbildung zur Trickfilm-Zeichnerin bei der Universum Film AG (Ufa) in Babelsberg. Das entsprach ihren Neigungen, denn sie hatte schon als Kind gern gemalt und gezeichnet.

Als Frank Maraun, der »Reichsbeauftragte für das Nachwuchswesen«, Hildegard Knef in der Kantine sah, meinte er, sie habe ein Filmgesicht, und riet ihr, sich mit Else Bongers, der

Leiterin des Ufa-Nachwuchsstudios, in Verbindung zu setzen. Tatsächlich wurden im Dezember 1942 Probeaufnahmen von Hildegard Knef gemacht. Sie vertrete »in Reinkultur den Typus des deutschen Mädchens«, schrieb Frank Maraun dem Reichspropagandaminister.[263] Nachdem Joseph Goebbels die Aufnahmen geprüft hatte, gab er sein Plazet für einen Ausbildungsvertrag: »Die ist nett. Jedoch muss die Nase operiert werden. Genehmigt für ein halbes Jahr. Dann neue Probeaufnahme herstellen und zusammen mit der jetzigen vorlegen.«[264] Über das Ergebnis ließ man Hildegard Knef jedoch erst einmal im Ungewissen. Schließlich nahm sie sich ein Herz, trat dem Produktionschef Wolfgang Liebeneiner in den Weg und bat um eine Entscheidung. Daraufhin erhielt sie von der Ufa Filmkunst GmbH den gewünschten Vertrag. Der Unterricht in der Lehrstelle für Nachwuchs begann am 1. September 1943. Hildegard Knef wurde nicht nur im Sprechen und Singen geschult, sondern lernte auch tanzen und fechten. Außerdem standen Kosmetik und Gymnastik, Musik-, Film-, Theater- und Literaturgeschichte auf dem Lehrplan.

Kurz darauf verließ ihre Mutter wegen der Luftangriffe die Stadt und quartierte sich mit Heinz bei Verwandten in Uelzen ein, während Hilde mit ihrem ungeliebten Stiefvater in Berlin zurückblieb. Als Wilhelm Wulfestieg im Winter 1943/44 ausgebombt wurde, kam er bei Nachbarn unter. Seine Stieftochter suchte Zuflucht bei ihrer Mitschülerin Maria Milde, obwohl das bedeutete, dass die beiden Mädchen in der kleinen Wohnung zusammen in einem Bett schlafen mussten. Für Maria Milde war es eine frustrierende Erfahrung, weil ihr Gast wenig Rücksicht auf sie nahm. »Sie war ständig in Abwehrhaltung, so, als kämpfe sie gegen alle Freundlichkeit und Nähe an. [...] All ihre Gedanken kreisten ausschließlich um ihr eigenes Fortkommen und ihr persönliches Wohlergehen.«[265] Anfang 1944 nahmen der

Ufa-Mitarbeiter Fritz Dippert und seine Ehefrau Alike die Schauspielschülerin in ihrer Wohnung in Zehlendorf auf und umsorgten sie wie eine Tochter.

Hildegard Knefs Ausbildungsvertrag wurde im Frühjahr 1944 verlängert. Im Mai bekam sie dann ihre erste Filmrolle, aber die Szenen, in denen sie mitspielte, fielen dem Schnitt zum Opfer. Immerhin stand sie im Juni in dem Stück *Der kleine Herr Niemand* von Just Scheu und Ernst Nebhut auf der Bühne der Kammerspiele des Deutschen Theaters.

Etwa zur gleichen Zeit sollte sie sich dem Reichspropagandaminister vorstellen. Else Bongers verhinderte jedoch mit einer Notlüge, dass ihr Schützling zu Joseph Goebbels musste, denn man erzählte sich, dass er junge Schauspielerinnen ins Bett zu kriegen versuche. Allerdings war Hildegard Knef zu diesem Zeitpunkt längst nicht mehr sexuell unerfahren, denn im Sommer 1942 hatte die 16-Jährige ein Liebesverhältnis mit einem Mitarbeiter des Reichsluftfahrtministeriums begonnen und ein halbes Jahr später eine Affäre mit einem verheirateten Architekten auf Fronturlaub.

Im Sommer 1944 wurde Hildegard Knef die Geliebte des Produktionschefs der Filmgesellschaft Tobis, eines Mannes also, der ihre angestrebte Karriere als Schauspielerin fördern konnte. Das Leben an der Seite des einflussreichen Mannes, dem es in seiner Villa an nichts fehlte, der über Hausangestellte und sogar einen Chauffeur verfügte, beeindruckte die an Entbehrungen gewöhnte junge Frau. Dass Ewald von Demandowsky doppelt so alt war und eine Familie mit zwei Kindern hatte, störte Hildegard Knef dabei offenbar ebenso wenig wie die Tatsache, dass er zu den überzeugten Nationalsozialisten gehörte.

Noch im selben Jahr wurde Hildegard Knefs Name erstmals im Vorspann eines Filmes genannt (*Unter den Brücken*, Regie: Helmuth Käutner), und während der Aufnahmen für ein weiteres Projekt stellte man ihr sogar eine eigene Garderobe zur Verfügung (*Fahrt ins Glück*, Regie: Erich Engel). Beide Filme kamen allerdings erst nach dem Krieg ins Kino. Der Schauspielunterricht wurde am 1. September 1944 eingestellt, und man teilte Hildegard Knef zunächst zur Truppenbetreuung ein. Anfang 1945 musste sie dann in einer kriegswichtigen Fabrik arbeiten und Leuchtziffern auf Flugzeugarmaturen pinseln.

Als Ewald von Demandowsky im April 1945 zum »Volkssturm« einberufen worden sei, habe sie aus Angst vor den Russen nicht allein in Berlin zurückbleiben wollen, erzählt Hildegard Knef in ihrer Autobiografie. Sie habe ihn deshalb überredet, sie mitzunehmen, und sich als Mann verkleidet. Bei Friesack nordwestlich von Berlin seien sie von polnischen Partisanen aufgegriffen und dann den Russen übergeben worden, die sie in ein Kriegsgefangenenlager bei Biesenthal gesperrt hätten. Es sei ihr jedoch gelungen, aus dem Lager zu fliehen und sich zu Fuß nach Berlin durchzuschlagen. Von Ewald von Demandowsky, der im Lager zurückgeblieben sei, habe sie nie wieder etwas gehört.

Hildegard Knefs zweiter Ehemann, David Cameron, und ihr Biograf Jürgen Trimborn* äußern in dem Dokumentarfilm *Knef. Die frühen Jahre* von Felix Moeller allerdings Zweifel an dieser Darstellung. Trimborn hält den Lageraufenthalt bei Biesenthal für frei erfunden, zumal Hildegard Knef selbst noch in den Fünfzigerjahren berichtete, sie sei in einem provisorischen Lager der polnischen Miliz in Friesack gewesen und dort nach kurzer Zeit freigelassen worden. Erst im Mai 1968 erzählte sie einem Journalisten von ihrer angeblichen Gefangenschaft in einem Lager der Roten Armee.[266] Jürgen Trimborn vermutet, dass Ewald von

---

* Die Deutsche Verlags-Anstalt veröffentlichte die Biografie von Jürgen Trimborn 2005 unter dem Titel *Hildegard Knef. Das Glück kennt nur Minuten*, nahm das Buch dann aber auf Druck des Witwers Paul von Schell vom Markt. Eine von Trimborn überarbeitete Version erschien zwei Jahre später als Goldmann-Taschenbuch: *Hildegard Knef*.

Demandowsky mit seiner Geliebten im Mai aus Friesack (!) nach Berlin zurückkehrte und sich monatelang im Keller seiner ausgebombten Villa in Zehlendorf versteckte. Für die Vermutung, der Nationalsozialist habe sich von Mai bis November 1945 in Berlin aufgehalten, spricht auch, dass sich Kurt Hirsch, Hildegard Knefs erster Ehemann, daran zu erinnern glaubt, ihn nach dem Krieg in Berlin gesehen zu haben. Hildegard Knefs dritter Ehemann Paul von Schell berichtet, seine Frau habe ihm erzählt, dass sie Ewald von Demandowsky nach dem Krieg noch zweimal begegnet sei.[267] Zwei Begegnungen mit ihrem Geliebten nach dem Krieg erwähnte Hildegard Knef wohl auch in Gesprächen mit Freunden.[268]

Ob sie nun aus Friesack oder aus Biesenthal kam, jedenfalls wurde Hildegard Knef Ende Mai 1945 vorübergehend von dem Schauspieler Viktor de Kowa und dessen japanischer Ehefrau Michiko Tanaka aufgenommen. Deren Villa in Berlin war kurzerhand zur japanischen Botschaft erklärt worden. Am 16. Juni meldete Hildegard Knef sich dann unter Ewald von Demandowskys Adresse polizeilich an.[269]

Als Viktor de Kowa das Theater Tribüne im Juni mit einem Kabarettprogramm wiedereröffnete, übernahm Hildegard Knef die Conférence. Weil es keinen Strom gab, wurde das Haus mit Kerzen und Petroleumlampen beleuchtet. Den Eintritt konnte man auch mit Naturalien bezahlen.

Der Regisseur und Intendant Boleslaw Barlog holte die 19-Jährige dann im Spätherbst an das im Wirtschaftstrakt des Wrangel-Schlösschens untergebrachte Städtische Schlosspark Theater Steglitz. Über die erste Begegnung mit ihm noch während des Kriegs schreibt Hildegard Knef in *Der geschenkte Gaul*: »Vor mir schaukelt ein Mann mit zu Berge stehendem Kraushaar, von unsichtbarem Föhn hochgeblasen [...]. Sein Zeigefinger nagelt mich an die Tür. ›Wie heißen Sie?‹, fragt er laut.

Das ›heißen‹ lässt einen Lispler erzischen, ein Zisch, einer in Sommersonne geöffneten Seltersflasche gleich. Ich flüstere: ›Hilde Knef.‹ – ›Sind Se Schauspielerin, ick brauchn Mädchen wie Sie, ja jenau wie Sie, ick heiße‹ – wieder sprudelt die Flasche – ›Barlog ... Boleslaw, ick machn Film für die Terra, *Der jrüne Salong*, jrüüne Salong, schön unverfänglich, aber kriegswichtig, enorm kriegswichtig.‹ [...] Wie ein Könnten-wir-das-mal-nach-Drehschluss-besprechen-Regisseur sieht der nicht aus. Ich stottere was von Ufa-Nachwuchs. ›Na, denn wer ick die Bongers mal frajen [...] Wenn der Scheißkrieg, diese ganze Scheißzeit‹ – dabei detonierte ein Siphon – ›vorbei is, denn mack ick Theata, und wenn du was aufn Kasten hast, kannste bei mir spielen, da kommste einfach vorbei, und denn machen wa endlich anständjes Theata.‹«[270]

Hildegard Knef sollte eigentlich unter der Regie von Boleslaw Barlog die weibliche Hauptrolle in der Komödie *Hokuspokus oder Wie lasse ich meinen Mann verschwinden* von Curt Goetz spielen. Aber dann bekam die bereits aus zahlreichen Filmen bekannte Winnie Markus den Part. Immerhin durfte Hildegard Knef allabendlich einen aus den »Theaterreden gehalten zu Weimar« von Johann Wolfgang von Goethe stammenden Prolog vortragen, der anlässlich der Wiedereröffnung des Schlosspark Theaters ins Programm genommen worden war. Und als Winnie Markus wegen einer Erkrankung ausfiel, sprang sie ein.

Kurz vor der Premiere von *Hokuspokus* hatte Hildegard Knef den US-Offizier Kurt Hirsch kennengelernt. Dieser war am 8. Juni 1924 in Teplitz-Schönau als Sohn deutschstämmiger jüdischer Eltern zur Welt gekommen und in Prag aufgewachsen. Im Frühjahr 1939 war die Familie nach New York emigriert. Kurt Hirsch hatte die amerikanische Staatsbürgerschaft angenommen und war 1944 als Soldat nach Europa zurückgekehrt. Als Nachfolger von Billy Wilder leitete er seit Mai 1945 den Film

Control Branch der Militärverwaltung, überwachte also den Wiederaufbau der deutschen Filmindustrie in der amerikanischen Besatzungszone und im amerikanischen Sektor von Berlin, wo ihm in Zehlendorf eine beschlagnahmte Villa zur Verfügung stand.

Hildegard Knef Knef schildert in *Der geschenkte Gaul*, wie er sie auf der Straße ansprach. »Wenige Tage vor der Eröffnung des Schlosspark Theaters lief ich im strömenden Regen über die Rheinstraße, ein Jeep hielt: ›Hallo Fräulein‹, rief einer, darauf reagierte man nicht, ich ging hochnäsig triefend weiter.« Der Leutnant gab aber nicht auf, bot ihr an, sie mitzunehmen und forderte sie zum Einsteigen auf. »›Sie holen sich noch ne Erkältung‹, sagte er, Besorgnis vortäuschend. Ich stieg ein, sprach ein kühl gehaltenes Danke. ›Haben Sie heute Abend Zeit?‹ – ›Nein.‹ – ›Morgen?‹ – ›Nein.‹ – ›Vielleicht nächste Woche?‹ – ›Auch nicht.‹ Er latschte auf die Bremse, ich gondelte wie ein Jojo zwischen Windschutzscheibe und Sitz, stieg aus, hatte genug von Alliiertenhilfsbereitschaft.«[271] Kurt Hirsch soll von da an jeden Abend ins Theater gekommen sein, bis sie sich von ihm in eine Schwarzmarktkneipe einladen ließ. »Wir aßen ›Chinesisches‹, aus Pferdefleisch Zusammengeschnippeltes, anschließend zahlte er mit einer Tüte Kakao.«[272]

Weil Kurt Hirsch auch für die Auftrittsgenehmigungen im amerikanischen Sektor zuständig war, hält Jürgen Trimborn es allerdings für wahrscheinlicher, dass sich die beiden nicht auf der Straße, sondern im amerikanischen Hauptquartier in Dahlem zum ersten Mal begegneten, als nämlich Hildegard Knef die Genehmigung für ihren Auftritt im Schlosspark Theater beantragte.

Gab Hildegard Knef dem Amerikaner einen Hinweis auf Ewald von Demandowskys Versteck? Jürgen Trimborns Recherchen zufolge wurde dieser am 7. November 1945 von der amerikanischen Militärpolizei in den Ruinen seiner Villa in Berlin-Dahlem verhaftet.»Soll es tatsächlich Zufall sein, dass Ewald von Demandowsky ausgerechnet rund eine Woche, nachdem Hildegard Knef Hirsch kennengelernt hat, durch amerikanische Militärpolizisten [...] verhaftet wurde.«[273] Auch Alexander von Demandowsky, der Sohn des nationalsozialistischen Filmproduzenten, deutet in dem bereits erwähnten Dokumentarfilm *Knef. Die frühen Jahre* an, dass sein Vater möglicherweise von Hildegard Knef verraten wurde. Die Amerikaner reichten den profilierten Nationalsozialisten wohl an die Russen weiter,* denn in Felix Moellers Film wird eine sowjetische Sterbeurkunde gezeigt, der zufolge Ewald von Demandowsky am 7. Oktober 1947 starb. Im Widerspruch dazu teilte der sowjetische Geheimdienst FSB den Hinterbliebenen 2005 mit, Ewald von Demandowsky sei am 6. Juli 1946 zum Tod verurteilt und am 7. Oktober 1946 hingerichtet worden.[274] Anfang der Neunzigerjahre rehabilitierte ihn die Militärhauptstaatsanwaltschaft der Russischen Föderation.

Ob sie nun Ewald von Demandowsky verraten hatte oder nicht, jedenfalls begann Hildegard Knef eine Liebesbeziehung mit Kurt Hirsch.»Nur eine Neunzehnjährige hatte damals das Recht, im Frühling einen Nationalsozialisten zu lieben und im Herbst einen jüdischen Filmoffizier.«[275]

Als Gerty Soltau kurz nach der Premiere des von Boleslaw Barlog inszenierten Volksstücks *Zum goldenen Anker* von Marcel Pagnol im Februar 1946 erkrankte, sprang Hildegard Knef kurzerhand für die Hauptdarstellerin ein. Wolfgang Staudte entdeckte sie auf der Bühne und vertraute ihr die weibliche Hauptrolle im ersten deutschen Nachkriegsfilm an: *Die Mörder sind*

---

* Jürgen Trimborn zufolge geschah das am 26. Februar 1946 (*Hildegard Knef*, Goldmann Verlag 2007, S. 97)

unter uns. Damit Hildegard Knef während der von März bis August 1946 dauernden Dreharbeiten auch weiter im Schlosspark Theater spielen konnte, erhielt sie eine Sondergenehmigung, mit der sie zwischen dem Set im sowjetischen und dem Theater im amerikanischen Sektor hin und her wechseln konnte.

Am 16. August 1946 spielte Hildegard Knef unter Boleslaw Barlog im Schlosspark Theater die Hauptrolle in der Gaunerkomödie *Drei Mann auf einem Pferd* von John Cecil Holm und George Abbott. Das Publikum war begeistert, und es folgten 290 weitere Aufführungen. Im Winter saßen die Zuschauer in Mänteln im ungeheizten Theater. »Die häufigen Stromausfälle wusste Barlog geschickt zu umgehen: Er nutzte seine Freundschaft mit dem Chefarzt der benachbarten Klinik. Immer wenn Stromausfälle drohten, meldete dieser Operationen an. Um den Krankenhausbetrieb aufrechtzuerhalten, wurde sofort Strom bereitgestellt. Da das Theater am selben Stromkreis angeschlossen war, konnte dann dort gespielt werden.«[276]

Im Schlosspark Theater fiel Hildegard Knef nun auch Erich Pommer auf. Der erfolgreiche Filmproduzent, der Marlene Dietrich entdeckt hatte, war wegen seiner jüdischen Abstammung 1933 von der Ufa entlassen worden und schließlich in die USA ausgewandert. Anfang 1946 hatte er Kurt Hirsch als obersten Filmoffizier der amerikanischen Militärregierung abgelöst. Hirsch war im Juli in die USA versetzt worden, aber er kam gegen Ende des Jahres zu Hildegard Knef zurück und zog mit ihr in eine beschlagnahmte Villa in Berlin, die ihnen Erich Pommer zur Verfügung stellte.

Pommer sorgte dafür, dass Hildegard Knef auch die Hauptrolle im zweiten deutschen Nachkriegsfilm bekam. Die Dreharbeiten für *Zwischen gestern und morgen* fanden von April bis Juni 1947 in der Bavaria Filmstadt in Geiselgasteig bei München statt. Das Nachrichtenmagazin *Der Spiegel* berichtete darüber am 10. Mai und zeigte das Gesicht der Schauspielerin auf dem Titelblatt. Neun Tage später widmete sogar das *Life Magazine* dem »new German star Hilde Knef« vier Seiten.

Von den Dreharbeiten erholte sich Hildegard Knef in St. Moritz, wo sie zwei Wochen lang mit Kurt Hirsch in Badrutts' Palace wohnte, einem der renommiertesten Hotels der Welt.

Der Erfolg spornte Hildegard Knef dazu an, gegen den Rat einiger Freunde nach den Sternen zu greifen und sich von ihrer Agentin Elli Silman ein Angebot aus Hollywood vermitteln zu lassen. Bevor sie sich dort einfand, heiratete sie am 15. Dezember in Berlin Kurt Hirsch, und Erich Pommer fungierte als ihr Trauzeuge. Jürgen Trimborn unterstellt, dass es sich dabei vor allem um eine »Zweckheirat« gehandelt habe, die Hildegard Knef den Weg nach Hollywood ebnen sollte.[277] Jedenfalls flogen die Neuvermählten Ende Januar 1948 nach London und dann mit Elli Silman zusammen über den Atlantik. Wegen schlechten Wetters landete die Maschine allerdings in Boston statt in New York, und sie mussten für die letzte Etappe den Zug nehmen.

Als die Premiere von *Film ohne Titel* am 24. Januar in Berlin stattfand, war Hildegard Knef schon unterwegs nach Amerika. Und dass sie für die Rolle der Bauerntochter Christine Fleming in dieser Nachkriegssatire beim Internationalen Filmfestival von Locarno als beste Schauspielerin ausgezeichnet worden war, erfuhr sie erst in den USA.

Kurt Hirsch stellte Hilde seinen Eltern in deren Mietwohnung in Queens vor. »Vor einer schmalen Tür im vierten Stock umarmten ein mittelgroßer kahlköpfiger Mann und eine untersetzte blonde Frau unter Tränenströmen und einer Flut tschechischer Worte ihren Sohn.«[278] Regina und Edmund Hirsch waren mit dessen Eheschließung allerdings höchst unzufrieden. »Ich setze mich auf den Stuhl zwischen surrenden Eiskasten und vollgepackten Küchentisch, weiß nicht wie anzugehen gegen

Spannung, Ablehnung, Missbilligung, Schwiegermutter-Schwiegertochter-Missbehagen, Argwohn der Jüdin auf die Christin, der Tschechin auf die Deutsche, der Emigrantin auf die Daheimgebliebene, der Verfolgten auf die Verfolger.«[279] Zum Eklat kam es dann an einem Sabbat: »Im Flur ist es dunkel, auf dem Tisch in der Küche steht ein Leuchter, die Kerzen sind angezündet. ›Habt ihr Stromsperre?‹, frage ich.«[280] Weil Edmund Hirsch daraufhin zu toben anfing, flüchtete das junge Paar aus der Wohnung und nahm sich ein Hotelzimmer.

Mit dem Auto fuhren Hildegard Knef und Kurt Hirsch quer durch Nordamerika nach Los Angeles. Dort stiegen sie zunächst in einem Hotel ab und mieteten dann ein Haus. »Sie gaben uns die Adresse eines deutschen Regisseurs, der sein Haus im Benedict Canyon vermieten wollte. Es lag an einen Hügel geklebt, von wildem Gestrüpp umwachsen, war groß und billig. Dass es Klapperschlangen hatte, merkten wir erst, als wir eingezogen waren. [...] Dass ich allnächtlich die Laken herunterreißen musste, um manche sanft Schlummernde zu verscheuchen, [...] dass ihre Kinder im Briefkasten lebten und jedes Herausnehmen der Post zum täglich neuen Abenteuer gestalteten, hätte ich noch ertragen, dass jedoch die Katzen, die inzwischen ihre Zahl auf vierzehn erhöht hatten, nähmaschinengroße Eidechsen apportierten, die in Sesseln, Sofas und Heizung verschwanden, ließ mich in unbeherrschten Augenblicken in Tränen ausbrechen.«[281]

Von dem Produzenten David O. Selznick erhielt Hildegard Knef einen Vertrag, ihrer eigenen Darstellung zufolge sogar gleich einen Siebenjahresvertrag. Sie erzählte auch, Selznick habe einen Künstlernamen für sie gesucht, weil sich die Amerikaner beim Versuch, »kn« zu sprechen, die Zunge brachen. Sie sei jedoch mit keinem der Vorschläge der Filmgesellschaft einverstanden gewesen, und am Ende habe man sie kurzerhand »Hildegarde Neff« genannt. Zwar erhielt sie nun jede Woche einen Scheck, aber bei der Besetzung von Filmrollen wurde sie dennoch übergangen.

Die viele Freizeit nutzte sie, um Amerikanisch zu lernen. Und sie begann eine Reihe von Freundschaften zu schließen, beispielsweise mit Marlene Dietrich, deren Astrologen Carroll Righter, dem österreichischen Schriftsteller Hans Habe und Ludwig Marcuse, von dem sie auch »literarischen Nachhilfe-Unterricht« bekam. »Zwei Jahre lang erhielt ich von Marcuse jede Woche ein neues Buch, Thomas Mann, Kafka, Baudelaire, alles, was bei den Nazis verboten war. Es waren meine Lehrjahre.«[282]

Erst im Juni 1949 gab es für Hildegard Knef ein Rollenangebot, und zwar für einen Hollywood-Film, der in Berlin gedreht werden sollte: *The Big Lift (Die viergeteilte Stadt)*. Kurz nach der Ankunft dort erfuhr sie jedoch, dass der Regisseur George Seaton ihre Rolle inzwischen umbesetzt hatte. Jürgen Trimborn spekuliert, dass Hildegard Knef die Rolle nicht bekommen habe, weil ihre Liaison mit Ewald von Demandowsky inzwischen ruchbar geworden sei. Und er verdächtigt den Schauspieler Peter van Eyck als Urheber der Enthüllungen.[283] Enttäuscht kehrte Hildegard Knef nach Los Angeles zurück.

Dort erhielt sie im April 1950 die US-amerikanische Staatsbürgerschaft, obwohl sie eine der Voraussetzungen noch gar nicht erfüllt hatte, weil sie noch keine fünf Jahre in den Vereinigten Staaten lebte.

Vier Monate später folgte sie einem Ruf des österreichischen Regisseurs Willi Forst, der mit ihr als Hauptdarstellerin den Film *Die Sünderin* drehen wollte. Carroll Righter bezahlte nicht nur für sie und ihren Ehemann die Flugtickets nach Frankfurt am Main, sondern auch die noch ausstehende Miete in Hollywood. Während Hildegard Knef zunächst im Filmstudio Bendestorf bei Hamburg und dann in Positano bei Neapel vor der Kamera stand, begann Kurt Hirsch für eine Filmgesellschaft in München zu arbeiten. Sie »vermisste ihn nicht«[284], denn in der Ehe kriselte es bereits.

Ihr Filmpartner Gustav Fröhlich schwärmte von ihrer Energie und Professionalität: »Noch in der Erinnerung bin ich gebannt von der Konzentrationskraft Hildegard Knefs. Es war beispiellos, wie diese zierliche Person einen Zehnstundentag durchhielt.«[285] Obwohl Willi Forst verheiratet war, ließ er sich während der Dreharbeiten augenscheinlich auf eine Affäre mit der 22 Jahre jüngeren Schauspielerin ein.[286] *Die Sünderin* war noch nicht fertig geschnitten, als Anatole Litvak Ende 1950 mit Hildegard Knef und Oskar Werner in den Hauptrollen den Film *Entscheidung vor Morgengrauen* zu drehen begann – und auch mit diesem Regisseur wurde Hildegard Knef intim. Während der Dreharbeiten des Hollywood-Films wohnte Anatole Litvak übrigens zur Untermiete bei Leni Riefenstahl und deren Mutter in München-Schwabing. Hildegard Knef besuchte ihn dort. Johannes Mario Simmel, der das Drehbuch für *Entscheidung vor Morgengrauen* geschrieben hatte, erinnerte sich später: »Willi Forst war fürchterlich in die Knef verliebt und rasend eifersüchtig auf Litvak. [...] Und Forsts Frau Melly war wiederum rasend eifersüchtig auf die Knef.«[287]

Die kursierenden Gerüchte über die Affären der Schauspielerin waren jedoch nichts im Vergleich mit dem Sturm der Entrüstung, der nach der Premiere des Films *Die Sünderin* am 18. Januar 1951 losbrach. In dem rührseligen Drama spielt Hildegard Knef eine junge Prostituierte, die sich in einen todkranken Maler verliebt, ihm schließlich Sterbehilfe leistet und sich dann auch selbst das Leben nimmt. In einer kurzen Einstellung steht der Künstler im Garten vor der Staffelei, und sein von Hildegard Knef verkörpertes Modell liegt nackt auf Decken und Kissen im Gras. Im prüden Nachkriegsdeutschland löste schon das einen

Skandal aus, aber die Tabu-Themen Prostitution, Suizid und Sterbehilfe kamen erschwerend hinzu. Alois Hundhammer, der Präsident des bayerischen Landtags, beklagte die drohende »sittliche und moralische Zerstörung unserer Jugend«, und der Kölner Kardinal Joseph Frings ließ von den Kanzeln in seiner Diözese ein Hirtenwort verlesen, in dem es hieß, wer sich den Film anschaue, mache »sich mitschuldig an der unverantwortlichen Verherrlichung des Bösen«[288]. Hildegard Knef klagte: »Ich wurde zur Watschenfrau dieser nationalen Schuld dank dieses idiotischen Melodramas.«[289] Die eifernden Politiker und Kirchenvertreter erreichten mit ihren Aktionen jedoch das Gegenteil dessen, was sie bezweckten: Gerade weil sie zum Boykott aufriefen, strömten die Neugierigen in die Kinos, um *Die Sünderin* zu sehen, auch wenn sie vor dem Eingang mit pöbelnden Demonstranten und im Saal mit Stinkbomben rechnen mussten. Hildegard Knef fühlte sich nun bei Aufenthalten in der Bundesrepublik nicht mehr sicher: »[...] Angst vor Drohbriefen, vor Irrem im Kleiderschrank, vor Pfiffen, kreischenden Kindern, zwinkernden Knaben im Stimmbruch begriffen, zweideutigen Anspielungen rundlicher Herren mit Luftschutzwartgesichtern, vor dem ›Komm Fritz wir gehen‹ säuerlicher Ehefrauen in Restaurants, vor Geschlechtsteilwedlern und ›Nu ziern Se sich mal nicht, haben Sie doch alle nackt gesehn‹.«[290]

Nachdem Hildegard Knef im Oktober 1951 ihre erste Schallplatte herausgebracht hatte (»Ein Herz ist zu verschenken«), kehrte sie nach Hollywood zurück und mietete mit ihrer Agentin Elli Silman zusammen ein Apartment in Beverly Hills.

Kurz darauf begannen die Dreharbeiten für *Kurier nach Triest*. Gerüchten zufolge hatte Hildegard Knef eine Affäre mit ihrem Filmpartner Tyrone Power, der mit der Schauspielerin Linda Christian verheiratet und gerade Vater einer Tochter geworden war. Die beiden Hauptdarsteller mussten unbedingt vermeiden, dass die Medien das Getuschel aufgriffen, denn sonst hätten sie ihre Karrieren aufs Spiel gesetzt – wie Ingrid Bergman, die Hollywood im Vorjahr wegen des Ehebruchs mit Roberto Rossellini hatte verlassen müssen. Ob Tyrone Power und Hildegard Knef nun miteinander im Bett waren oder nicht, jedenfalls blieb die befürchtete Medienkampagne aus.

Vor dem legendären Premieren-Kino Grauman's Chinese Theatre in Hollywood, wo sich die berühmtesten Filmschauspieler seit 1927 mit Abdrücken verewigen, presste auch Hildegard Knef am 13. Dezember 1951 unter dem Jubel der Zuschauer ihre Hände und Schuhe in feuchten Zement.

Einen Monat später wurde ihre Ehe mit Kurt Hirsch vor einem Gericht in Kalifornien geschieden. Bis zur Rechtskraft des Urteils vergingen allerdings noch zehn Monate.

Für den Film *Schnee am Kilimandscharo* sang Hildegard Knef zwei Songs von Cole Porter. Einer davon wurde zwar am Ende herausgeschnitten, aber der Komponist war von der Interpretin so beeindruckt, dass er ihr später die weibliche Hauptrolle in seinem Musical *Silk Stockings* verschaffte. Vorher drehte Hildegard Knef allerdings noch sieben Filme in Europa, wo man sie inzwischen kannte, während sie in ihrer Wahlheimat Hollywood noch immer auf den großen Durchbruch wartete.

Kurz bevor sie in Deutschland eintraf, berichtete *Der Spiegel* am 7. Mai 1952 in einer Titelgeschichte ausführlich über ihre Karriere. »In den Nachtlokalen des Sunset Strip, in denen sich das ziemlich kleinstädtische Hollywooder Nachtleben abspielt und die Skandalchronisten ihr bestes Jagdrevier haben, sieht man Hildegard Knef fast nie«, hieß es da anerkennend. »In dem intellekt-armen Klima der Filmstadt, in der der Horizont vieler Stars nicht über das elektrisch geheizte Schwimmbassin im Hintergarten hinausreicht, nimmt sich Hildegard Knef schon mit ihrer Literatur-Besessenheit ziemlich exotisch aus.«[291] Als

»emsig gewissenhafte Teutonin«, wie *Der Spiegel* sie in dem Artikel apostrophierte, erwies sie sich auch während ihres Aufenthalts in Europa: Von Montag bis Donnerstag stand sie in München als Alraune für den gleichnamigen Horrorfilm vor der Kamera, und von Freitag bis Sonntag spielte sie in Paris die Rolle der Rita Solar in *Ein Fest für Henriette*. Anschließend wurde *Illusion in Moll* in München und am Wörthersee gedreht. Von dieser Anstrengung erholte sich Hildegard Knef mit Elli Silman zusammen mehrere Wochen lang in Ascona.

Bei der englischen Premiere des Films *Die Sünderin* am 19. August 1953 erschien sie in Begleitung von Henri Nannen, dem Herausgeber und Chefredakteur des *Stern*, der Illustrierten, die Hildegard Knef 1948 auf dem Titelblatt des allerersten Heftes abgebildet hatte. Später soll Henri Nannen einer Jugendfreundin gestanden haben, dass er sogar daran gedacht hatte, Frau und Kind für Hildegard Knef zu verlassen.[292]

Nachdem sie in Berlin, Celle und Hamburg sowie in zwei englischen Studios vier weitere Filme gedreht hatte, kehrte Hildegard Knef am 5. September 1954 in die Vereinigten Staaten von Amerika zurück, holte ihren Astrologen Carroll Righter in Los Angeles ab und flog mit ihm nach New York. Nachdem sie dort vier Wochen lang Gesangsunterricht genommen hatte, begannen im Ziegfield Theatre am Broadway mit ihr als Hauptdarstellerin die wochenlangen Proben für *Silk Stockings**.

Wie üblich, wurde die Inszenierung vor der Broadway-Premiere erst einmal in anderen Städten ausprobiert. Damit begann das Ensemble am 22. November in Philadelphia. In ihrem Buch *Der geschenkte Gaul* gibt Hildegard Knef ein Gespräch mit Kol-

---

* Das Musical *Silk Stockings* von Cole Porter und George S. Kaufman basiert auf dem 1939 von Ernst Lubitsch verfilmten Theaterstück *Ninotschka* von Melchior Lengyel (1937), der wiederum von dem Roman *Drei Paar Seidenstrümpfe* (1930) des russischen Schriftstellers Pantelejmon Romanow inspiriert worden war.

legen nach der Vorpremiere wieder: »›Wann probieren wir eigentlich, wenn wir acht Vorstellungen in der Woche spielen? Ich meine, mittwochs und samstags haben wir Matineen – die fallen doch wahrscheinlich als Probetage aus‹, sage ich. Sie sehen auf; enttäuschte Lehrer, die ihren Musterschüler beim Abschreiben erwischt haben. ›Kind‹, sagt [Cole] Porter, ›du weißt offenbar nicht, dass der Tag ab jetzt achtundvierzig Stunden hat.‹ Ernie [Martin] reckt sich, sagt: ›Lasst uns noch einmal schlafen, bevor es abgeschafft wird.‹«[293]

Es verging keine ganze Woche, da erkrankte die Hauptdarstellerin an Masern. Um die Produktion nicht zu gefährden, spielte Hildegard Knef dennoch weiter, und das Ensemble blieb trotz der Ansteckungsgefahr zusammen. »Vollgepumpt mit Marlenes Antibiotika und Aufputschmitteln«[294] hielt Hildegard Knef durch. Allerdings bat sie ihre Mutter, zu kommen und ihr beizustehen. Am 10. Januar 1955 traf Frieda Wulfestieg mit einem von ihrer Tochter bezahlten Flugticket in Boston ein, wo *Silk Stockings* inzwischen gespielt wurde.

Nach chaotischen Änderungen, einem Wechsel des Regisseurs und mehrmaligen Verschiebungen des Termins für die Premiere am Broadway wollte die um zehn Kilo abgemagerte Hildegard Knef schon aus dem Projekt aussteigen, ließ sich dann aber doch zum Weitermachen überreden. Mit der Hauptrolle in *Silk Stockings* ging sie ein großes Risiko ein, denn man verglich sie selbstverständlich mit Greta Garbo in *Ninotschka*. Erich Pommer hatte sie davor gewarnt, alles auf eine Karte zu setzen, denn ein Misserfolg am Broadway ließe sich nicht totschweigen.

Am 24. Februar war es dann endlich so weit: *Silk Stockings* kam im Imperial Theatre am Broadway auf die Bühne. Sogar der ehemalige US-Präsident Harry S. Truman saß im Publikum. Die Vorstellung war ein voller Erfolg. Marlene Dietrich gratulierte ihrer Freundin während des Schlussapplauses auf der Bühne und organisierte in Sardi's Restaurant die Premierenfeier.

Das gut dreieinhalb Stunden lange Musical wurde achtmal pro Woche aufgeführt. Als Hildegard Knef, für die man eigens ein Penthouse über dem Grosvenor Hotel in der Fifth Avenue gemietet hatte, im Mai trotz einer Grippe auftrat, brach sie während einer Vorstellung zusammen und musste daraufhin eine Woche lang aussetzen. »Ein Musical in New York zu spielen ist mit das Härteste, was es gibt«, sagte sie später. »Das hat mich fast umgebracht.«[295]

»Monatelang spielte sie vor ausverkauftem Haus am Broadway, keine Deutsche vor ihr hat das geschafft.«[296] Der Journalist Manfred George hielt die Hauptdarstellerin in *Silk Stockings* für vergleichbar mit Marlene Dietrich und fügte hinzu, Hildegard Knef habe sogar das Potenzial, eine Schauspielerin »von weit größerem Rang als [die] Dietrich« zu werden.[297]

Dem Nachrichtenmagazin *Der Spiegel* zufolge stand Hildegard Knef 675-mal als Ninotschka in *Silk Stockings* auf der Bühne,[298] am 14. April 1956 zum letzten Mal. Eigentlich wäre sie aufgrund des Run-of-the-Play-Vertrags verpflichtet gewesen, im Anschluss an die Broadway-Spielzeit noch einmal mit dem Stück auf Tournee zu gehen, aber ein ärztliches Attest befreite sie davon. Zur gleichen Zeit trennte sie sich von ihrer Agentin Elli Silman, mit der sie und ihre Mutter sich überworfen hatten.

Am 4. Mai gab Hildegard Knef noch eine Abschiedsparty in New York. Dann ging sie mit Frieda Wulfestieg an Bord der SS »America«. Sie war erschöpft und abgemagert. »Ich wiege 44 Kilo, die meisten halten mich für schwindsüchtig, empfehlen diskret Schweizer Hochgebirge, ein stilles Sanatorium. Kuhmilch.«[299] In ihrer Autobiografie schildert sie, wie sie trotz ihrer Entkräftung mit einem Kofferträger in Le Havre in Streit geriet. »Er kratzte sich ausgiebig seinen Stiernacken, wiederholte krötig: ›Vingt Dollar!‹ ›Ecoutez!‹, rief ich und ließ eine Pause, in der ich mich bemühte, Fräulein Weises und aus Filmrollen erlerntes Französisch zu verbindeṅ. ›Ecoutez‹, sagte ich deshalb noch einmal, und dann: ›Nous sommes Allemandes, pas des Américaines! Vingt Dollar!‹ Ich pochte mit dem Zeigefinger dorthin, wo ich meine Stirnmitte wähnte. Nun wurde unser Giftmichel cholerisch, nahm viele bunte Farben an, entschied sich schließlich für schweres Burgunderrot, röhrte: ›Boche ...‹« Schließlich gab sie ihm fünf Dollar, brüllte mit der in den USA für *Silk Stockings* gelernten Atemstütze »Pas avec moi!«[300] und preschte mit dem weißen Cadillac los, den sie aus den USA mitgebracht hatte. Es war ihr erstes fabrikneu gekauftes Auto.

Ein Dreivierteljahr lang erholte sie sich im Beisein ihrer Mutter und ihres Halbbruders in einem Berghaus bei St. Moritz von den Strapazen am Broadway und begann dort auch zu malen. Das Männermagazin *Modern Man* brachte im August-Heft einen mehrseitigen Beitrag über Hildegard Knef. Das Titelbild zeigte sie mit nacktem Oberkörper, nur die Brustspitzen von einem Bettlaken verdeckt, und darunter stand: »Sex Queen of the Eggheads«. Vergeblich versuchte der Süddeutsche Rundfunk sie für einen Auftritt in der Sendung *7 Wünsche* zu gewinnen; Hildegard Knef blieb lieber noch eine Weile in der Schweiz. Erst im Winter kehrte sie nach Berlin zurück, wo ihre Mutter inzwischen eine Wohnung für sie gemietet hatte. Der Regierende Bürgermeister Otto Suhr und eine jubelnde Menge begrüßten sie am 22. Januar 1957, und Hubschrauber warfen Bänder ab, auf denen stand: »Willkommen an den UFAn der Spree«.

Von September bis November 1957 spielte sie unter der Regie von Wolfgang Staudte an Originalschauplätzen in Marokko eine der Hauptrollen in *Madeleine und der Legionär*.

Die *Frankfurter Illustrierte* verlieh Hildegard Knef im Februar 1958 den ersten »Frankfurter Oskar«, und *Der Spiegel* behauptete ein paar Monate später, sie sei »in die Elite der »100 000-D-Mark-Mimen« aufgestiegen.[301]

Bei den Dreharbeiten zu einer Folge der amerikanischen Fernsehserie *International Detective* in London lernte Hildegard Knef im Mai 1959 den sieben Jahre jüngeren Schauspieler David Cameron kennen. Bürgerlich hieß der Sohn einer Schottin und eines Vaters griechisch-italienischer Herkunft Antonio Palastanga. Am Set wechselte Hildegard Knef kaum ein privates Wort mit dem Ehemann der australischen Kollegin Shirley Cameron, aber für den Abend vor ihrem Abflug lud sie ihn überraschend in die Wohnung ein, die man ihr in London zur Verfügung gestellt hatte. David Cameron ging davon aus, dass sie eine Party veranstaltete, stellte dann aber fest, dass er der einzige Gast war. Und als Hildegard Knef im Juli in Berlin der Bundesfilmpreis für die beste weibliche Nebenrolle (in *Der Mann, der sich verkaufte*) verliehen wurde, zeigte sie sich mit ihm als Begleiter. Darüber berichtete die *Bild*-Zeitung unter der Schlagzeile »Sünderin nun auch Ehebrecherin«. Anfang 1960 reichte David Cameron die Scheidung von seiner 28-jährigen Ehefrau ein, aber es dauerte noch zwei Jahre, bis er frei war.

Während eines Aufenthalts mit seiner neuen Lebensgefährtin in England wunderte er sich über die Unmengen von Kleingeld, die sie hortete. Die Erklärung dafür war jedoch ganz einfach: Weil sie sich mit den Münzen nicht auskannte, bezahlte sie stets mit Scheinen, ließ sich herausgeben und kippte dann in ihrem Zimmer ihr Portemonnaie aus. Dass sie die Geldstücke nicht erkennen konnte, hatte auch etwas mit ihrer Sehschwäche zu tun – und ihrer Eitelkeit, die sie lange Zeit davon abhielt, eine Brille aufzusetzen. Bei einem Empfang, erzählt Petra Roek in ihrem Buch, sei Hildegard Knef einmal mit ausgestreckter Hand auf einen Kellner zugeeilt, den sie mit Willy Brandt verwechselt habe.

Die »Marilyn Monroe aus dem Wedding«[302] war am 23. August in der *Hildegarde Neff Show* der BBC zu sehen, aber die Sendung fand keine große Resonanz. Ebenso wenig Lob erhielt die Knef 1960 für die Fernsehaufnahme des Einpersonenstücks *Die geliebte Stimme* von Jean Cocteau im Bayerischen Rundfunk. Erfolgreich war dagegen die Komödie *Nicht von gestern* von Garson Kanin, in der Hildegard Knef und David Cameron unter der Regie von Carl-Heinz Schroth die Hauptrollen spielten. Die Premiere fand am 12. Januar 1961 in Minden statt, und die anschließende Tournee endete im November im Deutschen Theater in München. Während das Ensemble vom 1. bis 27. August in Berlin gastierte, besuchte Henry Miller das Schauspielerpaar zwei Wochen lang. Der Verleger Heinrich Maria Ledig-Rowohlt hatte ihm einen Wunsch erfüllt und den Kontakt vermittelt. Hildegard Knef ließ sich gern darauf ein, weil sie Henry Millers Romane schätzte. »Abends stand Hilde mit *Born Yesterday* auf der Bühne und nachts unterhielt sie sich mit Miller bei Rotwein und Zigaretten bis in die frühen Morgenstunden.«[303] Henry Miller schwärmte von seiner Gastgeberin: »Diese Frau ist randvoll mit Kraft und Vitalität, mit offenem Geist und Courage.«[304]

Am 14. August 1961, einen Tag nach der Abriegelung der Demarkationslinie zwischen dem sowjetisch besetzten Teil Berlins und den drei westlichen Sektoren durch Polizisten und Soldaten der DDR, zogen Hildegard Knef und David Cameron nach Percha am Starnberger See. Kurz darauf holten sie Hildes Mutter und brachten sie in ein Münchner Krankenhaus. »›Nichts als Gastritis‹, hatten drei Ärzte gesagt. ›Kreislauf, Nerven, kein Grund zur Beunruhigung.‹«[305] Doch in Wirklichkeit war es Krebs. Am 22. Dezember starb sie. »Am Nachmittag hatte ich wie so oft um Morphium gekämpft. Die Schwester vorwurfsvoll: ›Es ist meine Pflicht, das Leben zu verlängern.‹ Ich blieb bei ihr, bis sie die Ampulle aufgezogen und injiziert hatte, bis ich Erlösung im Gesicht meiner Mutter sah, die nasse Stirn glatt wurde. Nachts kam der Anruf. Sie war tot, als ich in die Klinik kam, ihr Gesicht gezeichnet von Schmerz und Verzweiflung.«[306]

Zwei Wochen später flog die amerikanische Staatsbürgerin Hildegard Knef im Auftrag Willy Brandts, des Regierenden Bürgermeistes von Berlin, nach Los Angeles und eröffnete dort eine Ausstellung über die geteilte Stadt.

Nach ihrer Rückkehr kam sie auf einem Faschingsball mit Hans Weigt ins Gespräch, dem Herausgeber der Frauenzeitschrift *Madame*. Er wunderte sich darüber, dass die am Broadway gefeierte und von Ella Fitzgerald als die »beste Sängerin ohne Stimme«[307] gelobte Künstlerin nicht mehr aus ihrer musikalischen Begabung machte. Nach ihrem Riesenerfolg in *Silk Stockings* hatte sie nur nebenbei einmal in England eine Jazz-Platte mit Johnny Gregory und seinem Orchester aufgenommen. Hans Weigt riet ihr, mehr zu singen, und vermittelte ihr kurz darauf die Bekanntschaft mit dem Musikproduzenten Wolf Kabitzky, der wiederum Charly Niessen beauftragte, etwas für sie zu komponieren. Am 10. April 1962 unterschrieb Hildegard Knef einen Vertrag mit der Teldec Schallplatten GmbH; es verging jedoch noch ein Jahr, bis ihre zweite Karriere als Chanson-Sängerin Fahrt aufnahm.

Im Frühjahr 1962 stand sie erst einmal in Paris wieder vor der Kamera, und zwar als Madame X in *Der Frauenmörder von Paris* (Regie: Claude Chabrol). Während der Dreharbeiten freundete sie sich mit Françoise Sagan an, der Autorin des Scripts, und mit Ginette Spanier, der Directrice des Modeschöpfers Pierre Balmain, der ihr Designer-Kleider lieh, die sie sich zu diesem Zeitpunkt nicht leisten konnte. Als Pierre Balmain bei einer zufälligen Begegnung auffiel, dass sie eine seiner Kreationen trug, bot er ihr an, zu Freundschaftspreisen für sie zu arbeiten. Und das tat er dann auch 20 Jahre lang, bis zu seinem Tod.

Nach ihrer Rückkehr aus Frankreich heiratete Hildegard Knef im Gemeindeamt von Percha ihren inzwischen von seiner ersten Ehefrau geschiedenen Lebensgefährten David Cameron, und aus der amerikanischen wurde eine britische Staatsbürgerin. Bald darauf zog das Paar in eine größere Villa in Percha um.

David Cameron gab seine eigenen beruflichen Ambitionen auf und stellte sich ganz in den Dienst der Karriere seiner Frau. Das erwartete sie auch von ihm; er sollte »Partner, Beschützer, Manager, Ratgeber – und Vaterersatz« für sie sein.[308] »Sie kreiste eigentlich immer nur um sich selbst«,[309] und in ihrer Egomanie fand sie es unerträglich, wenn er sich mit etwas beschäftigte, das nichts mit ihr zu tun hatte.

1963 konzentrierte Hildegard Knef sich voll und ganz darauf, als Sängerin wahrgenommen zu werden. Im Januar sang sie zwei Lieder aus der *Dreigroschenoper* auf »Hunters Treibjagd«, einem Schwarz-Weiß-Ball des Münchner Klatschkolumnisten Johann Baptist Obermaier alias Hunter, und produzierte mit den beiden Songs auf eigene Kosten eine Single. Als das Zweite Deutsche Fernsehen am 1. April seinen Betrieb aufnahm, sang Hildegard Knef in der Unterhaltungssendung *Berlin-Melodie* das Lied »Ich hab noch einen Koffer in Berlin«. Das war auch der Titel ihrer ersten Solo-Fernsehshow am 16. Mai im ZDF. Nach dieser Vorarbeit veröffentlichte sie im August mit dem Orchester Gert Wilden ihre erste Langspielplatte unter dem Titel *So oder so ist das Leben*. Und am 9. November folgte die Fernsehshow *Hildegard Knef. Portrait in Musik*.

Hildegard Knef erfand sich durch all dies neu und mutierte zur Sängerin. »Die unglaubliche Wandlungsfähigkeit, die Hildegard Knef zeitlebens immer wieder unter Beweis stellte, ließ das Interesse an ihr über Jahrzehnte nicht schwinden. Immer wieder eroberte sie sich neue Publikumskreise. Trotz der vielen Brüche ihres öffentlichen Wirkens ging es mit ihrer Karriere von Mitte der Vierziger- bis Mitte der Siebzigerjahre kontinuierlich bergauf. Als andere Stars des Nachkriegskinos längst schon über Provinzbühnen tingelten, Möbelhäuser eröffneten oder in der Versenkung verschwunden waren, war die Knef immer noch ein Star, der gefragt war, für den man sich interessierte und der etwas zu sagen hatte.«[310]

Im Frühjahr 1964 reiste sie mit ihrem Mann nach Rhodos und Kreta, in den Libanon und nach Jerusalem. Im Hotel auf Rhodos ließ sie sich eine Schreibmaschine kommen und verfasste außer einer Kurzgeschichte mit dem Titel *Des Griechen griechische Nase* die *Liebeserklärung an einen Großvater*, mit der sie ihre Autobiografie beginnen wollte. Zurück in Percha, brach sie die Arbeit an dem Buch jedoch wieder ab, angeblich, weil die Erinnerung an die Kriegserlebnisse sie zu sehr aufwühlten. Jürgen Trimborn vermutet hingegen, dass sie nicht wusste, wie sie ihre Beziehung mit Ewald von Demandowsky darstellen sollte. David Cameron hoffte, sie durch ein Expertenlob zum Weiterschreiben animieren zu können, und schickte dem Cheflektor des Rowohlt-Verlags eine Kopie des Entwurfs. Aber der Schuss ging nach hinten los, denn Fritz J. Raddatz meinte: »Das hält doch kein Schwein aus.«[311] Das blieb Hildegard Knef natürlich nicht verborgen. Nun wollte sie erst recht nicht mehr weiter daran arbeiten.

Die Streitigkeiten des Paares, das mittlerweile im Birkenhof wohnte, einer Villa in Kempfenhausen südlich von Percha, hatten sich zu dieser Zeit bereits so verschärft, dass David Cameron eigentlich nur noch weg wollte. Später erzählte er, Hildegard Knef habe sich ihm in den Weg gestellt, als er mit dem Wagen losfuhr, und ihn mit einer Selbstmorddrohung zum Bleiben genötigt.[312]

In den USA brachte Hildegard Knef die LP *Germany's Hildegarde Neff* heraus, und im Februar 1966 erschien in der Bundesrepublik das erste Album mit von ihr selbst getexteten Liedern: *Ich seh die Welt durch deine Augen.* Es hielt sich 16 Wochen lang in den »Top 10«. Zur gleichen Zeit begann Hildegard Knef mit dem Günter Noris Quintett eine Konzert-Tournee, zu deren Abschluss sie am 15. Mai sogar in der Berliner Philharmonie auftrat. Die Platte dazu – *Die neue Knef. Tournee Live* – schaffte es auf Platz zwei der Charts und blieb noch vier Wochen länger als die vorhergehende in den »Top 10«. Von den Strapazen der Tournee erholte sie sich dann in Acapulco.

Bei einer Silvester-Show lernte sie noch im selben Jahr – 1966 – den fünf Jahre jüngeren Österreicher Hans Hammerschmid kennen. Der erfolgreiche Komponist und Dirigent vertonte und arrangierte im Lauf der Zeit 114 Lieder für Hildegard Knef und brachte sieben Alben mit ihr zusammen heraus.

Zu Beginn ihrer Karriere als Sängerin spielte Hildegard Knef auch noch Theater, so zum Beispiel als Partnerin von Günter Pfitzmann in dem von ihrem Ehemann aus zwei Einaktern von William Hanley zusammengestellten und inszenierten Stück *Mrs Dally*, das im Januar 1965 im Theater in der Leopoldstraße in München Premiere hatte. Und sie drehte auch weiterhin Filme. (Insgesamt spielte sie zwischen 1944 und 2001 in 49 Kino- und acht Fernsehfilmen mit.) Eine Zeitung schrieb 1967: »Heute ist sie ›die Knef‹ – eine Persönlichkeit eigener Prägung, keine ›zweite Dietrich‹, sondern eben: ›die Knef‹.«[313]

Nach den Dreharbeiten zu *Bestien lauern vor Caracas* in England erfuhr sie im November 1967, dass sie schwanger war. Sie tat wohl überrascht, aber David Cameron nahm später an, dass sie es darauf abgesehen hatte, ihn durch ein Kind neu an sich zu binden,[314] und die Haushälterin Annemarie Fuhs meinte ebenfalls: »Das Baby sollte ihre Ehe retten.«[315] Wenn das wirklich Hildegard Knefs Absicht war, erreichte sie ihr Ziel jedoch nicht, denn ihr Mann wollte kein Kind und drängte sie sogar zur Abtreibung, was die Ehekrise nur noch verschärfte. Sieben Wochen vor dem errechneten Geburtstermin, am 16. Mai 1968, setzten bei Hildegard Knef starke Blutungen ein. Statt sich aber von den Sanitätern in ein rund um die Uhr auf Notfälle vorbereitetes Krankenhaus fahren zu lassen, bestand sie darauf, in eine Privatklinik in Gräfelfing gebracht zu werden, wo die Ärzte dann um das Leben der 42-Jährigen kämpften und sie schließlich mit einem Kaiserschnitt von einer Tochter entbanden. Weil die Klinik nicht über einen Inkubator verfügte, musste das Neugeborene mit Blaulicht ins Schwabinger Krankenhaus verlegt werden. Erst Mitte Juni konnte Hildegard Knef die Klinik verlassen und das kleine an zerebraler Kinderlähmung leidende Mädchen durch eine Glasscheibe im Brutkasten sehen. Es dauerte noch einmal einige Tage, bis sie es anfassen durfte. Aber schon am 28. Juni präsentierte sie Christina Antonia (»Tinta«) Palastanga den Medien im Birkenhof, wobei sie von den Reportern allerdings verlangte, dass sie Mund- und Nasenschutz trugen.

Bereits vier Monate später, am 27. Oktober, begann Hildegard Knef in Duisburg mit dem Orchester Kurt Edelhagen eine weitere Konzert-Tournee, obwohl das bedeutete, dass sie ihre Tochter wochenlang nur sporadisch sah. Außerdem ließ sie sich damit wieder einmal auf ein Wagnis ein: »Abgesehen vom gesundheitlichen Risiko war das wirtschaftliche nicht unwesentlich. Zwanzig Musiker zu bezahlen, sie von einem Ort zum anderen zu transportieren und unterzubringen, verschlang Unsummen. Hinzu kam die Unwägbarkeit, wie es klang, wenn sie mit ihrer Stimme gegen den großen Klangkörper einer Big Band ansang. Doch Hilde war fest entschlossen, wieder etwas Neues zu versuchen.«[316] Obwohl Bühnenauftritte für sie eigentlich längst zur Routine geworden waren, litt sie noch immer unter schrecklichem Lampenfieber. »Kurz bevor ich auftrete, gehe ich durch eine Schallmauer, manchmal kann ich das kaum verkraften.«[317]

Als die Tournee nach 38 dreistündigen Konzerten – unter anderem auch wieder in der Berliner Philharmonie – am 14. Dezember in Hannover endete, war sie jedoch mehr als zufrieden, zumal sie auch noch von Musikjournalisten zur »besten Interpretin des Jahres« gewählt wurde und im November in München für drei Millionen verkaufte LPs eine »Goldene Schallplatte« bekommen hatte. Ihre mit unverwechselbarem Timbre und außergewöhnlicher Ausdruckskraft vorgetragenen lakonisch-ironischen Lieder erreichten Kultstatus. Erich Kuby schrieb: »Ich staunte, was für einen tollen Jazz man doch mit gar keiner Stimme, mit weniger als gar keiner Stimme, aber tief, tiefer, am tiefsten und rauchig, rauchiger, am rauchigsten singen kann.«[318]

Insgesamt veröffentlichte Hildegard Knef 23 Original-Alben mit 317 Titeln, von denen sie 130 selbst geschrieben hatte, so zum Beispiel das Lied: *Für mich soll's rote Rosen regnen.*

Der Journalist Will Tremper drängte Hildegard Knef nun dazu, die Arbeit an ihrer Autobiografie wiederaufzunehmen. Als sie seinen Rat Anfang März 1969 befolgte, stellte er ihr eine Sekretärin zur Verfügung und vermittelte ein Gespräch mit dem Wiener Verleger Fritz Molden in Percha. Kurz darauf kam René de Chochor anlässlich des ersten Geburtstages seines Patenkindes Christina zu Besuch, und als er von dem Buchprojekt erfuhr, beschwor er Hildegard Knef, nicht selbst mit einem Verlag zu verhandeln, sondern sich von der Literaturagentur Fritz in Zürich, deren Teilhaber er war, vertreten zu lassen. Paul Fritz holte vor und während der Frankfurter Buchmesse mehrere Angebote ein, aber Fritz Molden blieb am Ball, und am 20. Oktober gab sein Verlag die geplante Veröffentlichung des Buches bekannt.

Hildegard Knef richtete sich mit ihrer Familie, einer Haushälterin und einem Kindermädchen in St. Moritz ein, und im Frühjahr 1970 zog sie etwas weiter, nach Samedan. Dort schrieb sie dann ihre Autobiografie. Die Zeitschrift *Jasmin* begann zwar bereits Ende März 1970 damit, unter dem Titel *Menschenskind* Auszüge zu veröffentlichen, aber Hildegard Knef schloss das Manuskript erst zwei Monate später ab. Die Lektorin Marion Pongracz sagte, das Manuskript sei druckreif gewesen: »Der Text war derart ›fertig‹ und perfekt, dass er im herkömmlichen Sinn eigentlich gar nicht lektoriert werden musste. Ich habe so was in meiner ganzen Laufbahn kein zweites Mal erlebt, und wir haben uns im Verlag natürlich alle gewundert, dass die Knef, die ja niemals vorher ein Buch geschrieben hat, das plötzlich aus dem Nichts heraus so gut konnte. Es waren keine Umstellungen nötig, die Dramaturgie war perfekt, und das Buch war wunderbar erzählt – aus dem Bauch heraus.«[319]

Bevor das Buch im August unter dem Titel *Der geschenkte Gaul** mit einer Startauflage von 50 000 Exemplaren erschien, erholte sich Hildegard Knef mit ihren Angehörigen in Cogolin an der Côte d'Azur. Der *Bericht aus einem Leben* – so der Untertitel – lässt sich ebenso gut als Roman wie als Autobiografie lesen, denn die kluge Autorin hat wirklich etwas zu erzählen, und das tut sie in prägnanten Szenen, ohne Sentimentalität, aber mit viel Ironie und Berliner Humor. Mit wenigen Strichen charakterisiert sie Figuren und macht sie lebendig. Dabei nimmt sie es mit den Daten allerdings nicht so genau und mischt oftmals

---

* Mit dem Titel griff Hildegard Knef vermutlich einen Satz aus der 1953 in *The New Yorker* veröffentlichten Kurzgeschichte *Teddy* von J. D. Salinger auf: »Life is a gift horse in my opinion.«

Fakten und Fiktion. Der Schriftsteller Max Colpet verballhornte den Titel zu »Das verrenkte Maul« und spielte damit auf seine Zweifel am Wahrheitsgehalt einiger Passagen an, aber die meisten Kritiker lobten das literarische Niveau der Autobiografie. So meinte beispielsweise Friedrich Luft, einer der bedeutendsten deutschen Buch- und Theaterkritiker des 20. Jahrhunderts: »Nun kann sie auch noch schreiben. Nun tritt unser Hildchen schon ihre dritte (oder ist es ihre vierte?) Karriere an. Das Mädel kann sich bisweilen in die Nähe richtiger Literaten heranschreiben [...]. Eine Naturbegabung mit Fleiß, Herz und Köppchen und einem Blick, der scheinbar Belangloses fixiert und lebendig und typisch macht.«[320]

Der Verlag verschickte eine von der Autorin besprochene Werbeplatte an 3000 Buchhändler. Und Hildegard Knef präsentierte ihr Buch nicht nur auf der Frankfurter Buchmesse, sondern signierte außerdem nach Fritz Moldens Schätzung in zahlreichen Buchhandlungen 60000 Exemplare[321]. David Cameron übersetzte *Der geschenkte Gaul* für die britischen, amerikanischen und australischen Ausgaben ins Englische. Das Buch wurde aber auch noch in 16 weitere Sprachen übertragen und dadurch ein Weltbestseller. »Für Hildegard Knef ist das Buch, sowohl was ihre Popularität als auch was ihre Finanzen angeht, der Gipfelpunkt ihrer Karriere.«[322]

Im Juni 1971 ließen Hildegard Knef und David Cameron ihre dreijährige Tochter in Samedan zurück und flogen über den Atlantik, um *The Gift Horse. Report on a Life* in den USA zu promoten. Das Buch hielt sich ein Jahr lang auf der Bestsellerliste der *New York Times*, 18 Wochen davon sogar auf Platz eins.

In einer amerikanischen Talkshow überraschte der Moderator Hildegard Knef mit der Frage, wie sie damit leben könne, einen Menschen getötet zu haben. Im ersten Augenblick verschlug es ihr die Sprache. Dann begriff sie, dass er auf die von ihr in *Der geschenkte Gaul* geschilderten Straßenkämpfe im Mai 1945 in Berlin anspielte. Nachdem sie sich gefasst hatte, antwortete Hildegard Knef, sie habe Handgranaten geworfen und mit einem Maschinengewehr geschossen, also sei anzunehmen, dass sie auch jemanden getroffen habe. Jahre später schilderte sie das konkreter: Sie sei von einem Mann mit einem Bajonett angegriffen worden und habe ihn in Notwehr erschossen.[323] Jürgen Trimborn hält das alles jedoch für reine Erfindung.

Die Schauspielerin, Sängerin und Schriftstellerin hatte sich mittlerweile längst zu einer grandiosen Selbstdarstellerin entwickelt. »Die Rolle der kämpferischen, starken Frau, die sie hier spielte, war die größte und beste, die Hildegard Knef je in ihrem Leben gespielt hat – nie war sie als Schauspielerin so überzeugend wie als Hauptdarstellerin ihrer eigenen Lebenslegende.«[324] Sie verstand es dabei nicht nur, sich selbst vorteilhaft zu inszenieren, sondern war auch eine der ersten deutschen Prominenten, die sich auf eine Symbiose mit der Boulevardpresse einließen. Allein die *Bild*-Zeitung war insgesamt rund 400-mal mit Hildegard Knef aufgemacht.[325]

Den Winter 1971/72 verbrachten Hildegard Knef, ihr Mann und ihre Tochter in Hamburg. Dann zogen sie wieder nach Samedan. Dort entließ Hildegard Knef Ende 1972 die Physiotherapeutin, der sie zwei Jahre zuvor ein kleines Vermögen bezahlt hatte, damit sie ihre Praxis in Hamburg schloss und sich ausschließlich um Christina kümmerte, die seit der Geburt an einer Bindegewebsschwäche litt. Kurz darauf ließ Hildegard Knef sehr zum Missfallen ihres Mannes zwei lesbische Freundinnen ihrer verstorbenen Mutter aus Berlin kommen, die sich um Christina kümmern, den Haushalt führen und Sekretariatsarbeiten erledigen sollten.

Im Februar 1973 entzog sie David Cameron die Vollmacht für ihre Konten. Obwohl die Ehe weiterhin zu scheitern drohte, erinnerte sich das Paar nun an die verfallene Mühle aus dem 15. Jahrhundert am Westufer des Traunsees, die es bereits 1969 erworben hatte, und beauftragte einen Architekten mit der Instandsetzung. In dem Gebäudeensemble waren 35 Zimmer vorgesehen, darunter eine 140 Quadratmeter große Wohnhalle. Um die Umbauten besser überwachen zu können, richtete sich David Cameron mit der Familie und den Bediensteten vorübergehend im Jagdschloss Strobl am Wolfgangsee ein.

Nach einem Blutsturz seiner Frau fuhr er sie über 500 Kilometer weit nach Basel, wo ihr am 19. April 1973 der angeblich durch den Kaiserschnitt dauerhaft beschädigte Uterus herausoperiert wurde. Am selben Tag strahlte das ZDF die Show *Knef '73* aus. Einige Wochen später mussten die Ärzte auch noch wegen eines Darmverschlusses ein Stück Darm entfernen. Erst Mitte Juni konnte Hildegard Knef das Krankenhaus wieder verlassen und wurde mit einem Hubschrauber ins Salzkammergut zurückgebracht. Sobald sie sich einigermaßen erholt hatte, ließ sie Anfang August im Salzburger Landeskrankenhaus die linke Brust amputieren – wegen eines Karzinoms, sagte sie, aber David Cameron argwöhnte, dass sie sich das nur einredete. Später nahm er an, dass sie am Münchhausen-Syndrom gelitten habe, einer psychischen Störung, die dazu führt, dass Betroffene körperliche Beschwerden erfinden.[326]

Obwohl die Umbauarbeiten noch längst nicht abgeschlossen waren, zog die Familie mit dem Personal nun in die Mühle am Traunsee. Dort begann Hildegard Knef Anfang 1974 wieder an einem Buch zu arbeiten. Der Molden-Verlag schickte eigens Ingrid Goll, eine unverheiratete Sekretärin Mitte 30, an den Traunsee. Eigentlich sollte sie nur Schreibarbeiten übernehmen, erwarb aber rasch das Vertrauen der Autorin, kümmerte sich dann auch um deren Korrespondenz und erhielt Bankvollmachten, damit sie Rechnungen begleichen konnte. Franz Schrapfeneder, der Nachfolger der Lektorin Marion Pongracz, kam Anfang 1975, um das Manuskript zu lektorieren. Erst jetzt, im Vorfeld der Veröffentlichung von *Das Urteil oder Der Gegenmensch*, sorgte Hildegard Knef dafür, dass die Medien über ihre Brustoperation berichteten. Es sei ihre 56. Operation gewesen, behauptete sie, inszenierte sich als Kranke und tat so, als sei sie zu schwach für Interviews. Als sie ausnahmsweise eine Reporterin ins Haus ließ, sprach sie mit ihr lediglich über das Haustelefon, statt sich zu zeigen. Die Medienkampagne förderte natürlich das Interesse an dem Buch, das im Mai 1975 auf den Markt kam. Hildegard Knef berichtet darin über ihre Erfahrungen mit Ärzten und Krankenhäusern. Während in *Der geschenkte Gaul* schnoddrig hingeworfene Sätzen auf hohem Niveau für Unterhaltung sorgen, bemüht sich die Autorin in *Das Urteil* krampfhaft um originelle Formulierungen.

Eigentlich ist es erstaunlich, dass Hildegard Knef zu diesem Zeitpunkt überhaupt noch in der Lage war, ein Buch zu schreiben, denn während sie daran arbeitete, war sie hochgradig medikamentenabhängig. Später hieß es, dies sei eine Folge der Heptadon*-Injektionen gewesen, mit denen 1973 ihre Schmerzen gelindert wurden. Die Disposition dafür könnte aber auch schon in den Fünfzigerjahren entstanden sein, als Marlene Dietrich die erkrankte Hauptdarstellerin von *Silk Stockings* großzügig mit Arzneimitteln versorgt hatte. Jürgen Trimborn erwähnt in seiner Biografie zudem einen alkoholkranken Dorfarzt, der Hildegard Knef mit »süchtig machenden Spritzen« versorgt habe.[327] Sie verabreichte sich das Heptadon auch selbst. »Ich setze zum bedeutsamen Weitsprung an: injiziere selbst. Intramuskulär. Tupfer Stich Pflaster. Der Oberschenkel brennt ein

---

* Heptadon lautet in Österreich der Handelsname des Heroin-Ersatzstoffes Methadon, eines synthetisch hergestellten Opioids mit starker schmerzstillender Wirkung.

wenig, doch dann trudeln die Springfluten der Befreiung an.«[328] David Cameron schloss aus von ihm aufgefundenen Rechnungen, dass sie zehn Heptadon-Injektionen pro Tag benötigte.[329] Petra Roek spekuliert sogar darüber, dass es 15 gewesen seien.[330]

Aufputschmittel verstärkten die Stimmungsschwankungen, den Jähzorn und die Tobsuchtsanfälle der Künstlerin. »Immer wenn etwas Unvorhergesehenes passierte, wenn nicht alles ihrer Vorstellung entsprach, nur ein kleines bisschen schief ging, lud sie ihren sofort aufflackernden, furchterregenden Zorn auf den Nächstbesten ab. Sie zischte, fauchte, brüllte, schmiss Türen, dass das Haus, egal wessen oder wie groß, vom Keller bis zum Dach wackelte.«[331] Einmal soll sie geschrien haben: »Schmeißt das Schwein raus!«[332] Damit war David Cameron gemeint.

Im August 1975 kam Davids Bruder Peter Palastanga mit seiner Frau und dem zehnjährigen Sohn zu Besuch. Hildegard Knef verhielt sich äußerst abweisend und weigerte sich, mit den anderen nach Tirol zu fahren. Sie bestand auch darauf, dass Christina bei ihr blieb. Die Ausflügler übernachteten bei Hans Hammerschmid. Als sie wieder zurückkamen, waren Hildegard Knef und ihre Tochter nicht mehr da. David Cameron spürte sie schließlich telefonisch bei ihrer Freundin Gabriele Henkel und deren Ehemann Konrad in Kufstein auf.

Ohne David inzwischen noch einmal gesehen zu haben, traf Hildegard Knef Ende August in Berlin ein. Dort wohnte sie während der Dreharbeiten für die Verfilmung des Romans *Jeder stirbt für sich allein* mit Christina, Ingrid Goll, einer Privatlehrerin ihrer Tochter und zwei Leibwächtern in der 200 Quadratmeter großen Bellevue-Suite des Hotels Kempinski am Kurfürstendamm. Weil sie angeblich mit ihm reden wollte, flog auch David Cameron im Oktober nach Berlin, aber als Hildegard Knef ihn vom Flughafen Tegel abholte, hatte sie außer Christina, dem Kindermädchen und zwei Leibwächtern auch noch den

Direktor des Hotels Kempinski dabei. Es war, als wollte sie eine Aussprache vermeiden. Zum Essen im Hotel kamen noch Freunde dazu. »Sie war in einem grauenvollen Zustand, sie war laut, penetrant, lallte und grölte nur.«[333] Nach einem Streit ließ Hildegard Knef ihren Mann noch in derselben Nacht vom Hotelpersonal hinauswerfen. Zweieinhalb Wochen später, am 6. November, gab ihr Rechtsanwalt bekannt, dass sie sich scheiden lassen werde. »Warum meine Ehe gescheitert ist« lautete die Schlagzeile, unter der die Illustrierte *Stern* ein Interview mit Hildegard Knef druckte.[334] Zur gleichen Zeit beendete sie auch die Zusammenarbeit mit ihrem Verleger Fritz Molden. *Die Zeit* stöhnte: »Und so geht es nun seit Monaten schon: Hildegard Knef leidet an Krebs, Hildegard Knef kämpft gegen die Ärzte, Hildegard Knef wirft ihren Mann aus dem Hotel, Hildegard Knef verkracht sich mit ihrem Verleger, Hildegard Knef ist süchtig. Schrecklich.«[335]

Weil David Cameron mit einem Eilantrag dafür sorgen wollte, dass Christina in Berlin zur Schule geschickt wurde, suchten zwei Vertreter des Jugendamtes Hildegard Knef im Hotel auf und entschieden dann, dass die Siebenjährige vorerst bei der Mutter bleiben und weiterhin von einer Privatlehrerin unterrichtet werden sollte.

Noch während des Aufenthalts im Hotel Kempinski machte Hildegard Knef angeblich einen Entzug. Am 10. Dezember jubelte *Bild*: »Geschafft! Knef wieder gesund!« Ob es diesen schnellen Erfolg tatsächlich gab, ist allerdings zweifelhaft.

Überraschend widerrief Hildegard Knef am Rande der Premierenfeier für *Jeder stirbt für sich allein* ihre Scheidungsabsicht und kehrte Anfang Februar 1976 mit der Tochter, Ingrid Goll, einem Leibwächter, weiteren Bediensteten, einem Freund und dessen Lebensgefährten an den Traunsee zurück. Aber die Ehe war offenbar nicht mehr zu retten. Am Ende einer von den

Medien eifrig verfolgten Auseinandersetzung vor allem um das Sorgerecht für Christina wurden Hildegard Knef und David Cameron schließlich am 4. Juni 1976 vor dem Bezirksgericht in Wels geschieden. Carroll Righter kam eigens aus den USA, um seiner Freundin beizustehen. Die Immobilie am Traunsee sollte verkauft und der Erlös aufgeteilt werden, aber vorerst blieb David Cameron noch dort wohnen, während seine Ex-Frau mit Christina nach Berlin zurückkehrte.

Ihre Freundin Renate Freifrau von Hadeln überredete einen Bekannten, der Künstlerin beim Umzug zu helfen. Paul Rudolph Freiherr von Schell zu Bauschlott ging ihr dann auch bei der Einrichtung der inzwischen in Charlottenburg gemieteten 180 Quadratmeter großen Wohnung zur Hand und übernachtete währenddessen in einem der sieben Zimmer. Der ungarische Aristokrat, der 1949 mit seinen Eltern und Geschwistern in die USA emigriert war, machte sich rasch unentbehrlich, verdrängte Ingrid Goll und teilte schließlich auch das Bett mit seiner 15 Jahre älteren Auftraggeberin. Am 1. Juni 1977 ließen die beiden sich auf dem Standesamt Berlin-Charlottenburg trauen. An der Hochzeitsfeier im Hotel Kempinski nahmen der Regierende Bürgermeister Klaus Schütz und andere Prominente teil. (David Cameron hatte eine Woche zuvor die 29-jährige österreichische Gräfin Dorothea Lamberg geheiratet.)

Nach der Eheschließung reiste das Paar nach Griechenland, wo Hildegard Knef auf der Insel Lefkas unter der Regie von Billy Wilder die Titelrolle in dem Film *Fedora* spielte. Und nach der Rückkehr mietete das Ehepaar eine Villa in Berlin-Dahlem.

»Hildegard Knef. Mit neuem Gesicht eine neue Karriere«, lautete eine Schlagzeile am 10. Dezember 1979.[336] Wie in dem Artikel angekündigt, ließ sich die Künstlerin am Tag darauf in einer fünfstündigen Operation in Lausanne das Gesicht liften. (Die Nase hatte sie sich bereits mit 31 Jahren richten lassen.)

Noch in der Klinik gab sie ein Interview. Und am 1. März 1980 sprach sie in der Fernsehsendung *Auf los geht's los* mit Joachim Fuchsberger demonstrativ über die Schönheitsoperation.

Trotz eines schwachen Vorverkaufs begann Hildegard Knef am 15. September 1980 in der Berliner Philharmonie mit einer auf eineinhalb bis zwei Jahre und 200 Konzerte angelegten »Welttournee«. Als ihr der Gedanke kam, Bühnenkleider von Yves Saint-Laurent zu tragen, wandte sie sich an Marlene Dietrich in Paris und erwartete von ihr, dass sie den vielbeschäftigten Modeschöpfer dazu bringen würde, für sie alles liegen und stehen zu lassen. Marlene Dietrich hielt das allerdings für »hellen Größenwahn«. Außerdem warnte sie ihre Freundin: »Kein Mensch in Amerika weiß etwas von Deiner sogenannten ›Tournee‹. BITTE WACHE AUF!!!!«[337]

Aber erst nach einer Reihe von Auftritten in nicht einmal halb vollen Sälen in Deutschland, Österreich und den Niederlanden kam Hildegard Knef zur Besinnung und brach die geplante »Welttournee« ab.

Im Sommer 1982 mietete sie eine Villa in Hollywood und schrieb dort außer ihrem sechsten Buch – *So nicht* – eine Artikelserie über Romy Schneider für die Illustrierte *Bunte*, aus der sie später das Buch *Romy. Betrachtung eines Lebens* machte. Rechtzeitig zur Frankfurter Buchmesse kehrte sie Anfang Oktober nach Deutschland zurück. Magda Schneider protestierte dagegen, dass Hildegard Knef sich als Freundin ihrer toten Tochter ausgab, und Marlene Dietrich schrieb in ihr Exemplar des Buches: »Chuzpe! Sie kannte sie nicht! [...] Achtet darauf, dass sie nicht über mich schreibt!«[338]

Weil das Interesse an ihren Filmen, Konzerten, Platten und Büchern deutlich nachgelassen hatte, zog Hildegard Knef in einem Interview über die Deutschen her.[339] *Bild* zitierte sie sogar mit den Worten »Ich hasse alle Deutschen!«. Verärgert verließ sie im Dezember 1982 Berlin und zog mit ihrem Mann und ihrer inzwischen 14-jährigen Tochter nach Hollywood. Daraufhin spekulierten die Medien, sie sei wohl auch wegen ihrer Schulden aus Deutschland geflohen.[340] »Die rund zweihunderttausend Mark an Buchtantiemen, die jährlich an die Knef überwiesen werden, sind nur ein Tropfen auf den heißen Stein. In Deutschland werden Vollstreckungs- und Pfändungsbeschlüsse gegen sie verhängt, und da nichts zu holen ist, wird ihr Konto bei der Münchener Gema [...] gesperrt.«[341] Die Illustrierte *Quick* schrieb: »Sie muss immer arbeiten, verdienen, ein Ehemann ist da, ein kesser Sekretär, ein Sekretär des Sekretärs. Immer mehr Leute, die sich klettenhaft heranwanzen.«[342]

Zuerst sah es so aus, als wolle sie Deutschland tatsächlich für immer meiden. Aber im November 1985 kam sie dann doch für vier Tage nach Berlin, wo anlässlich ihres bevorstehenden 60. Geburtstages für die Fernsehdokumentation *Nein, ich gebe niemals auf* gedreht wurde. Den Geburtstag feierte Hildegard Knef zwar in Los Angeles, aber sie arbeitete jetzt wieder vor allem in Deutschland. Am 19. Januar 1986 begann sie im Deutschen Theater in München eine zehn Konzerte umfassende Tournee mit dem Titel »Stationen meines Lebens«. Angeblich wurden für das Eröffnungskonzert nicht mehr als 100 Karten verkauft.[343] Ein Kritiker schrieb: »Sie singt falscher als früher. Sie torkelt, muss sich immer wieder am Flügel festhalten.«[344] Ab Oktober 1987 spielte sie dann im Theater des Westens in Berlin die Rolle des Fräulein Schneider in dem Musical *Cabaret* von John Kanders und Fred Ebbs. Außerdem stellte sie in Berlin und München unter dem Titel »Los Angeles. Eindrücke zwischen Armut und Reichtum« 40 Gemälde aus, die sie in den vergangenen drei Jahren gemalt hatte.

Im August 1989 kehrten Hildegard Knef und Paul von Schell schließlich ganz nach Deutschland zurück. (Christina Palastanga hatte inzwischen in Beverly Hills den Medienmanager Peter Gardiner geheiratet und blieb in Kalifornien.) Zunächst kamen die beiden Heimkehrer bei Freunden unter. Dann richteten sie sich in einer Dachwohnung in München-Bogenhausen ein, und weil ihre Konten wegen der Schulden gesperrt waren, sprang die Armenhilfe des Paul-Klinger-Sozialwerks für die Umzugskosten ein.

Fünf Jahre später zogen sie wieder nach Berlin, und nach einem monatelangen Aufenthalt bei Freunden quartierten sie sich im Juli 1995 im Hotel Schweizerhof ein. (Später mieteten sie zunächst in Grunewald, dann in Zehlendorf eine Wohnung.) Ein Vierteljahr nach ihrer Rückkehr verlieh der Regierende Bürgermeister Eberhard Diepgen Hildegard Knef den Großen Verdienstorden des Landes. Das Bundesverdienstkreuz hatte ihr der Kulturattaché der deutschen Botschaft in Wien bereits im Januar 1975 überreicht.

Aus Anlass ihres 70. Geburtstags am 28. Dezember 1995 sendete das ZDF einen Dokumentarfilm mit dem Titel *Für mich soll's rote Rosen regnen. Hildegard Knef zwischen gestern und heute*. Darin erzählt die Diva Anekdoten aus ihrem Leben, besucht ihr wichtige Orte in Berlin und trifft Menschen wie Else Bongers und Boleslaw Barlog, die sie gefördert hatten.

Ausgerechnet an ihrem Geburtstag stellte ihr ein Gerichtsvollzieher einen Pfändungsbeschluss zu. Eine Woche später wurde sie mit einer Lungenentzündung sowie Herz- und Kreislauf-Problemen in ein Krankenhaus gebracht. Während ihres vierwöchigen Klinikaufenthalts klagte sie in einem Interview, sie sei trotz der 35 Millionen D-Mark, die sie mit ihren Filmrollen, Theaterengagements, Konzerten, Schallplatten und Büchern verdient habe, mit 250 000 D-Mark verschuldet.[345]

In der Fernsehsendung *Gottschalk Late Night* hatte Hildegard Knef bereits 1994 die Kreation und Vermarktung eines Parfüms angekündigt; daraus war aber nichts geworden. 1997 versuchte sie sich stattdessen als Modemacherin (»Knef Fashion«). Aber auch auf diesem Gebiet blieb ihr der Erfolg versagt. Neue Wege ging Hildegard Knef dann noch einmal in der Musik: Nachdem sie bereits 1992 mit der NDW*-Gruppe Extrabreit und 1995 mit der Rockband Engel wider Willen zusammengearbeitet hatte, nahm sie 1999 mit dem 28-jährigen Jazztrompeter Till Brönner zusammen die Platte *17 Millimeter* auf.

Am 8. Februar 1999 wurde Hildegard Knef mit einer Goldenen Kamera für ihr Lebenswerk ausgezeichnet. Den Bundesfilmpreis mit Filmband in Gold hatte sie dafür schon 22 Jahre zuvor bekommen. Am 15. November 2001 erhielt sie für ihr Lebenswerk außerdem einen Bambi, aber da war sie nach immer häufigeren Krankenhausaufenthalten bereits zu geschwächt, um ihn persönlich entgegenzunehmen. Das tat ihr Kollege Günter Pfitzmann für sie.

Sie lag auch im Krankenhaus, als sie im Sommer 2001 auf ihren Wunsch hin wieder in Deutschland eingebürgert wurde. Mit dem Wunsch nach einem deutschen Pass war sie an Bundeskanzler Gerhard Schröder herangetreten, als dieser ihr zum 75. Geburtstag gratuliert hatte.

Ihr letzter öffentlicher Auftritt erfolgte am 17. Januar 2002 in der *Johannes B. Kerner Show*. Allerdings saß sie dabei nicht mit im Studio, sondern war von dem Bungalow in Kleinmachnow südwestlich von Berlin zugeschaltet, den Paul von Schell während ihres dreimonatigen Krankenhausaufenthalts im Sommer 2001 gemietet hatte, um ihr das Treppensteigen zu ersparen.

In der Nacht auf den 31. Januar verschlechterte sich ihr Gesundheitszustand so, dass sie als Notfall in eine auf Lungenerkrankungen spezialisierte Klinik gebracht werden musste.

---

* Neue Deutsche Welle, die deutschsprachige Variante der New Wave in der Punk-Musik

Dort starb die 76-Jährige am 1. Februar gegen zwei Uhr früh an einer schweren Lungenentzündung.

Lebendig blieb die Erinnerung an die Künstlerin, die sich als Schauspielerin, Buchautorin, Sängerin und Texterin drei großartige Karrieren erarbeitet hatte. 2003 wurde am Stadttheater Wilhelmshaven eine Musical-Version ihres Buches *Der geschenkte Gaul* uraufgeführt, und 2009 kam die Hommage *Hilde* mit Heike Makatsch als Hauptdarstellerin in die Kinos.

Margaret Thatcher
(1925 – 2013)

»EISERNE LADY«

Mit Meinungsfestigkeit, Zielstrebigkeit und Durchsetzungsfähigkeit schaffte es die Tochter eines Lebensmittelhändlers an die Spitze der britischen Regierung. Entschlossen verteidigte sie die Interessen ihres Landes, selbst wenn sie dazu Krieg führen musste. Aber die Stärken der »Eisernen Lady« verwandelten sich im Lauf der Zeit in Schwächen, denn durch ihre Unnachgiebigkeit, Intoleranz und Selbstgerechtigkeit war sie nicht in der Lage, sich auf Kompromisse einzulassen und anderen zu vertrauen.

Alfred Roberts war das fünfte von sieben Kindern eines Schuhmachers. Er wäre gern Lehrer geworden, aber im Alter von zwölf Jahren musste er 1904 den Schulbesuch beenden, um als Ladenhelfer zum Unterhalt der Familie beizutragen. Nach dem Abbruch der Schule ging er bei einem Gemüsehändler in Grantham, 35 Kilometer östlich von Nottingham, in die Lehre. Die versäumte Schulbildung versuchte Alfred Roberts zeitlebens durch viel Lesen autodidaktisch nachzuholen.

Knapp sechs Wochen nach seinem 25. Geburtstag heiratete

er 1917 die Näherin Beatrice Stephenson, Tochter einer Fabrikarbeiterin und eines Toilettenmanns bei der Bahn. Das Paar wohnte zunächst bei Beatrices verwitweter Mutter in Grantham. Nach dem Ersten Weltkrieg erwarb Alfred Roberts dort einen Lebensmittelladen mit Poststation und zog mit seiner Frau und seiner Schwiegermutter in die Wohnung darüber. Beatrice Roberts gebar zwei Töchter: Muriel und deren vier Jahre jüngere Schwester Margaret, die am 13. Oktober 1925 auf die Welt kam.

Margaret Roberts gewann im Alter von neun Jahren auf einem Musikfest in Grantham einen Rezitierwettbewerb. Als der Veranstalter ihr zu ihrem Glück gratulierte, entgegnete sie pikiert: »Ich hatte nicht Glück. Es steht mir zu.«[346]

Mit zwölf Jahren kam Margaret dann erstmals nach London. Sie fuhr die 150 Kilometer lange Strecke im Zug ohne Begleitung und hielt sich eine Woche lang bei Familienfreunden auf. Der Besuch in der Großstadt war für das Kind ein aufregendes Ereignis.

Die Eltern hatten vier Jahre nach dem ersten Laden einen zweiten eröffnet und sich inzwischen einen bescheidenen Wohlstand erarbeitet. Sogar ein Dienstmädchen konnten sie sich leisten. Alfred Roberts übte in Grantham eine Reihe ehrenamtlicher Tätigkeiten aus; zum Beispiel war er Mitglied der Handelskammer und Präsident des Rotary Club. Im Zweiten Weltkrieg übernahm er die Verantwortung für den Zivilschutz, dann ließ er sich in den Stadtrat wählen und leitete den Finanzausschuss. 1945/46 amtierte er als Bürgermeister. Eines seiner Hauptanliegen war es, die Steuersätze niedrig zu halten. »Als frommer Methodist unterschied er nicht zwischen kommerziellen, politischen und religiösen Werten. Er war gleichzeitig Ladenbesitzer, Lokalpolitiker und Laienprediger, führte sein Geschäft nach ethischen Grundsätzen und propagierte Geschäftsprinzipien in der Politik.«[347] Seiner Tochter Margaret soll er schon früh geraten haben: »Gehe niemals mit der Menge.«[348]

Aufgrund ihrer hervorragenden schulischen Leistungen wurden Margaret Roberts bereits vor dem Abschluss Studienplätze angeboten, aber sie wollte nicht nur irgendwo Chemie studieren, sondern unbedingt an der Eliteuniversität Oxford. Ende 1942 unterzog sie sich deshalb der Aufnahmeprüfung und erhielt eine Zusage des Somerville College* für Oktober 1944. Weil aber eine andere Kandidatin ausfiel, brauchte sie letztlich doch nicht so lange zu warten, sondern konnte bereits im Oktober 1943 – bald nach dem Schulabschluss – ihr Studium beginnen. Sie schloss sich der John Wesley Society an, der Gemeinschaft christlicher Studenten in Oxford, und engagierte sich in der Oxford University Conservative Association. Schon damals war sie davon überzeugt, dass der Sozialismus bekämpft werden müsse, und zwar in der britischen Innenpolitik ebenso wie im Kalten Krieg zwischen Ost und West. »Sie betrachtete die Welt als Schlachtfeld gegensätzlicher Kräfte: Gut und Böse, Freiheit und Tyrannei, ›wir‹ gegen ›sie‹.«[349]

Unmittelbar nach dem Zweiten Weltkrieg engagierte sich Margaret Roberts im Wahlkampf für den konservativen Kandidaten in ihrem Wahlkreis und hielt auch ihre ersten politischen Reden. Janet Vaughan, die 1945 die Leitung des Somerville College übernommen hatte, erinnerte sich später an Margaret: »Sie faszinierte mich. Ich redete oft mit ihr; sie war ein seltsamer Vogel. Warum? Sie war eine Konservative. Sie fiel auf. […] sie war eine Konservative bis auf die Knochen.«[350] Ende September 1946 wurde Margaret Roberts dann zur Präsidentin der Oxford University Conservative Association gewählt, und kurz darauf nahm sie erstmals am Parteitag der Conservative Party in Blackpool teil.

---

* Das nach der Mathematikerin Mary Somerville benannte, zur University of Oxford gehörende College wurde 1879 als eine der ersten Hochschulen für Frauen gegründet. Erst seit 1994 sind auch männliche Studenten zugelassen.

Im Sommer 1947 erwarb sie den Bachelor-Titel. In den vier Jahren, die sie bis dahin in Oxford verbracht hatte, scheint sie keinen Verehrer gehabt und auch keine enge Freundschaft geschlossen zu haben. Die junge Akademikerin blieb »ohne Gespür für Ironie oder Humor, intolerant gegenüber Unklarheiten und Mehrdeutigkeiten«[351]. »Sie [...] glaubte an Ordnung, Fleiß und gutes Betragen, sie verabscheute Dekadenz und Hemmungslosigkeit.«[352] Während Margaret Roberts ihr Studium bis zum Master-Abschluss fortsetzte, arbeitete sie 18 Monate lang im Forschungslabor eines Plastikherstellers in Essex.

Beim Parteitag der Torys Anfang 1948 im walisischen Seebad Llandudno wurde sie John Miller vorgestellt, dem Vorsitzenden der Dartford Conservative Association. Weil Dartford/Kent zu den Hochburgen der Labour Party zählte, fiel es ihm schwer, einen Kandidaten für die Unterhauswahlen zu finden. Doch Margaret Roberts erklärte sich bereit, diese Aufgabe zu übernehmen. Beim offiziellen Nominierungstreffen am 28. Februar 1949 beeindruckte die 23-Jährige die Anwesenden durch eine kämpferische Rede. Einer der Zuhörer, der seit Anfang 1948 von seiner ersten Frau geschiedene Geschäftsmann Denis Thatcher, fuhr die frisch gekürte Kandidatin der Konservativen anschließend nach London, und von dort nahm sie den letzten Zug nach Colchester/Essex, wo sie inzwischen wohnte. (Er selbst lebte und arbeitete im Londoner Stadtteil Chelsea.)

Im Frühsommer zog Margaret Roberts in ihren Wahlkreis London-Dartford. Eine neue Arbeitsstelle fand sie als Chemikerin bei einem Nahrungsmittelproduzenten in London-Hammersmith. Ihren Wahlkampf führte sie mit dem Slogan: »Vote Right to Keep What's Left«. Dass sie es beim ersten Anlauf schaffen würde, sich gegen ihren Widersacher zu behaupten, war kaum zu erwarten, und so unterlag sie denn auch bei der Wahl am 23. Februar 1950 dem Labour-Konkurrenten.

Weil die Labour Party auch die Mehrheit im Stadtrat von Grantham gewann, endete der politische Aufstieg Alfred Roberts' in dem Augenblick, in dem seine jüngere Tochter die ersten Schritte für eine eigene politische Karriere versuchte.

Margarets Kontakt zu dem zehn Jahre älteren Denis Thatcher war nach der ersten Begegnung mit ihm nicht mehr abgerissen. Schließlich heirateten die beiden am 13. Dezember 1951 in der methodistischen Wesleyan Chapel in London. Die Hochzeitsreise nach Madeira verband Denis Thatcher mit geschäftlichen Besprechungen in Frankreich und Portugal. Margaret war bei dieser Gelegenheit zum ersten Mal im Ausland. Der Biograf John Campbell versucht nachzuvollziehen, wie die junge Politikerin über die Nationen auf dem Kontinent dachte: »Von Grantham aus gesehen, waren die Völker auf dem Kontinent entweder verhasste Feinde, die es zu besiegen galt, oder nutzlose Verbündete, die durch die Briten und Amerikaner vor den Folgen ihrer Schwäche bewahrt werden mussten. Im Gegensatz dazu waren die Amerikaner Verwandte, Partner, Freunde: mächtig und großzügig, die Retter der Demokratie, die Verteidiger von Freiheit, Wohlstand und Fortschritt.«[353]

Nach den Flitterwochen zog Margaret zu ihrem Mann nach Chelsea, kündigte ihre Stelle und fing an, Jura zu studieren. Um Geld brauchte sie sich ja nun keine Sorgen mehr zu machen. Ihre Eltern besuchte sie nur selten, denn weder sie noch Denis waren besondere Familienmenschen. Trotzdem wünschte Margaret Thatcher sich Kinder, das gehörte schließlich auch zu ihrem konservativen Rollenverständnis. Am 15. August 1953 gebar sie nach acht Monaten Schwangerschaft das Zwillingspaar Carol und Mark. »Das war ein wunderbares Beispiel für Thatchers Effizienz: zwei Babies für den Preis von einem, ein Junge und ein Mädchen in einer einzigen Sparpackung, ein Lehrbeispiel für Produktivität.«[354] Die Eltern stellten daraufhin ein

Kindermädchen ein und mieteten für die Nanny und die Kinder die Nachbarwohnung.

Bereits vier Monate nach der Entbindung schloss Margaret Thatcher ihr Jura-Studium ab, und im Januar 1954 wurde sie als Rechtsanwältin zugelassen.

Als der 67 Jahre alte konservative Unterhausabgeordnete Sir John Crowder im März 1958 bekannt gab, dass er nicht noch einmal kandidieren werde, dachte er sicher an einen Mann als Nachfolger. Doch Ende Juli wurde Margaret Thatcher für seinen Wahlkreis Finchley im Nordwesten Londons aufgestellt. Zum Tragen kam dies, als Premierminister Harold Macmillan im Herbst des folgenden Jahres Neuwahlen ankündigte. Margaret Thatcher wurde daraufhin am 8. Oktober 1959 ins Unterhaus gewählt und erhielt dabei deutlich mehr Stimmen als alle Konkurrenten zusammengenommen. Sie war nun eine von zwölf weiblichen Abgeordneten der konservativen Partei. (Die Zahl der männlichen betrug 333.)

Um kritischen Stimmen zuvorzukommen, betonte sie in einem Zeitungsinterview, dass sie jeden Abend zu Hause anrufe und sich nach den Kindern erkundige.[355] Während sie selbst in einer streng religiösen Methodistenfamilie aufgewachsen war, zwang Margaret Thatcher ihren Kindern keinen Glauben auf und überließ es ihnen, ob sie den Gottesdienst besuchen wollten oder nicht.

Vier Tage vor ihrem 36. Geburtstag wurde Margaret Thatcher zur parlamentarischen Staatssekretärin im Ministerium für Renten und Sozialversicherungen ernannt.* Sie war damit die jüngste Frau und erste Mutter kleiner Kinder in diesem oder einem vergleichbaren Regierungsamt.

Bei den Unterhauswahlen am 15. Oktober 1964 verteidigte

---

* Parliamentary Undersecretary im Ministry of Pensions and National Insurance

Margaret Thatcher zwar erfolgreich ihr Mandat, aber die Conservative Party verlor die Mehrheit, und der Labour-Parteichef Harold Wilson übernahm das Amt des Premierministers, während die Torys in die Opposition wechselten.

Die Kinder Mark und Carol besuchten inzwischen zwei der teuersten Privatschulen Englands. Denis Thatcher, der sich damit abfand, dass seine Frau wenig Zeit für die Familie hatte, kämpfte um die Existenz des Familienunternehmens. Schließlich gelang es ihm, die angeschlagene Firma an das Unternehmen Castrol zu verkaufen und von den neuen Eigentümern in den Vorstand berufen zu werden.

Im Frühjahr 1967 flog Margaret Thatcher erstmals in die USA. Sie verbrachte dort sechs Wochen im Rahmen eines Programms für aufstrebende britische Politiker. Zwei Jahre später besuchte sie auch die UdSSR. Der Oppositionsführer Edward Heath holte sie im Herbst 1967 in sein Schattenkabinett, wo sie zunächst den Bereich Energieversorgung abdeckte. Nach einiger Zeit wechselte sie zum Ressort Transportwesen, und noch etwas später übernahm sie die Zuständigkeit für das Erziehungssystem.

Als Margaret Thatcher feststellte, dass ihre rhetorischen Fertigkeiten vor allem fürs Fernsehen verbessert werden mussten, ließ sie sich 1970 von Gordon Reece unterrichten. Der Journalist und Fernsehproduzent wurde zu einem ihrer langjährigen Berater. Er war auch noch an der Formulierung ihrer Rücktrittserklärung als Parteivorsitzende und Regierungschefin im November 1990 beteiligt. Aber wir wollen nicht vorgreifen.

Nach dem Wahlsieg der Torys bei den Unterhauswahlen am 18. Juni 1970 kehrten sie mit Premierminister Edward Heath an die Macht zurück, und Margaret Thatcher übernahm das Kultur- und Wissenschaftsministerium. Vier Tage nach der Wahl kam sie in ihr neues Büro und zeigte von der ersten Minute an, dass sie die Chefin war. »Sie war [...] eine Kämpferin. Über die Sturheit, mit der sie ihre Beamten zur Verzweiflung brachte, freuten sich diese, wenn sie gegen andere Behörden eingesetzt wurde. Sie konnte ›brutal‹ sein und ›ein Rüpel‹; aber auf der anderen Seite war sie ›stark, entschlossen und starrsinnig genug, um den Finanzminister mürbe zu machen‹. [...] Am Ende hielt man sie widerstrebend für eine der besten unter den neueren Ministerinnen und Ministern.«[356]

Ihre erste Herausforderung bestand darin, die vom Kabinett beschlossenen Budgetkürzungen für ihr Ministerium aufzufangen. Um die Ausgaben zu reduzieren, erhöhte sie die Preise für das Schulessen und beendete die kostenlose Verteilung von Milch an sieben- bis elfjährige Schüler. Obwohl die Schulmilch für ältere Schüler bereits von der Labour-Regierung abgeschafft worden war, löste dieser Schritt eine Welle der Empörung aus, mit der Margaret Thatcher nicht gerechnet hatte. Ausgerechnet eine Frau, noch dazu eine Mutter, nahm den Kindern die Milch weg! Man beschimpfte Margaret Thatcher als »milk snatcher« (Milchräuberin). Später klagte sie: »Ich hatte mir das Maximum politischer Anfeindung gegen ein Minimum politischen Nutzens eingehandelt.«[357] 1971 kamen Gerüchte auf, denen zufolge Premierminister Edward Heath beabsichtigte, seine Kultur- und Wissenschaftsministerin zu entlassen, und die Zeitung *Sun* bezeichnete sie als »die unbeliebteste Frau in Großbritannien«[358]. Es dauerte einige Zeit, bis sie sich davon erholte.

Das Vereinigte Königreich von Großbritannien und Irland wurde am 1. Januar 1973 Mitglied der Europäischen Wirtschaftsgemeinschaft. Zehn Jahre zuvor war der angestrebte Beitritt noch am Veto Frankreichs gescheitert. Margaret Thatcher begrüßte diesen Schritt. Das ist insofern bemerkenswert, als sie später als Quertreiberin der europäischen Integration auftrat.

Die Inflationsrate in Großbritannien kletterte in der ersten Hälfte der Siebzigerjahre auf 24 Prozent. Und die Zahl der Arbeitslosen überschritt Anfang 1972 die Millionengrenze. Es verwundert daher nicht, dass die Torys bei den Unterhauswahlen am 28. Februar 1974 abgestraft wurden und die Labour-Party wieder die Regierung übernahm. Premierminister Harold Wilson ließ nach neun Monaten gleich noch einmal wählen, um die Mehrheit auszubauen. Margaret Thatcher wurde allerdings bei beiden Wahlen als Abgeordnete bestätigt.

Nach dem Wahldebakel der Torys drängten führende Parteimitglieder Edward Heath dazu, Konsequenzen daraus zu ziehen und den Parteivorsitz aufzugeben. Als der 58-Jährige das jedoch ablehnte, wurde Margaret Thatcher von Kollegen ermutigt, ihm den Parteivorsitz streitig zu machen. Am 25. November 1974 suchte sie deshalb Edward Heath auf und unterrichtete ihn über ihre Absicht, gegen ihn zu kandidieren. Offenbar war es eine eisige Begegnung. »Er blickte mich kalt an, drehte mir den Rücken zu, zuckte mit den Schultern und sagte: ›Wenn Sie müssen.‹«[359]

Ein Journalist bezeichnete Margaret Thatcher am selben Tag als »the best man among them«[360]. Um diesem Image entgegenzuwirken, versuchte sie sich den Anschein zu geben, eine ganz gewöhnliche Hausfrau und Mutter zu sein, »altmodisch, häuslich und nicht feministisch«[361]. Sie bereite noch regelmäßig Essen zu, behauptete sie,[362] und in einem Interview sagte sie: »Was die Leute nicht an mir wahrnehmen, ist, dass ich eine ganz gewöhnliche Person bin, die ein ganz normales Leben führt. Ich genieße es und achte darauf, dass die Familie ein gutes Frühstück bekommt. Und Einkaufen hält mich in Kontakt mit der Bevölkerung.«[363]

Zwar wünschten sich viele in der Partei eine Ablösung des als Regierungschef gescheiterten Parteivorsitzenden, aber nur wenige glaubten wirklich daran, dass Margaret Thatcher eine Chance gegen Edward Heath haben würde. Doch sie belehrte alle Skeptiker eines Besseren: Bei der Kampfabstimmung gegen Edward Heath am 11. Februar 1975 gewann sie die Mehrheit, und bei einer zweiten Abstimmung eine Woche später besiegte sie William Whitelaw, Geoffrey Howe, James Prior und John Peyton. Damit hatte sie sich gegen das Establishment der Partei durchgesetzt und löste Edward Heath im Vorsitz ab. Als ein Reporter sie fragte, ob sie gewonnen habe, weil sie eine Frau war, antwortete sie verärgert: »Ich würde gern glauben, dass ich durch Leistung gewann.«[364]

William Whitelaw erwies sich als guter Verlierer: Er unterstützte Margaret Thatcher von da an, bis er 1988 seine politischen Ämter aus gesundheitlichen Gründen abgab. Aber andere führende Mitglieder der Conservative Party beobachteten die Frau an der Spitze argwöhnisch.

Premierminister Harold Wilson gehörte am 1. August 1975 in Helsinki zu den Unterzeichnern der Schlussakte der Konferenz über Sicherheit und Zusammenarbeit in Europa. Fünf Tage zuvor hatte Margaret Thatcher noch klargestellt, dass sie diese mit Zugeständnissen an den Ostblock erkaufte Einigung für falsch hielt.[365] Sie war nämlich zutiefst davon überzeugt, dass der Kommunismus scheitern würde, und glaubte an einen Sieg des Westens im Kalten Krieg.

Im September flog Margaret Thatcher nach Amerika und führte Gespräche mit Präsident Gerald Ford, Außenminister Henry Kissinger und anderen Politikern.

Auf dem Parteitag der Torys, der wie üblich im Oktober in Blackpool stattfand, trat sie dann erstmals als Parteichefin auf. Ihre Rede bereitete sie gründlich vor, und das 60 Seiten lange handschriftliche Manuskript gab sie auch dem Dramatiker Ronald Millar zu lesen. Von dieser Zusammenarbeit waren beide so angetan, dass Margaret Thatcher zukünftig keine wichtige Rede mehr hielt, ohne zuvor Millars Rat eingeholt zu haben.

In einer Ansprache am 19. Januar 1976 im Rathaus von Kensington warf sie der russischen Staatsführung vor, die Weltherrschaft anzustreben, und fuhr fort: »Die Männer im sowjetischen Politbüro brauchen sich keine Gedanken über das Auf und Ab der öffentlichen Meinung zu machen. Für sie sind Waffen wichtiger als Butter, während wir nahezu alles für wichtiger nehmen als Waffen.«[366] Die sowjetische Armeezeitung *Roter Stern* nannte sie daraufhin »Eiserne Lady«, ein Spitzname, der ihr keineswegs missfiel.

Im März 1977 verlor die Labour Party zwar die Mehrheit im Unterhaus, aber James Callaghan, der zwölf Monate zuvor Harold Wilson als Premierminister abgelöst hatte, blieb dennoch mithilfe der Liberalen Partei im Amt. Margaret Thatcher diffamierte die Sozialisten als »die natürliche Partei der Arbeitslosigkeit«[367] und James Callaghan als »den Premierminister der Arbeitslosigkeit«[368]. Auf einem Plakat der Conservative Party war eine Warteschlange von Arbeitslosen abgebildet, und dazu hieß es: »Labour Isn't Working.« Tatsächlich stieg die Zahl der Arbeitslosen im Vereinigten Königreich zu dieser Zeit auf eineinhalb Millionen. Ebenso viele Menschen beteiligten sich am 22. Januar 1979 an einem nationalen Aktionstag; das war die größte Arbeitsniederlegung seit über 50 Jahren.

Bei den Unterhauswahlen am 3. Mai 1979 gewann die Conservative Party schließlich wieder die Mehrheit. Am nächsten Tag wurde Margaret Thatcher von der Königin empfangen und zur ersten Premierministerin des Vereinigten Königreichs ernannt. Sie war nicht nur die erste Frau in diesem Amt, sondern auch die erste Person mit einem akademischen Titel. Das sorgte natürlich für Aufsehen, aber Margaret Thatcher wollte nicht, dass der Wahlerfolg auf ihr Geschlecht zurückgeführt wurde. Die Erwartungen an sie waren durchaus zwiespältig: »Ihre Bewunderer – zu denen, und das war ausschlaggebend, viele frühere Labour-Wähler zählten – betrachteten ihre Wahl als letzte Chance eines scheiternden Landes, sich selbst aus der Spirale des Abstiegs zu befreien. Im Gegensatz dazu befürchteten andere – darunter viele in ihrer eigenen Partei –, dass sie eine engstirnige Dogmatikerin war, deren naive Rezepte sich als verhängnisvoll erweisen würden, wenn klügere Berater sie nicht zurückhielten. Dazwischen gab es selbstverständlich viele Zyniker, die überzeugt davon waren, dass sie sich in der Praxis nicht von ihren letzten Vorgängern unterscheiden würde, deren hochfliegende Rhetorik sich rasch in Rauch aufgelöst hatte.«[369]

Margaret Thatcher stürzte sich auf jeden Fall sofort in die Arbeit. »Sie wurde vom glühenden Gefühl einer patriotischen Mission und historischen Bestimmung getrieben. [...] Ab dem Augenblick, in dem sie durch die Tür von Number ten* ging, spürten ihre Beamten die Kraft dieses leidenschaftlichen Glaubens an sich selbst. Kenneth Stowe, ihr erster Privatsekretär, erinnert sich, dass sie von diesem Augenblick an ›absolut fokussiert, absolut engagiert‹ und ›sehr zupackend‹ war: sie wollte über alles unterrichtet werden und alles sofort selbst in die Hand nehmen.«[370] Dass sie alles selbst entscheiden wollte, zeugt von ihrem Ehrgeiz, aber auch von ihrer Selbstüberschätzung und Unsicherheit. Die Anforderungen, die sie an sich – und andere – stellte, waren enorm. Oft schlief sie gerade einmal vier Stunden pro Nacht, und nur selten erlaubte sie sich fünf oder sechs Stunden Schlaf. »Während der Woche ging sie selten vor zwei Uhr ins Bett, und um sechs stand sie wieder auf. Sie beherrschte die Regierung durch schieres physisches Durchhaltevermögen.«[371]

---

* »Number ten« bezieht sich auf die Hausnummer 10 in der Downing Street in London. Gemeint ist damit der Regierungssitz, denn es handelt sich um die offizielle Residenz des First Lord of the Treasury des Vereinigten Königreichs, der seit 1905 auch Premierminister ist.

Psychische oder physische Schwächen wollte sie zumindest nicht wahrhaben. Und sie war auch nicht in der Lage, sich zu entspannen, nicht zuletzt, weil sie keine anderen als politische Interessen verfolgte. Urlaub sei etwas für Warmduscher, soll sie des Öfteren gesagt haben.

Dem ehemaligen Premierminister Edward Heath schickte die neue Regierungschefin per Boten einen Brief, in dem sie die Ernennung Peter Carringtons zum Außenminister ankündigte. Zugleich bot sie Heath den Posten eines Botschafters in Washington an, obwohl sie wusste, dass er sein Mandat im Unterhaus nicht aufgeben, also das Land nicht verlassen wollte. Das war eine subtile Gemeinheit.

Im Kabinett ließ sie mehr Diskussion zu als ihre Vorgänger. Das tat sie, weil einige der Minister weitaus erfahrener waren als sie, aber auch, weil sie gern debattierte. Ihre Meinung änderte sie dabei nur selten, und wenn, dann kam es durchaus vor, dass sie die Idee eines anderen am nächsten Tag als ihre eigene ausgab. US-Präsident Jimmy Carter schrieb nach einer Begegnung mit ihr in sein Tagebuch: »Eine starke Frau, sehr rechthaberisch und willensstark, die nicht zugeben kann, etwas nicht zu wissen.«[372] Sie diskutierte auch weniger, um zu lernen, als in der Absicht, die Auseinandersetzung zu gewinnen und ihre Überlegenheit zu beweisen. Ein Parteifreund erinnerte sich später daran: »Ihre schiere Energie und die Geschwindigkeit, mit der sie sich im Ring bewegt, machen sie zu einer sehr schwierigen Gegnerin.«[373] Ein Teamplayer war sie jedenfalls nicht. »Es bedurfte starker Nerven, dem Chor der Ratgeber zu widerstehen, aber Frau Thatcher war moralisch gepanzert durch die Gewissheit, dass es richtig war, was sie zu tun versuchte.«[374] »Sie wusste genau, was sie wollte, und sie setzte es um. Unbeirrt. Unerbittlich.«[375] Gewiss war Margaret Thatcher durch und durch eine Powerfrau, aber zu den Feministinnen zählte sie nicht. Nur einmal, von September 1981 bis April 1982, gehörte noch eine zweite Frau dem Kabinett an.

Als Erstes nahm sich die neue Regierungschefin die Verwaltung vor, und zwar »mit der Gewalt eines Tornados«[376]. Um in diesem Bereich Kosten einzusparen, sorgte sie für eine Absenkung der Gehälter und verhängte einen Einstellungsstopp. »Die neue Premierministerin setzte ihren Willen nicht durch Strukturreformen oder die Entlassung von Leuten durch, sondern durch die schiere Kraft ihrer Persönlichkeit und indem sie der Beamtenschaft zeigte, wer der Boss war.«[377]

Als Margaret Thatchers 63 Jahre alter Privatsekretär Airey Neave am 30. März 1979 das Parkhaus des Palace of Westminster verlassen hatte, war er von einer Autobombe der Irish National Liberation Army* getötet worden. Die Parteichefin verlor dadurch einen Mitstreiter, der bei ihrer Wahl zur Parteivorsitzenden die Strippen gezogen hatte und den sie zum Nordirland-Minister hatte machen wollen. Anschläge irischer Terroristen erschütterten das Vereinigte Königreich vor allem in den Jahren von 1969 bis 1997. So töteten irische Guerillakämpfer am 27. August 1979 18 britische Soldaten, und bei einem Sprengstoffanschlag am selben Tag starben Louis Mountbatten, 1. Earl Mountbatten of Burma, dessen Enkel und ein weiterer Jugendlicher, die in Irland einen Bootsausflug unternehmen wollten. Kurz darauf ließ Margaret Thatcher sich bei einem Truppenbesuch in Nordirland nahe der Grenze zur irischen Republik demonstrativ mit einem Beret des Ulster Defense Regiments fotografieren. Außerdem ging sie unerschrocken eine Dreiviertelstunde lang durch Belfast.

---

* Die Irish National Liberation Army spaltete sich am 8. Dezember 1974 von der Official Irish Republican Army ab.

Als am 1. Januar 1979 das Europäische Währungssystem (EWS) in Kraft getreten war, hatte das Vereinigte Königreich sich nicht daran beteiligt. Der damalige Premierminister James Callaghan war dafür von Margaret Thatcher heftig kritisiert worden. Aber bereits ein Jahr nach ihrer Amtseinführung übernahm sie selbst die Rolle des Störenfrieds bei den Tagungen des Europäischen Rats. Zunächst ging es ihr um eine Reduzierung der britischen Beitragszahlungen. Das Vereinigte Königreich zahlte eine Million Pfund Sterling mehr an die Europäische Wirtschaftsgemeinschaft, als es aus Brüssel zurückbekam. Margaret Thatcher wies darauf hin, dass ihr Land benachteiligt sei, weil es verhältnismäßig wenig von den Agrarsubventionen profitierte und mehr als andere europäische Staaten Importzölle für landwirtschaftliche Produkte aus dem Commonwealth an die EWG abführen musste. Bei einer Pressekonferenz sagte sie: »Wir erbitten für Großbritannien keinen Penny vom Geld der Gemeinschaft. Was wir zurückverlangen, ist ein sehr großer Teil unseres eigenen Geldes, die Beträge, die wir an die Gemeinschaft zahlen und die das übersteigen, was wir von der Gemeinschaft zurückbekommen.«[378] In verkürzter Form wurde diese Äußerung legendär: »Ich will mein Geld zurück!« Als ihr daraufhin bei einem Treffen des Europäischen Rats im April 1980 in Luxemburg ein jährlicher Rabatt von 700 Millionen Pfund angeboten wurde, hielten dies fast alle für ein großzügiges Angebot, doch zur Überraschung der anderen Teilnehmer wies Margaret Thatcher es zurück. Es war ihr zu wenig! Damit stand sie nun ganz allein, aber das spornte sie eher an. Immerhin demonstrierte sie so auch ihre Unnachgiebigkeit im Dienst ihres Landes. »The lady's not for turning«, rief sie auf einem Parteitag.[379] »Der Streit um das Budget der europäischen Gemeinschaft bestimmte den Stil ihrer Beteiligung und verfestigte das von den Boulevardzeitungen geprägte Image einer kämpfenden

Maggie, die ihre Handtasche schwingt und sich für Großbritannien dem Brüsseler Ränkespiel entgegenstellt.«[380]

Im Mai ließ sie sich allerdings von Außenminister Peter Carrington und seinem Stellvertreter Ian Gilmour austricksen. Die beiden nahmen ein geringfügig verbessertes Rabattangebot an. Als sie aus Brüssel zurückkamen und der Regierungschefin Bericht erstatteten, bot diese ihnen nicht einmal einen Stuhl an und beschuldigte sie, den Ausverkauf des Landes eingeleitet zu haben. Weil Ian Gilmour jedoch die Medien über die Einigung unterrichtet hatte, blieb ihr nichts anderes übrig, als die Kröte zu schlucken und auf Nachbesserungen hinzuarbeiten.

Bevor sie dazu kam, musste sie sich aber mit Ereignissen am anderen Ende der Welt beschäftigen. Seit Mitte der Sechzigerjahre hatten die Regierungen in London und Buenos Aires ergebnislos über die Besitzansprüche bezüglich einer kleinen, 400 Kilometer östlich von Feuerland im Südatlantik gelegenen Inselgruppe verhandelt, die von den Briten Falklands, von den Argentiniern Malwinen genannt wurde. In der Annahme, die Royal Navy werde nicht wegen ein paar kaum besiedelter, 12500 Kilometer vom Mutterland entfernter Inseln einen Krieg riskieren, bereitete die in Argentinien regierende Militärjunta nun eine Invasion vor. Als Margaret Thatcher Ende März 1982 die ersten Geheimdienstnachrichten darüber erhielt, ordnete sie sofort an, dass drei U-Boote in Marsch gesetzt wurden. US-Präsident Ronald Reagan versuchte in Absprache mit ihr, den argentinischen Staatschef General Leopoldo Galtieri telefonisch zur Aufgabe des Plans zu überreden. Aber das misslang: Am 2. April wurde in Port Stanley, der einzigen Stadt auf den Falklandinseln, die argentinische Fahne gehisst.

Falls Galtieri tatsächlich geglaubt hatte, er könne das Gebiet kampflos annektieren, hatte er sich getäuscht. Margaret Thatcher führte entschlossen Krieg. »Sie war empört darüber, dass irgendjemand britisches Territorium in Besitz nehmen könnte und glauben, er würde damit durchkommen. Es war ein Maß für den Verfall des britischen Ansehens in der Welt. Um genau diesen Niedergang ins Gegenteil zu wenden, hatte sie sich für das Amt beworben. [...] Nicht wegen 1800 Falkländern war sie bereit zu kämpfen, sondern um die Grundsätze der Selbstbestimmung und Demokratie gegen Diktatur und nackte Gewalt zu verteidigen; es ging ihr nicht nur um die Wiederherstellung der nationalen Ehre Großbritanniens, sondern um die Durchsetzung internationalen Rechts.«[381]

Wegen der enormen Entfernungen traf die »Falklands Task Force« erst in der zweiten Aprilhälfte im Zielgebiet ein. Am 25. April eroberten die Briten die inzwischen ebenfalls von Argentinien besetzte Insel Südgeorgien zurück und bereiteten sich auf den Kampf um die Falklandinseln vor. Am 2. Mai befahl Margaret Thatcher einem britischen U-Boot, die ARA* »General Belgrano« anzugreifen. Mit drei Torpedos versenkte das U-Boot den argentinischen Kreuzer. 770 Seeleute konnten gerettet werden, 323 kamen ums Leben, die meisten davon durch die Detonation eines Torpedos in unmittelbarer Nähe der Messe und der Aufenthaltsräume für die Freiwachen. Den Briten wurde daraufhin vorgeworfen, ein mehr als 200 Seemeilen von den Falklandinseln entferntes Schiff angegriffen zu haben, das auch nicht darauf zugelaufen war. Spekulationen zufolge wollte Margaret Thatcher durch die Versenkung der »General Belgrano« die Vermittlungsbemühungen der US-Regierung sabotieren.

Zwei Tage nach dem Verlust der ARA »General Belgrano« versenkten die Argentinier den britischen Zerstörer HMS »Sheffield«. Dabei starben 21 Seeleute. Weitere 51 Soldaten kamen bei

---

* ARA: Armada República Argentina (Marine Argentiniens)

der Versenkung des britischen Truppentransporters »Galahad« am 8. Juni ums Leben. Den Witwen kondolierte Margaret Thatcher in persönlichen Schreiben. Insgesamt mussten 255 Briten und 655 Argentinier ihr Leben lassen, bis die Militärjunta am 14. Juni aufgab.

Der Sieg verschaffte Margaret Thatcher große Anerkennung bei ihren Landsleuten. Ihre Beliebtheitswerte in Meinungsumfragen, die Ende 1980 schlechter als die aller Regierungschefs vor ihr gewesen waren, hatten sich bereits vor dem Falklandkrieg erholt, aber nun konnte sie erst einmal unangefochten weitermachen. Dass kein Regierungswechsel zu erwarten war, ermutigte Investoren. Und das war bitter notwendig, denn die Zahl der Arbeitslosen war im Januar 1982 auf bis dahin unvorstellbare drei Millionen geklettert. »Der Falklandkrieg war ein Wendepunkt in der Innenpolitik und führte direkt zu der beispiellosen Vorherrschaft, die Frau Thatcher im Verlauf der nächsten acht Jahre etablierte. Die Erfahrung mit der Kriegsführung verschaffte nicht nur ihrer Autorität und ihrem Selbstvertrauen enormen Auftrieb, sondern förderte auch autokratische Tendenzen, mit denen sie sich bis dahin zurückgehalten hatte. Vor allem die Geschwindigkeit und Widerstandslosigkeit, mit der sie in einem kleinen Kriegskabinett arbeiten konnte, brachten sie dazu, das komplette Kabinett mehr und mehr zu umgehen und Entscheidungen mit von Fall zu Fall handverlesen zusammengestellten Arbeitsgruppen und ihren persönlichen Beratern zu treffen. Die Überzeugung, dass der Sieg nur ihrer Standhaftigkeit zu verdanken war, untermauerte inzwischen ihre Überzeugung, dass eine Weigerung, Kompromisse zu schließen, die einzige Sprache war, die Ausländer verstanden.«[382]

Ein skurriler Zwischenfall hätte Margaret Thatcher gleich wieder negative Schlagzeilen bringen können: Dem 31-jährigen arbeitslosen Iren Michael Fagan gelang es am 9. Juli 1982, an einer Dachrinne des Buckingham Palastes hochzuklettern und durch ein Dachfenster ins Gebäude einzudringen. Er aß Käse und trank Wein, schaute sich in der Ahnengalerie um, probierte den Thron aus und setzte sich schließlich sogar bei Königin Elisabeth II. auf den Bettrand. Sie erwachte, sprach mit ihm und ließ ihm Zigaretten bringen. Zwar drückte sie währenddessen zweimal den Alarmknopf unter ihrem Bett, aber der Anschluss war defekt. Erst nach zehn Minuten rief eine Angestellte die Polizei, die den glücklicherweise harmlosen Einbrecher dann verhaftete.* Obwohl dadurch unglaubliche Sicherheitslücken aufgedeckt worden waren, überstand Margaret Thatcher diesen Vorfall unbeschadet.

Um vom Aufwind nach dem Falklandkrieg zu profitieren, leitete sie Neuwahlen ein. Im Wahlkampf setzten die Torys darauf, die Stärken ihrer Partei- und Regierungschefin herauszustellen. Und es funktionierte: Am 9. Juni 1983 erzielte die Conservative Party den größten Wahlerfolg seit dem Zweiten Weltkrieg.

Die neue Amtszeit begann allerdings holprig. Margaret Thatcher versuchte beispielsweise, die in den Sechzigerjahren im Vereinigten Königreich abgeschaffte Todesstrafe wieder einzuführen, scheiterte jedoch an einer klaren gegnerischen Mehrheit im Unterhaus.

Im Herbst wurde sie dann von ihrem wichtigsten Verbündeten düpiert: Nachdem Rebellen den Premierminister von Grenada ermordet hatten, schlugen US-Truppen den Aufstand am 25. Oktober nieder, ohne die britische Regierung vorab informiert zu haben. Dabei gehörte die Karibik-Insel zum Commonwealth. Margaret Thatcher, die auf ihre außergewöhnlich enge

---

* Bis zum 21. Januar 1983 hielt man Michael Fagan in einer psychiatrischen Anstalt fest, aber die Anklage wurde am Ende fallen gelassen.

Beziehung zu Ronald Reagan stolz war, musste dies als Demütigung empfinden.

Am 20. Juli 1984 beurteilte ein politischer Beobachter die Lage folgendermaßen: »[...] trotz der scheinbar unbeschränkten Machtfülle der Premierministerin läuft alles schief, nichts will mehr gelingen. [...] Noch schlimmer: Überall dort, wo Margaret Thatcher ihren besonderen Ehrgeiz investiert hat, hagelt es Misserfolge. Ihre Finanzpolitik liegt in Trümmern. Die Staatsverschuldung will und will nicht weichen, der Geldumlauf steigt und steigt. [...] Im Übrigen machen sich jetzt die Nachteile der ›Eine-Frau-Show‹ bemerkbar, wie sie im Amtssitz der Premierministerin mehr und mehr inszeniert wird. Umgeben von Ratgebern zweiten Ranges, deren Ergebenheit höher veranschlagt wird als ihr Weitblick, entblößt vom Kontakt zur Partei, entfremdet von den Gurus wie Carrington, Pym und Whitelaw – darf Frau Thatcher sich nicht wundern, wenn der Durchschnitts-Brite seine große Falklandführerin inzwischen als eine im Bunker sitzende, rechthaberische und zunehmend glücklose Politikerin sieht.«[383]

Während des alljährlichen Parteitags der Conservative Party in Brighton quartierte sich der irische Terrorist Patrick Magee unter falschem Namen ebenfalls im Grand Hotel ein. Am 12. Oktober 1984 gegen drei Uhr nachts detonierte der von ihm gelegte Sprengsatz. Dabei wurden fünf Menschen getötet und 31 weitere verletzt. Wenige Minuten zuvor hatte Margaret Thatcher die Arbeit an ihrer Rede beendet. Hätte sie sich zum Zeitpunkt der Explosion im Bad ihrer Suite aufgehalten, wäre sie durch den Anschlag zumindest verletzt worden. Weil der Wohnraum und das Schlafzimmer unbeschädigt blieben, kamen Margaret und Denis Thatcher jedoch mit dem Schrecken davon. Allerdings verbrachten sie den Rest der Nacht sicherheitshalber im Hauptquartier der Polizei von Sussex. Bevor Margaret Thatcher das

Hotel verließ, gab sie noch ein Fernsehinterview. Am Morgen wurde der Parteitag pünktlich um acht Uhr fortgesetzt, und die Vorsitzende hielt ihre Rede wie geplant.

Zwei Jahre zuvor hatte Margaret Thatcher auf dem Parteitag gesagt: »Weil Russland und der Westen wissen, dass es in einem Atomkrieg keinen Sieg geben kann, haben wir seit 37 Jahren Frieden in Europa, und das ist keine kleine Errungenschaft. Deshalb benötigen wir Atomwaffen, weil ihr Vorhandensein den Frieden sicherer macht.«[384] Sie hatte denn auch 1980 die Anschaffung amerikanischer Trident-Raketen gegen eine Mehrheit im Kabinett durchgesetzt und die 1983 begonnene Aufstellung amerikanischer Marschflugkörper auf Stützpunkten der Royal Air Force in England begrüßt. Aber als Ronald Reagan am 23. März 1983 den Aufbau eines Raketenabwehrsystems in Europa ankündigte (»Strategic Defense Initiative«, SDI), ohne sich mit Margaret Thatcher oder anderen NATO-Partnern abgestimmt zu haben, ging sie vorsichtig auf Distanz.

Die Bedenken der europäischen Regierungschefs gegen das SDI-Projekt erläuterte sie dem US-Präsidenten im Verlauf einer strapaziösen Weltreise: Am 17. Dezember 1984, einen Tag nachdem sie den aufstrebenden russischen Politiker Michail Gorbatschow und dessen Ehefrau Raissa auf ihrem Landsitz in Chequers empfangen hatte, musste sie erst einmal nach Peking fliegen. Dort unterzeichnete sie zusammen mit dem chinesischen Ministerpräsidenten das im September von ihr und der chinesischen Führung ausgehandelte Abkommen über die Rückgabe der Kronkolonie Hongkong an die Volksrepublik China und die Einrichtung einer Sonderverwaltungszone (»Ein Land, zwei Systeme«) nach dem Auslaufen des auf 99 Jahre geschlossenen Pachtvertrags am 1. Juli 1997. Danach besuchte Margaret Thatcher Hongkong. Von dort flog sie nach Washington, D.C., und mit dem Hubschrauber weiter nach Camp David, wo Reagan seinen Weihnachtsurlaub verbrachte. Vergeblich versuchte sie ihn bezüglich des SDI-Projekts umzustimmen. Nach insgesamt 55 Stunden Flug in sechs Tagen und einer Reihe von politischen Gesprächen auf drei verschiedenen Kontinenten traf Margaret Thatcher am 23. Dezember wieder in London ein.

Ihr Ziel, die Macht der Gewerkschaften einzudämmen, erreichte Margaret Thatcher, als die Bergarbeiter ein Jahr lang – von März 1984 bis März 1985 – gegen die geplante Schließung bzw. Privatisierung von Kohlezechen streikten. In Erwartung eines langen Arbeitskampfes hatte sie rechtzeitig große Bestände an Kohle einlagern und Kohlekraftwerke auf den Betrieb mit Öl umrüsten lassen. Selbst für den Fall einer Unterstützung der Bergarbeiter durch einen Eisenbahner-Streik wäre sie durch Verträge mit LKW-Spediteuren vorbereitet gewesen. So konnte sie gelassen zusehen, wie der Arbeitskampf die von dem Stalinisten Arthur Scargill geführte National Union of Mineworkers ruinierte. Das Scheitern des Bergarbeiterstreiks reduzierte die Macht der britischen Gewerkschaften dauerhaft.

Margaret Thatcher warf den Sozialisten vor, das Individuum durch den Staat unterdrücken oder zumindest bevormunden zu wollen. Sie stand für das, was sie unter »freier Wirtschaft«* verstand und was wir heute als Thatcherismus, Neoliberalismus oder Turbokapitalismus bezeichnen. Von Anfang an trat sie nach dem Vorbild ihres Vaters in Grantham für Ausgaben- und Steuersenkungen ein und ließ keinen Zweifel daran, dass sie Eingriffe des Staats in Wirtschaft und Gesellschaft auf ein Minimum beschränkt sehen wollte. Beispielsweise lehnte sie es ab, veraltete Industriezweige zu subventionieren; Staatsunternehmen sollten die Ausnahme sein. Margaret Thatcher glaubte an

---

* »[...] what socialists call capitalism and I prefer to call the free economy [...]« (Margaret Thatcher: Iain Macleod Memorial Lecture, Caxton Hall, London 4. Juli 1977)

die Selbstregulierungskräfte der Märkte. Die in den Medien unter der Bezeichnung »Big Bang« besprochene Deregulierung des Börsenhandels und Liberalisierung von Bankgeschäften am 27. Oktober 1986 führte in der Londoner City* den »Kasinokapitalismus« ein, der 20 Jahre später die Weltfinanzkrise verursachte. »Dass sie [...] mit der Deregulierung der Wirtschaft, vor allem des Bankensektors, zu weit gegangen ist, das wissen wir spätestens jetzt, nach dem großen Crash von 2007/2008.«[385] Aber: »Thatchers Deregulierungspolitik wurde [...] in nahezu allen westlichen Ländern kopiert.«[386]

»Ich glaube, der große Fehler der Regierung in den letzten Jahren war es, für nahezu alles Vorsorge zu treffen oder Gesetze zu erlassen«, sagte Margaret Thatcher in einer Rede. »Was wir jetzt benötigen, ist ein sehr viel größeres Ausmaß an persönlicher Verantwortung und Entscheidung, sehr viel mehr Unabhängigkeit von der Regierung und eine angemessene Einschränkung der Aufgaben der Regierung. [...] Dann sollten wir weniger Leute haben, die sagen: ›Der Staat muss es tun.‹«[387] Heftig kritisiert wurde folgende, als Angriff auf den Sozialstaat verstandene Äußerung: »So etwas wie Gesellschaft gibt es nicht. Es gibt einzelne Männer und Frauen, und es gibt Familien. Und keine Regierung kann irgendetwas tun außer mithilfe von Menschen, und die Menschen müssen auf sich selbst achten. Es ist unsere Pflicht, uns um uns selbst zu kümmern und dann um unseren Nachbarn.«[388] Trotz der Kritik stand Margaret Thatcher zu ihrer Meinung. »Sagen Sie nicht, die Gesellschaft sei verantwortlich, denn das ist niemand«,[389] meinte sie in einem Interview, und vor der Generalversammlung der Kirche von Schottland zitierte sie

---

* Wie man »Wall Street« sagt, wenn man das Börsen- und Bankenviertel New Yorks meint, versteht man unter »City« den Sitz der Börse und das wirtschaftliche Zentrum Londons.

den Apostel Paulus: »Wenn ein Mensch nicht arbeitet, soll er auch nicht essen.«[390] Margaret Thatcher wurde vorgeworfen, nichts für die Armen zu tun. Tatsächlich wollte sie aber »den kleinen Mann [...] befähigen, dem zu entkommen, was der Labour-Minister Anthony Crosland schon 1970 als den ›Dunsthauch der Wohlfahrt, der Bezuschussung, der riesigen gleichförmigen Sozialwohnsiedlungen und allgemein der Bürgerschaft zweiter Klasse‹ bezeichnet hatte«.[391]

Ende 1985 stand die Frage an, mit welchem Konzern sich der angeschlagene britische Hubschrauber-Hersteller Westland zusammentun sollte. Margaret Thatcher bevorzugte die amerikanische Sikorsky Aircraft Corporation und schwor das Kabinett auf ihre Linie ein, aber Verteidigungsminister Michael Heseltine kämpfte für eine europäische Lösung. Statt aber den Abweichler offen anzugehen, ließ sich die Premierministerin vom stellvertretenden Kronanwalt einen Brief schreiben, in dem Heseltines Argumentation in Frage gestellt wurde, und sorgte dafür, dass die Medien vom Inhalt erfuhren. Daraufhin trat Michael Heseltine Anfang 1986 zurück – nicht ohne Margaret Thatchers Führungsstil öffentlich zu kritisieren. Aber es kam noch schlimmer: Der aufgebrachte Kronanwalt (der Vorgesetzte des Briefschreibers) setzte die Regierungschefin wegen der unautorisierten Weitergabe des Briefinhalts unter Druck, und sie konnte sich nur retten, indem sie einen Untersuchungsausschuss einsetzte. Der Industrieminister Leon Brittan, der schließlich zugab, den Inhalt des Schreibens an die Medien durchgestochen zu haben, erklärte drei Jahre später, er sei von Margaret Thatchers Privatsekretär und ihrem Pressesekretär dazu aufgefordert worden. Die Westland-Affäre erschütterte den Glauben an die Integrität der Regierungschefin nachhaltig.

Im April 1986 sank die Popularität Margaret Thatchers auf einen neuen Tiefstand. Trotzdem gewann sie mit ihrer Partei am

11. Juni 1987 zum dritten Mal in Folge die Unterhauswahlen. Am 3. Januar 1988 regiert Margaret Thatcher bereits länger als alle anderen britischen Regierungschefs des 20. Jahrhunderts vor ihr.

In Fragen der europäischen Integration galt Margaret Thatcher weiterhin als Querulantin, und sie hörte auch nicht auf, einen höheren Rabatt auf den britischen Beitrag zu verlangen. An dieser Auseinandersetzung scheiterte das Gipfeltreffen der zehn Regierungschefs der Europäischen Gemeinschaft im März 1984 in Brüssel. Um Margaret Thatchers Blockade zu beenden, kamen ihr die anderen Mitgliedsländer drei Monate später beim Treffen des Europäischen Rats in Fontainebleau weit entgegen.

Nun hätte eigentlich Ruhe einkehren können, aber Anfang 1985 wurde der französische Wirtschafts- und Finanzminister Jacques Delors Präsident der EWG-Kommission und begann die europäische Integration voranzutreiben – sehr zum Missfallen der »Eisernen Lady«, denn sie war eigentlich nur an einer Freihandelszone interessiert, an einem »Europa der klingenden Registrierkassen«[392]; Einschränkungen nationaler Souveränität oder gar eine politische Union lehnte sie dagegen entschieden ab. »Während jene Länder wie die Sowjetunion, die alles zentral zu steuern versuchten, gerade lernen, dass der Erfolg davon abhängt, Macht und Entscheidungen auch außerhalb des Zentrums zu verteilen, gibt es welche in der [Europäischen] Gemeinschaft, die sich offenbar in die Gegenrichtung bewegen wollen. Das ist wirklich paradox. Wir haben die Grenzen des Staates in Großbritannien nicht erfolgreich zurückgedrängt, nur um zu sehen, wie sie uns auf europäischer Ebene aus Brüssel mit einem eine neue Vorherrschaft ausübenden europäischen Superstaat wieder aufgezwungen werden.«[393] Zähneknirschend stimmte Margaret Thatcher am 28. Februar 1986 der ersten gravierenden Änderung der Römischen Verträge von 1957 zu, deren Ziel es war, bis Ende 1992 einen gemeinsamen Markt zu schaffen und die Rolle des Europäischen Parlaments zu stärken (Einheitliche Europäische Akte); den von Jacques Delors vorgelegten Plan zur Einführung einer Wirtschafts- und Währungsunion in drei Stufen wollte sie jedoch zurückweisen.

Mit dieser Haltung hätte sie das für 26./27. Juni 1989 geplante Gipfeltreffen der zwölf Regierungschefs der Europäischen Gemeinschaft in Madrid gesprengt. Doch Außenminister Geoffrey Howe und Schatzkanzler Nigel Lawson drohten für diesen Fall mit Rücktritt, und sie lenkte notgedrungen ein. Für den Affront ihrer Minister rächte sie sich einen Monat später, indem sie bei ihrer elften Kabinettsumbildung Außenminister Geoffrey Howe durch John Major ersetzte. Howe blieb allerdings als stellvertretender Premierminister in der Regierung, und John Major wechselte Ende Oktober ins Amt des Schatzkanzlers. Das hatte Nigel Lawson hingeworfen, weil Margaret Thatcher nicht bereit gewesen war, ihren europakritischen Wirtschaftsberater Alan Walters zu entlassen.

In diesem Sommer deuteten sich der Zusammenbruch der DDR und die Öffnung des Eisernen Vorhangs an. Ungarn baute Überwachungsanlagen an der Grenze zu Österreich ab. In den Botschaften der Bundesrepublik Deutschland in Prag und Budapest ebenso wie in der Ständigen Vertretung in Ostberlin drängten sich DDR-Bürger, die in den Westen wollten. Margaret Thatcher diskutierte die Lage im September mit dem sowjetischen Parteichef Michail Gorbatschow in Moskau und glaubte sich in ihrer Ablehnung einer Wiedervereinigung Deutschlands mit ihm einig. Einen Tag nach der überraschenden Öffnung der Berliner Mauer am 9. November sagte sie zu Bundeskanzler Helmut Kohl am Telefon, es komme jetzt auf eine Demokratisierung der DDR an. Ähnlich äußerte sie sich auch drei Tage später in einer Rede. Und dem US-Präsidenten George Bush schrieb sie: »Wir müssen demonstrieren, dass wir nicht die Absicht haben, die Situation zum Nachteil der Sicherheitsinteressen der Sowjetunion auszunutzen. Dafür ist unter anderem notwendig, unsere Ansichten deutlich zu machen, ... dass die deutsche Wiedervereinigung kein Thema ist, das gegenwärtig behandelt werden muss.«[394] Diese Auffassung bekräftigte sie noch einmal bei ihrem Besuch in Camp David am 24. November. Aber vier Tage später ärgerte sie sich über Helmut Kohl, weil der im Deutschen Bundestag einen Zehn-Punkte-Plan für die Wiedervereinigung Deutschlands im Rahmen der europäischen Integration vorlegte.

Noch frustrierender dürfte für Margaret Thatcher Michail Gorbatschows Haltung gewesen sein. Er übernahm im Frühjahr 1990 zusätzlich zur Parteiführung das Amt des Staatspräsidenten, strebte eine europäische Friedensordnung unter Auflösung der Machtblöcke an und signalisierte, dass er ein Zusammengehen der beiden deutschen Staaten nicht verhindern würde. Der französische Staatspräsident François Mitterand bestärkte Margaret Thatcher zwar in ihrer Ablehnung der deutschen Wiedervereinigung, nutzte jedoch das Erpressungspotenzial der Situation, um Helmut Kohl auf den zügigen Aufbau einer europäischen Wirtschaftsunion mit einer gemeinsamen Währung zu verpflichten, die in dessen Konzept eigentlich erst als Schlussstein einer weitgehenden politischen Integration vorgesehen gewesen wäre. Margaret Thatcher sträubte sich sowohl gegen die deutsche Wiedervereinigung als auch gegen die Vertiefung der europäischen Integration und die Einführung einer gemeinsamen Währung. Weil sie jedoch schon in der Vergangenheit in der Europapolitik nur durch Widerspruch aufgefallen war, hatte sie ihren Einfluss auf die Entwicklung eingebüßt. »Es war [...] der größte Misserfolg ihrer Amtszeit. Und es war ein Versagen, das sich direkt ihrer eigenen streitsüchtigen, fremdenfeindlichen und engstirnigen Persönlichkeit zuschreiben lässt.«[395]

Im Februar 1990 beschlossen die Außenminister der NATO- und der Warschauer-Pakt-Staaten in Ottawa, Verhandlungen über die Wiedervereinigung Deutschlands einzuleiten. Daran teilnehmen sollten die Bundesrepublik Deutschland und die DDR, die USA, die Sowjetunion, Frankreich und Großbritannien (»zwei plus vier«). Vergeblich versuchte Margaret Thatcher, den Lauf der Dinge aufzuhalten, so zum Beispiel, indem sie behauptete, Helmut Kohl lehne es ab, die Oder-Neiße-Grenze Polens endgültig anzuerkennen – was der damalige Bundeskanzler empört dementierte.

Ende März 1990 diskutierte Margaret Thatcher in Chequers mit sechs britischen und amerikanischen Deutschlandexperten die Frage, ob ein wiedervereinigtes Deutschland eine Bedrohung darstellen würde. Zwei Wochen später konferierte sie darüber mit George Bush auf den Bermudas.

Letztlich konnte sie nicht verhindern, dass der Europäische Rat bei einem Sondergipfel am 28. April 1990 in Dublin die Wiedervereinigung Deutschlands als »positiven Faktor in der Entwicklung Europas« begrüßte. »Der einzige Fall, in dem ich mit meiner Linie zu einem außenpolitischen Thema unzweifelhaft gescheitert bin, war die deutsche Wiedervereinigung. Meine Absicht war, die Demokratisierung der DDR voranzutreiben und gleichzeitig ihre Vereinigung mit der Bundesrepublik Deutschland hinauszuzögern.«[396]

Ihr Industrie- und Handelsminister musste zurücktreten, weil er am 12. Juli über die Wiedervereinigung gesagt hatte: »Das Ganze ist ein Gaunerstück der Deutschen, mit dem sie ganz Europa übernehmen wollen. Das muss verhindert werden. [...] Da könnten wir unsere Souveränität ja gleich an Adolf Hitler abtreten.«[397]

Am Ende blieb Margaret Thatcher nichts anderes übrig, als dem »Zwei-plus-vier-Vertrag« zuzustimmen. Auf dieser Grundlage erfolgte dann am 3. Oktober 1990 die Wiedervereinigung Deutschlands.

Der Europäische Rat beschloss am 27./28. Oktober in Rom, in zehn Jahren eine gemeinsame Währung einzuführen. Daraufhin erklärte Margaret Thatcher im Unterhaus: »Eine gemeinsame Währung gehört nicht zur Politik dieser Regierung.«[398] Aus Protest gegen diese Haltung reichte ihr Stellvertreter Geoffrey Howe noch am selben Tag seinen Rücktritt ein. Mit ihm verließ der letzte Minister, der seit 1979 dabei gewesen war, Margaret Thatchers Kabinett. Diese Demission läutete den Anfang vom Ende ein.

Margaret Thatchers Politik und Führungsstil missfielen mittlerweile auch anderen Ministern. Zu Beginn ihrer Amtszeit hatte man ihr vorgeworfen, in der Ich-Form von der Regierung zu sprechen. Inzwischen machte sie es umgekehrt, auch wenn das »Wir« dadurch zum Pluralis Majestatis wurde, etwa nach der Geburt des ersten Enkels: »Wir sind Großmutter geworden.«[399] Das zeugte von ihrer Egozentrik. Ihre Entschlossenheit und Unbeirrbarkeit wurden nun als Starrsinn und Voreingenommenheit wahrgenommen. »In ihren frühen Tagen waren das alles Stärken und Teilursachen für ihren Erfolg: ihre phänomenale Energie, ihre Standhaftigkeit, ihre Unfähigkeit zur Entspannung bzw. eine Schwäche zuzugeben, ihr Unvermögen, darauf zu vertrauen, dass jemand etwas besser als sie selbst machen könnte. Je länger sie amtierte, desto deutlicher verwandelten sich [ihre] Stärken in Schwächen.«[400] Die »Eiserne Lady« war auch »eine getriebene, unsichere und eher einsame Frau«[401].

»Thatcher wollte sich durchsetzen, und sie hat dabei oft überzogen, nicht zuletzt im eigenen Kabinett. Dort fiel sie schließlich ihrer enthemmten Überheblichkeit zum Opfer.«[402]

Als das Murren lauter wurde, machte ihr nämlich Michael Heseltine den Parteivorsitz streitig und kandidierte gegen sie. So wie damals Edward Heath nicht hatte wahrhaben wollen, dass ihm eine Nachwuchspolitikerin gefährlich werden könnte, unterschätzte nun auch sie das Risiko einer Abwahl. Obwohl die Kampfabstimmung am 20. November anstand, nahm sie an der Konferenz über Sicherheit und Zusammenarbeit in Europa vom 19. bis 21. November in Paris teil. Dort erfuhr sie dann, dass sie zwar die meisten Stimmen bekommen hatte, aber ein zweiter Wahldurchgang erforderlich war, weil ihr Abstand zum Herausforderer nicht ausreichte.* Unverzagt trat sie daraufhin in Paris vor die Presse und kündigte an, sie werde um ihr Amt kämpfen. Noch am Abend des nächsten Tages versicherte sie das auch der Königin. Aber gegen 23.15 Uhr rief sie ihren Wahlkampfberater Timothy Bell an und teilte ihm mit, sie habe es sich überlegt und werde nun doch aufgeben. Es war ihr wohl klar geworden, dass sie keine Chance mehr hatte, sich als Partei- und Regierungschefin zu behaupten. Bis zwei Uhr nachts arbeitete sie mit ihm und Gordon Reece an ihrer Rücktrittserklärung.

Bei der zweiten Abstimmung am 27. November traten zwei Kandidaten gegen Michael Heseltine an; John Major entschied diese Wahl für sich. Er übernahm am Tag darauf den Parteivorsitz von Margaret Thatcher und löste sie auch als Regierungschefin ab.

Die Thatchers richteten sich nun in einer geschlossenen Wohnanlage in Dulwich im Süden Londons ein, wo sie seit 1986 ein Haus besaßen. In der Abgeschiedenheit hielt Margaret Thatcher es aber nicht lange aus. Sie teilte weder die Freude der Kö-

---

* Nach den Statuten der Conservative Party wurde eine weitere Abstimmung nötig, wenn der Sieger im ersten Wahldurchgang nicht mindestens 15 Prozent mehr als der Zweitplatzierte bekam.

nigin am Landleben, noch machte sie sich etwas aus Romanen, Theateraufführungen, Konzerten oder Kunstausstellungen. Im Grunde interessierte sie sich nur für Politik. Nach ein paar Wochen zog sie deshalb mit ihrem Mann wieder zurück in die Innenstadt. Die Regierung richtete ihr ein Büro ein und stellte ihr acht Angestellte zur Verfügung. Margaret Thatcher hielt sich über die politischen Entwicklungen auf dem Laufenden – und verfolgte ihren Nachfolger mit Kritik. »Sie hintertrieb nicht nur [John] Majors vage Ambition, Großbritannien ›ins Herz Europas‹ zu rücken, sondern untergrub seine ganze Autorität, indem sie den Bürgerkrieg in der Partei anheizte. Das zerstörte nicht nur kurzfristig seine Regierung, sondern zerrüttete auch auf Jahre hinaus die Glaubwürdigkeit der Torys als Regierungspartei.«[403]

Bei den Unterhauswahlen am 9. April 1992 errang die Conservative Party unter John Major einen überraschend klaren Sieg. Aber Margaret Thatcher gehörte dem Unterhaus nun nicht mehr an: Sie hatte auf eine nochmalige Kandidatur verzichtet.

Königin Elisabeth II., die Margaret Thatcher Ende 1990 bereits in den Order of Merit aufgenommen hatte, dessen Mitgliederzahl auf 24 begrenzt war, erhob die ehemalige Premierministerin im Juni 1992 in den Adelsstand, und Baroness Thatcher of Kesteven vertrat nun die Grafschaft Lincolnshire im House of Lords.

Vom Tabakkonzern Philip Morris ließ Margaret Thatcher sich für eine halbe Million Dollar pro Jahr als »geopolitische Beraterin« unter Vertrag nehmen; sie schrieb Bücher – darunter ihre zweibändige Autobiografie – und hielt zahlreiche Reden vor allem auch in den USA, für die sie Spitzenhonorare kassierte.

Während einer Rede vor Geschäftsleuten in Santiago de Chile wurde sie am 21. März 1994 kurz ohnmächtig und schlug mit dem Gesicht gegen das Mikrofon. Aber statt ihren Vortrag daraufhin abzubrechen, entschuldigte sich die 68-Jährige beim Publikum und machte weiter.

Sorgen dürfte ihr im familiären Bereich immer wieder ihr Sohn bereitet haben. Im Januar 1982 war Mark Thatcher als Teilnehmer der Rally Paris-Dakar vom Kurs abgekommen und zusammen mit seiner Kopilotin und dem Mechaniker fünf Tage lang in der Wüste verschollen, bevor man sie bei einer Suchaktion mit Flugzeugen fand. Mitte der Neunzigerjahre wurde in Texas wegen verschiedener Betrugsdelikte gegen ihn ermittelt. Schon zehn Jahre zuvor waren im Zusammenhang mit dem von seiner Mutter eingefädelten größten Rüstungsauftrag in der britischen Geschichte Gerüchte über Schmiergeldzahlungen an ihn aufgekommen. Mark Thatcher zog mit seiner Ehefrau Diane – der Tochter eines millionenschweren Autohändlers aus Texas – und den beiden Kindern nach Kapstadt. Dort beschuldigte man ihn 1998 der Wucherei im großen Stil. Wegen seiner zumindest finanziellen Beteiligung an einem im März 2003 gescheiterten Umsturzversuch in Äquatorialguinea wurde Mark Thatcher am 25. August 2004 in Kapstadt verhaftet. Er kam zwar gegen eine von seiner Mutter hinterlegte Kaution in Höhe von umgerechnet etwa 115 000 Euro nach kurzer Zeit wieder frei, aber das zuständige Gericht verurteilte ihn im Frühjahr 2005 zu vier Jahren Haft auf Bewährung und zur Zahlung einer Geldstrafe von umgerechnet etwa 180 000 Euro. Bald darauf reichte Diane Thatcher die Scheidung ein. – Der Gegensatz zwischen dem rechtschaffenen Kaufmann Alfred Roberts und seinem zwielichtigen Enkel Mark Thatcher hätte kaum krasser sein können.

Noch im selben Jahr – 2005 – nahm Marks Zwillingsschwester Carol Thatcher, die Journalistin geworden war, an der als Trash verschrienen Reality Show *I'm a Celebrity ... Get Me out of Here!* (*Ich bin ein Star. Holt mich hier raus!*, vulgo: »Dschungelcamp«) teil. Sie gewann zwar, aber ihre Mutter wird sich darüber vermutlich nicht besonders gefreut haben.

Im Februar 2007 wurde im Foyer des britischen Parlaments eine Bronzeplastik Margaret Thatchers enthüllt. Eigentlich hätte schon fünf Jahre früher eine Statue aufgestellt werden sollen, aber im Juli 2002 hatte jemand der damals vorgesehenen Marmorfigur den Kopf abgeschlagen. An der »Eisernen Lady« schieden sich nach wie vor die Geister. »Für ihre Anhänger war sie eine revolutionäre Gestalt, die Großbritanniens stagnierende Wirtschaft umgestaltete, die Gewerkschaften zähmte und das Land als Weltmacht wiederherstellte. [...] Aber ihre elfjährige Regierungszeit war auch geprägt von sozialen Unruhen, Arbeitskämpfen und hoher Arbeitslosigkeit. Ihre Kritiker behaupten, die britische Gesellschaft leide noch immer unter der Wirkung ihrer umstrittenen Wirtschaftspolitik und der angeblich von ihr begünstigten Kultur der Gier und Selbstsucht.«[404]

Am 7. März 2008 brach Margaret Thatcher bei einem Dinner im House of Lords zusammen und wurde ins St. Thomas' Hospital gebracht. Daraufhin erfuhr die Öffentlichkeit, dass sie bereits seit einiger Zeit an Demenz erkrankt war. Einen ersten Schlaganfall hatte sie wohl Ende 2001 auf Madeira erlitten. Nach einem weiteren im März 2002 war bekannt gegeben worden, dass Margaret Thatcher nicht mehr für öffentliche Reden zur Verfügung stehe. Allerdings überquerte sie im Juni 2004 noch einmal den Atlantik und nahm am Staatsbegräbnis für Ronald Reagan in Washington teil. Weil die 78-Jährige nicht mehr in der Lage gewesen wäre, »live« zu sprechen, hatte man ihre Trauerrede bereits einige Monate vorher aufgezeichnet.

Nach einer Blasenoperation kurz vor Weihnachten 2012 kam Margaret Thatcher nicht mehr nach Hause, sondern wurde in einem Hotel untergebracht und dort gepflegt. Am 8. April 2013 erlag sie einem Schlaganfall.

Sie erhielt zwar kein Staatsbegräbnis wie Winston Churchill, aber die aufwendigste Trauerfeier seit dessen Bestattung, ein »zeremonielles Begräbnis«, wie es 1997 für Prinzessin Diana* und 2002 für die Mutter der Königin ausgerichtet worden war. Ein Leichenwagen brachte den Sarg zunächst vom Palace of Westminster zur Kirche St. Clement Danes, der Pfarrkirche der britischen Luftwaffe, wo er auf eine von sechs Pferden gezogene Lafette gehoben wurde. Genau 19 Minuten dauerte die anschließende Fahrt durch die von Zuschauern gesäumten Straßen zur St. Paul's Cathedral. Die 700 Militärs, die den Sarg begleiteten, machten exakt 70 Schritte pro Minute, und jede Minute einmal wurde Salut geschossen, insgesamt also 19-mal, nur zweimal weniger als 1965 bei Winston Churchills Staatsbegräbnis. In der Kathedrale erwiesen schließlich 2300 Trauergäste aus aller Welt der Verstorbenen die letzte Ehre.

---

* Über Prinzessin Diana, Prinz Charles und Camilla Mountbatten-Windsor schrieb der Autor ein Kapitel in seinem Buch *Verführerische Frauen. Elf Porträts* (Piper Verlag 2012).

Rosemarie Nitribitt

(1933–1957)

―――◆◆◆―――

»IRGENDWANN SCHLÄGT MIR NOCH EINER DEN SCHÄDEL EIN«

Rosemarie Nitribitt wuchs in prekären Verhältnissen auf. Mit 20 Jahren nahm sie sich vor, aus dem armseligen Leben auszubrechen. Zielstrebig stilisierte sie sich in Frankfurt am Main zur Edelhure. Sie war gerade einmal 24 Jahre alt, als sie ermordet wurde. Das Verbrechen löste 1957 einen Skandal aus, vor allem, weil die Bundesbürger aus der Zeitung erfuhren, dass sich durch Prostitution sehr viel mehr verdienen ließ als mit harter Arbeit.

Rosalie Marie Auguste (»Rosemarie«) Nitribitt wurde am 1. Februar 1933 in Düsseldorf geboren. Ihren Vater – bei dem es sich um einen Arbeiter gehandelt haben soll – lernte sie vermutlich nie kennen. Christian Steiger schreibt in seiner Biografie *Rosemarie Nitribitt. Autopsie eines deutschen Skandals*, der Vater habe dem Vormundschaftsgericht später mitgeteilt, er müsse fünf eheliche Kinder ernähren und könne deshalb keinen Unterhalt für Rosemarie bezahlen. Die bei der Niederkunft 18-jährige, unverheiratete Mutter brachte 1935 und 1937 zwei weitere Töchter zur Welt. Jedes der drei Kinder stammte von einem anderen Mann. Mit fünf wurde Rosemarie ebenso wie ihre zwei Jahre jüngere Halbschwester Irmgard auf Anweisung des Jugendamts in ein Kinderheim gebracht, und im Jahr darauf kam sie zu einer Pflegefamilie in Niedermendig bei Mayen in der Eifel. Der Pflegevater war bereits 69, seine Ehefrau zwar 20 Jahre jünger, aber mit der Erziehung des aufmüpfigen Kindes waren sie beide überfordert.

Im Alter von elf Jahren wurde Rosemarie Nitribitt von einem 18-jährigen Nachbarjungen vergewaltigt. Obwohl der Vorfall nicht unbemerkt blieb, zeigte niemand den Täter an. Zwei Jahre nach der Vergewaltigung freundete sich Rosemarie Nitribitt mit zwei Prostituierten an und begann selbst anzuschaffen. Zu den ersten Freiern der Blondine gehörten französische Soldaten. Mit 14 soll sie sich einer Abtreibung unterzogen haben. Sicher ist, dass das Amtsgericht Mayen am 22. August 1947 anordnete, sie in einem Fürsorgeheim unterzubringen. Daraufhin setzte sich Rosemarie nach Frankfurt am Main ab. In der Folgezeit wurde sie mehrmals aufgegriffen und in ein Heim gesperrt, riss jedoch ebenso häufig wieder aus. 1950 arbeitete sie ein halbes Jahr lang als Hausmädchen und Aushilfsbedienung bei einer Familie, die in Andernach ein Café betrieb. Am 1. Februar 1951 zog es sie wieder nach Frankfurt, wo sie bereits am nächsten Tag im Hauptbahnhof der Polizei auffiel. Wieder wechselten sich Heimunterbringungen und Fluchten ab. Im März 1951 begleitete eine Betreuerin vom Jugendamt Rosemarie zum Vorstellungsgespräch bei einer Familie in Mayen, die bereit war, das Mädchen als Haushaltshilfe einzustellen. Christian Steiger schildert die Szene: »[...] trägt sie [Rosemarie] einen eleganten schwarzen Rock und eine neue lilafarbene Taftbluse, woraufhin sie der Hausherr für die Dame vom Jugendamt hält.«[405]

Wegen Landstreicherei wurde Rosemarie Nitribitt noch im selben Jahr zu drei Wochen Haft verurteilt, die sie in der Jugendstrafanstalt in Frankfurt-Preungesheim verbüßte. Danach tauchte sie unter und verdiente ihr Geld als Animierdame und Prostituierte im Frankfurter Bahnhofsviertel, bis sie im April 1952 erneut aufgegriffen wurde. Weil kein anderes Heim bereit war, die renitente 19-Jährige aufzunehmen, sperrte man sie am 16. April für ein Jahr in die berüchtigte Arbeitsanstalt Brauweiler bei Pulheim, wo sie unter anderem Tüten kleben musste.

Nach ihrer Freilassung zog Rosemarie Nitribitt ganz nach Frankfurt und mietete dort im Herbst 1953 ein Zimmer mit Bad. Sie lernte Englisch und Französisch, bemühte sich, Hochdeutsch zu sprechen, und nahm sowohl an einem Mannequinals auch einem Benimmkurs teil, denn sie wollte aus dem bis dahin geführten armseligen Leben ausbrechen. Entsprechend wählerisch suchte sie nun ihre Freunde und Freier aus. 1954 ließ sie sich beispielsweise mit einem 60-jährigen in Istanbul verheirateten türkischen Unternehmer ein, der ihr das Geld für einen Opel Kapitän schenkte. Während eines gemeinsamen Urlaubs in San Remo erlag er am 22. März 1955 allerdings einem Herzschlag.

Obwohl Rosemarie Nitribitt als geizig verrufen war, investierte sie in ihre Karriere: Sie kleidete sich elegant, zog im März 1956 in eine teure Neubauwohnung am Eschenheimer Turm und leistete sich einen Mercedes 190 SL mit roten Ledersitzen und Weißwandreifen, der im Mai ausgeliefert wurde. Für den Preis – 18 000 D-Mark – hätte sie vier VW-Käfer kaufen können, aber sie wusste, was sie wollte, und machte das auffällige Coupé zu ihrem Markenzeichen: Rosemarie Nitribitt signalisierte, dass sie nicht für jeden zu haben war, und stilisierte sich zur Edelhure. »Ausgerechnet mit dem Symbol des Wirtschaftswunders auf der Kühlerhaube auf den Strich zu fahren, hatte irgendwie Stil.«[406] Kontakte pflegte sie vom Auto aus zu knüpfen, zum Beispiel vor Nobelherbergen wie dem Frankfurter Hof. Gegen ein entsprechendes Trinkgeld erhielten Hotelgäste von dem einen oder anderen Portier Rosemarie Nitribitts Telefonnummer. Ende 1956 ergänzte sie ihre Selbstinszenierung, indem sie sich einen weißen Pudel schenken ließ. Ein paar Monate später kaufte sie einen Nerzmantel für 11 000 D-Mark und einen zweikarätigen Brillantring. Im Oktober 1957 genügte ihr dann der 190 SL nicht mehr, und sie bestellte ein schwarzes Mercedes-Coupé 300 S mit dunkelgrünen Ledersitzen für 34 500 D-Mark. Für so einen Betrag konnte man damals ein Haus bauen! Zur gleichen Zeit erkundigte sich die 24-Jährige nach Geldanlage-Möglichkeiten. Dabei dachte sie nicht an ein Sparbuch, sondern an eine finanzielle Beteiligung zum Beispiel an einer Bar. »Rosemarie Nitribitt, auch unter einer Art Künstlernamen als ›Rebecca‹ bekannt, sah Geld ausschließlich als Kapital an und gab es nur widerwillig aus. Gepflegte Kleidung, eine halbwegs luxuriöse Wohnung und ein verhältnismäßig teures Auto betrachtete sie wohl als unvermeidliche Investition in ihr Geschäft, das zahlungskräftige und gewissen Standard gewohnte Kundschaft anlocken sollte. Sich selbst hat Rosemarie wenig gegönnt, sie unternahm keine Reisen, sie machte sich nichts aus gutem Essen. Ihre letzte Mahlzeit war laut gerichtsmedizinischem Befund ein Teller Milchreis. Für Champagner sei sie zu geizig gewesen, sagte einer, der sie kannte.«[407]

»Irgendwann schlägt mir noch einer den Schädel ein«, soll Rosemarie Nitribitt befürchtet haben: Sie wusste, dass ihr nicht alle Bekannten wohlgesinnt waren. Immer wieder stieß sie auch jemanden vor den Kopf; Homosexuelle verführte sie zum Kummer von deren Partnern, und sie scheint Freier mit angeblichen Schwangerschaften erpresst zu haben.

Am 1. November 1957 machte ihre 47-jährige Zugehfrau Erna Krüger einen Nachbarn darauf aufmerksam, dass sie seit Tagen nichts von Rosemarie Nitribitt gehört hatte, was ungewöhnlich war, weil sie auch privat miteinander verkehrten. Da niemand öffnete, aber der Pudel in der Wohnung jaulte und bereits drei Tüten mit Frühstücksbrötchen vor der Tür lagen, alarmierte der Nachbar gegen 17 Uhr die Polizei. Zwei Streifenbeamten ließen die nur zugezogene, nicht abgesperrte Tür daraufhin von einem Schlosser öffnen und fanden die 24-Jährige tot im Wohnzimmer. Rosemarie Nitribitt war ungeschminkt und trug ein anthrazitfarbenes Kostüm, dessen Rock bis über den Schritt hochgerutscht war. Nase und Mund der vor der Couch auf dem Rücken liegenden Leiche waren blutverkrustet. Rosemarie Nitribitt scheint sich den Hinterkopf während eines Kampfes bei einem Sturz gegen eine Sessellehne aufgeschlagen zu haben und dann erwürgt worden zu sein. Seltsamerweise hatte der Mörder ein Frottierhandtuch unter ihren Kopf gelegt, um das Blut aufzufangen. Weil die Fußbodenheizung voll aufgedreht war, roch es unerträglich nach Verwesung, und die Beamten rissen deshalb die Fenster auf – allerdings ohne zuvor die Raumtemperatur gemessen zu haben. Deshalb konnten die Gerichtsmediziner später den genauen Todeszeitpunkt nicht mehr feststellen. Polizei und Staatsanwaltschaft gingen schließlich davon aus, dass Rosemarie Nitribitt am späten Nachmittag des 29. Oktober ums Leben gekommen sei.

Aber es gab noch mehr Pannen bei den Ermittlungen. Bevor beispielsweise mit der Spurensicherung begonnen wurde, hatten schätzungsweise 20 Personen das Apartment betreten. Polizisten und Journalisten rauchten und ließen die Kippen aus dem offenen Fenster fallen. Einige davon blieben auf einem Mauervorsprung liegen. Erst nach einiger Zeit kam ein Kriminalbeamter auf die Idee, dass auch der Mörder geraucht haben könnte und die Kippen deshalb sichergestellt werden sollten. Ungehindert aß die Zugehfrau einige der übrig gebliebenen Frühstücksbrötchen und warf den Rest weg. Tagelang fahndete die Polizei nach dem Besitzer eines im Wohnzimmer sichergestellten Herrenhuts – bis sich herausstellte, dass er dem Leiter der Mordkommission gehörte, der ihn versehentlich liegen gelassen hatte. »Auch noch 50 Jahre nach dem Mord sei man in Frankfurter Polizeikreisen beschämt, wie dilettantisch die Ermittlungen abgelaufen sind, verrät ein Ermittler, der nicht genannt werden möchte.«[408] Ein Kriminalbeamter schaffte ein in einem Silberrahmen auf der Musiktruhe stehendes Foto und mehrere Briefe auf die Seite. Sie stammten von Harald von Bohlen und Halbach, dem 41-jährigen Sohn von Bertha und Gustav Krupp, dessen älterer Bruder Alfred seit 1943 Chef des Krupp-Konzerns war und als reichster Mann Deutschlands galt. Allerdings sei die Beziehung zwischen dem Industriellensohn und der Edelnutte rein platonisch geblieben, meinte Alfred Kalk, der damals die Ermittlungen leitete: »Er hat nie mit ihr geschlafen. Er hatte eine Neigung fürs Milieu und mochte Frauen wie sie.«[409]

Offenbar hatte Rosemarie Nitribitt mit einem unangenehmen Besuch gerechnet, denn das Tonbandgerät in ihrer Musiktruhe war eingeschaltet. Allerdings brach die Aufnahme nach kurzer Zeit ab und war aufgrund der miserablen Qualität für die Ermittlungen unbrauchbar.

Der Körper Rosemarie Nitribitts wurde schließlich am 11. November auf dem Nordfriedhof in Düsseldorf beigesetzt. Den in der Gerichtsmedizin abgetrennten Kopf hatte die Staatsanwaltschaft jedoch nicht freigegeben; er sollte für etwaige spätere Untersuchungen aufbewahrt werden. Erst 51 Jahre später wurde er ins Grab gelegt.

Während Rosemarie Nitribitt zu Lebzeiten nur in gewissen Kreisen bekannt gewesen war, machten die Medien sie nun über Nacht in ganz Deutschland zur Berühmtheit. Wochenlang beherrschte sie die Titelseiten, denn von dem Skandal versprach sich vor allem die Boulevard-Presse höhere Auflagenzahlen.

Heute kann man sich kaum vorstellen, wie spießbürgerlich die Gesellschaft in den Fünfzigerjahren war. Die CDU/CSU hatte die Bundestagswahl am 15. September 1957 mit dem konservativen Wahlslogan »keine Experimente« gewonnen, und Wirtschaftsminister Ludwig Erhard versprach »Wohlstand für alle«. Die meisten Deutschen waren trotz des Wirtschaftswunders von den Entbehrungen der Nachkriegsjahre geprägt und mussten für ihren Lebensunterhalt hart arbeiten. Sie staunten daher, als sie aus der Zeitung erfuhren, wie viel Geld sich mit »Unmoral« verdienen ließ und welchen Luxus eine Prostituierte sich leisten konnte. Während der durchschnittliche Monatsverdienst in der Bundesrepublik damals um die 400 D-Mark betrug, nahm Rosemarie Nitribitt allein in den zehn Monaten vor ihrem Tod schätzungsweise 90 000 D-Mark ein. Die Medien wiesen auf ein in Leder gebundenes Notizbuch der Edelhure hin, in dem angeblich 100 Namen verzeichnet waren, und vermittelten in der Öffentlichkeit den Eindruck, dass Prominente unter den Freiern gewesen seien. Alfred Kalk beteuerte zwar, in dem Buch keine bekannten Namen gelesen zu haben, aber Gerüchten zufolge standen zwei erfolgreiche CDU-Politiker darin. War die Führungsschicht der Nachkriegsgesellschaft dekadent? Der Fall entwickelte sich zum Skandal, und weil der Inhalt des Notizbuches unter Verschluss blieb, blühten die Spekulationen.

Inzwischen ist bekannt, dass Rosemarie Nitribitt nicht nur Harald von Bohlen und Halbach kannte, sondern auch andere Mitglieder von Industriellen-Dynastien: Harald Quandt sowie die Brüder Ernst-Wilhelm und Gunter Sachs. Sie wurden zwar vernommen, aber wie das geschah, schilderte Gunter Sachs später in der Illustrierten *Bunte* so: »Nach zehn Routinefragen zur Person und meinem Alibi interessierten sich die Herren mehr für die Direkteinspritzung meines 300 SL Flügeltürers.«

Rosemarie Nitribitt hatte zumindest einen Teil ihrer Einkünfte nicht versteuert, das Geld der Freier in einer blauen Kassette in ihrem Wohnzimmerschrank gehortet und stets alles bar bezahlt. Da die Ermittler im Apartment der Toten jedoch nicht mehr als 1250 D-Mark vorfanden, gingen sie von einem Raubmord aus.

Unter dem Verdacht, Rosemarie Nitribitt ermordet zu haben, wurde am 6. Februar 1958 der 37-jährige, seit Kurzem arbeitslose Handelsvertreter Heinz Christian Pohlmann festgenommen, der als leichtfertiger Blender galt, über seine Verhältnisse lebte und bereits dreimal wegen Betrugs bzw. Diebstahls vorbestraft war. »Überall Schulden machen, aber großartig auftreten, einen neuen Wagen kaufen, ehe der alte bezahlt ist, so ein Typ ist das.«[410] Pohlmann hatte für seine Freundin Rosemarie Nitribitt eingekauft, gekocht und ihren Hund ausgeführt. Nach eigener Aussage sah er sie am 29. Oktober zum letzten Mal. Als gegen 14.45 Uhr ein Freier geklingelt habe, sei er in die Küche gegangen, gab er zu Protokoll, und um den anderen Mann zu täuschen, habe ihm Rosemarie Nitribitt beim Verlassen der Wohnung nachgerufen: »Frieda, vergiss das Brot nicht!« Hatte er seine Freundin umgebracht und das Geld aus ihrem Wohnzimmerschrank geraubt? Dass er Anfang November einen Teil seiner beträchtlichen Schulden beglichen und ein 10 000 D-Mark teures Auto gekauft hatte, machte ihn besonders verdächtig.

Mit der Begründung, es bestehe kein dringender Tatverdacht gegen Heinz Pohlmann, ordnete das Landgericht Frankfurt am 29. Dezember 1958 dessen Freilassung an. Noch am selben Abend gab er eine Pressekonferenz. Die Illustrierte *Quick* setzte 50 000 D-Mark für die Ergreifung des Mörders von Rosemarie Nitribitt aus und begann im Januar 1959 mit dem Abdruck einer von Heinz Pohlmann diktierten Artikelserie. »Der Mörder ist unter uns. Er hat keine Hand gerührt, als statt seiner der Handelsvertreter Pohlmann verhaftet wurde und immer tiefer in

Verdacht geriet ... Dafür wollen wir ihn jagen. *Quick* ruft seine Millionen Leser auf, dabei zu helfen, diesen gemeinen Mörder zur Strecke zu bringen. Was der Polizei nicht gelang, Millionen muss es gelingen ... Der Mörder soll wissen, dass von nun an Millionen Augenpaare ihn suchen.«[411] Dass ein Mordverdächtiger aus seinem Fall Kapital schlug, war bis dahin noch nicht vorgekommen. (Später sollte er sogar noch in dem Film *Die Wahrheit über Rosemarie* mitspielen, wurde dann aber doch durch einen Schauspieler ersetzt.) Nach fünf Folgen stellte *Quick* die reißerische Enthüllungsstory wieder ein – allerdings nicht etwa aufgrund der Kritik des Deutschen Presserats, sondern weil Pohlmann die Zusammenarbeit abbrach, als ihm ein Krupp-Anwalt für sein Schweigen mehr Geld in Aussicht stellte, als er von der Illustrierten als Honorar bekommen hätte.

Einer der Namen in Rosemarie Nitribitts Notizbuch lautete Rolf Endler. Bei der Fahndung stieß die Polizei in München auf einen 58-jährigen Lebensmittelhändler. Er wurde im Dezember 1958 mehrmals vernommen, unter Druck gesetzt und wochenlang observiert – bis sich herausstellte, dass er gar nicht der Gesuchte war. Am 19. Februar 1959 unterrichteten ihn zwei Kriminalbeamte über die Einstellung der Ermittlungen gegen ihn. In der folgenden Nacht erlag er einem Herzinfarkt.

Heinz Pohlmann wurde im Juni 1959 zu 16 Monaten Gefängnis verurteilt – nicht im Zusammenhang mit der Ermordung von Rosemarie Nitribitt, sondern wegen Unterschlagungen bei seinem letzten Arbeitgeber. Ab 20. Juni 1960 musste sich der Häftling dann doch wegen des Verdachts, die Edelprostituierte ermordet und beraubt zu haben, vor einem Gericht in Frankfurt verantworten. Der Angeklagte beteuerte jedoch nach wie vor seine Unschuld, und sein Verteidiger Alfred Seidl – der spätere bayerische Innenminister (1977/78) – zweifelte im Prozess den Todeszeitpunkt an, von dem die Staatsanwaltschaft ausging.

Damit hatte er auch Erfolg, weil die Raumtemperatur nicht protokolliert worden war und Zeugen Rosemarie Nitribitt noch beim Einkaufen von Kalbsleber für ihren Pudel gesehen haben wollten, als sie laut Anklage bereits tot war. Aus Mangel an Beweisen sprach das Gericht Heinz Pohlmann daraufhin nach 13 Verhandlungstagen am 13. Juli frei, und die Staatsanwaltschaft akzeptierte das Urteil. Nach Verbüßung seiner Haftstrafe wegen der Unterschlagung wurde er am 14. November 1961 aus der Justizvollzugsanstalt Bernau am Chiemsee entlassen. Er starb am 25. September 1990 in München.

Weil bei den Ermittlungen gravierende Fehler gemacht wurden, 700 von 6000 Seiten aus den Ermittlungsakten verschwanden und die Polizei den Mord nicht aufklärte, spekulierten einige Beobachter, dass der oder die Täter in einflussreichen Kreisen zu suchen gewesen wären, die verhindert hätten, dass die Wahrheit ans Licht kam.

In Ermangelung von Fakten mutmaßten die Medien über den Tathergang sowie Freunde und Freier der ermordeten Prostituierten. Auf diese Weise entstand ein aus Annahmen zusammengesetztes Bild, das in Büchern und Filmen »weiterentwickelt« wurde. Ein halbes Jahr nach dem Tod von Rosemarie Nitribitt erschien bereits das erste Buch über sie. Erich Kuby hatte es geschrieben, und es trug den Titel *Rosemarie. Des deutschen Wunders liebstes Kind*. Dem Autor ging es nicht darum, Rosemarie Nitribitt zu porträtieren oder den Mordfall wirklichkeitsgetreu zu rekonstruieren, sondern er benutzte die Geschichte, um der bundesdeutschen Nachkriegsgesellschaft den Spiegel vorzuhalten. Fast gleichzeitig arbeitete Erich Kuby auch am Drehbuch für den satirischen Kinofilm *Das Mädchen Rosemarie* mit. Die Dreharbeiten dazu begannen im April 1958. Nadja Tiller wurde gewarnt, die anrüchige Rolle zu übernehmen: »Bist du verrückt?! Du wirst dich damit ruinieren.«[412]

In der DDR beobachtete man dies alles schadenfroh, und *Das Neue Deutschland* schrieb süffisant: »In den Kreisen der Bourgeoisie und der Kapitäne des bundesdeutschen Wirtschaftswunders gehört es zum guten Ton, sich ein Mädchen, eine Prostituierte für außereheliche Amouren zu halten. Aber darüber spricht man nicht und man dreht schon gar nicht einen Film darüber.«[413] Das Auswärtige Amt, das befürchtete, der Film könne dem Ansehen der Bundesrepublik schaden, wollte die Aufführung bei den Filmfestspielen in Venedig verhindern, aber das gelang nicht – und *Das Mädchen Rosemarie* wurde zum erfolgreichsten Kinofilm des Jahres 1958. Bernd Eichinger drehte 1996 mit Nina Hoss in der Titelrolle ein Remake.

Nina Hagen
(*1955)

————•◆•————

»ICH WAR SCHON IMMER SEHNSÜCHTIG NACH FREIEM, WILDEM, UNABHÄNGIGEM LEBEN«

Nach dem Abbruch der Schule begann Nina Hagen als Sängerin aufzutreten. Mit 22 Jahren musste sie die DDR verlassen. Im Westen wurden ihre Stimme und ihre flapsigen Texte gefeiert. Die »Mother of Punk« sorgte auch mit provokanten Auftritten für Schlagzeilen.

Für die vierjährige Catharina (»Nina«) Hagen brach 1959 eine Welt zusammen, als sie vom Kindergarten nach Hause kam und die Mutter ihr mitteilte, dass der Vater ausgezogen sei. Nina hatte zwar mitbekommen, dass die Eltern sich stritten und sogar ohrfeigten, war aber nicht darauf vorbereitet, dass sie von nun an nur noch mit ihrer Mutter zusammenwohnen sollte.

Ninas Vater Hans Hagen war 1937 mit 15 Jahren nach Spanien gereist, um sich den Internationalen Brigaden im Krieg gegen General Franco anzuschließen, aber man hatte den Bankierssohn aus Berlin wegen seines Alters zurückgewiesen. Nachdem er sich einige Zeit mit Hilfsarbeiten in Südfrankreich durchgeschlagen hatte, kehrte er 1940 nach Berlin zurück. Im Jahr darauf wurde der inzwischen 19-Jährige wegen einer gegen das

NS-Regime gerichteten Flugblattaktion in Berlin-Moabit eingesperrt. Er kam erst 1945 wieder frei, als die Rote Armee den Stadtteil einnahm. Seinen Vater Hermann Hagen hatten die Nationalsozialisten inzwischen im KZ Sachsenhausen ermordet. Im Frühjahr 1954 lernte Hans Hagen dann die zwölf Jahre jüngere Eva-Maria Buchholz kennen. Die Tochter pommerscher Landarbeiter war 1945 mit ihrer Familie vertrieben worden und in Perleberg, 120 Kilometer nordwestlich von Berlin, gestrandet. Nach einer Schlosserausbildung in Wittenberge besuchte sie ab 1952 die Schauspielschule in Berlin-Schöneweide, und im Jahr darauf trat sie in Erwin Strittmatters Stück *Katzgraben* unter der Regie von Bertolt Brecht mit dem Berliner Ensemble auf. Am 4. Mai 1954 ließen sich Hans Hagen und Eva-Maria Buchholz im Standesamt Prenzlauer Berg trauen. Zehn Monate später, am 11. März 1955, wurde ihr einziges Kind geboren: Nina.

Obwohl Eva-Maria Hagen nun Mutter war, setzte sie ihr Schauspielstudium 1956 an der Fritz-Kirchhoff-Akademie in Westberlin fort und übernahm im Jahr darauf die Hauptrolle in der von Kurt Maetzig inszenierten Filmkomödie *Vergesst mir meine Traudel nicht*. Das war der Beginn einer erfolgreichen Karriere als Filmschauspielerin, und das Publikum feierte Eva-Maria Hagen trotz ihres eigentlich dunklen Haares bald als »Brigitte Bardot der DDR«.

Nachdem die Eltern sich getrennt hatten, nutzte Nina jede Gelegenheit, ihren Vater zu besuchen, auch ohne Einwilligung der Mutter, die oft tage- oder wochenlang außerhalb von Berlin zu tun hatte. Solange Hans Hagen noch in der Nähe wohnte, flitzte Nina auf Rollschuhen zu ihm. Erst später fuhr sie mit der S-Bahn. Wenn Eva-Maria Hagen zu Hause war, lud sie häufig Gäste ein, und ihre Wohnung wurde »zum Treffpunkt von allen möglichen Kreaturen, von Kreativen, Experimentalisten, Künstlern und schrägen Vögeln, die sich wie bunte Farbtupfer im

Milieu des Spießersozialismus der frühen Sechziger ausnahmen. Unsere Wohnung war eine jener Nischen, in denen man sich ausprobierte, einzeln und im Kollektiv«[414]. Die Aufmerksamkeit der Gäste zog Nina in ihrem kindlichen Narzissmus auf sich, indem sie sang und tanzte. »Manchmal irrlichterte ich splitterfasernackt durch die Szenerie und tanzte selbst dann noch nackt vor der angeheiterten Clique rum, als ich sichtlich vom Mädchen zur Frau wurde: ein Augenschmaus für Pädophile, sollten sie sich darunter befunden haben. Und sie befanden sich darunter; ich erfuhr es später.«[415] Ihre Mutter dachte sich offenbar nichts dabei. In ihrer Autobiografie erinnert sich Nina Hagen, wie sie als Kind miterlebte, dass »die durch Alkohol befeuerte, sturzbetrunkene Mama während einer ihrer Geburtstagspartys ihren Busen auspackte und vor der johlenden Meute auf den Tisch legte«[416]. Eva-Maria Hagen wollte von ihrer Tochter nicht länger mit »Mutter«, sondern mit ihrem Vornamen angesprochen werden. Sie lebte in dieser Zeit mit wechselnden Männern zusammen. Aus Liebeskummer schnitt sie sich eines Tages die Pulsadern auf, wurde jedoch rechtzeitig gefunden und gerettet. Für Nina war dies ein traumatisches Erlebnis: »Meine Mutter wollte mich allein zurücklassen.«[417]

1965 zog Eva-Maria Hagen mit ihrer Tochter um und wurde bald darauf die Lebensgefährtin des in der Nachbarschaft wohnenden, zwei Jahre jüngeren Liedermachers Wolf Biermann.

Wolf Biermann, der Sohn eines 1943 in Auschwitz ermordeten Werftarbeiters, war nach dem Schulabschluss in seiner Heimatstadt Hamburg in die DDR gegangen und hatte in Gadebusch bei Schwerin ein der Polytechnischen Oberschule angeschlossenes Internat besucht. Nach dem Abbruch seines Ökonomiestudiums an der Humboldt-Universität in Berlin arbeitete er einige Zeit beim Berliner Ensemble als Regieassistent, absolvierte dann von 1959 bis 1963 ein Philosophie- und

Mathematikstudium, erhielt jedoch wegen seiner regimekritischen Haltung kein Diplom.

Nina Hagen schätzte den neuen Lebenspartner ihrer Mutter als väterlichen Freund. »Biermann war der erste Erwachsene, der mich nicht mehr wie ein Kind behandelte.«[418] Er zeigte ihr Gitarrengriffe und ließ sie dazu singen. »Dann hatte ich Kassetten mit Songs von den Beatles, den Stones, James Brown, Tina Turner, Janis Joplin und so weiter, und das wurden meine Gesangslehrer.«[419]

Durch Wolf Biermann kamen Eva-Maria und Nina Hagen nicht nur mit systemkritischen DDR-Bürgern, sondern auch mit unangepassten Prominenten aus der Bundesrepublik wie Heinrich Böll, Udo Lindenberg, Rainer Langhans und Fritz Teufel zusammen. Ein halbes Jahr nachdem Wolf Biermann und Eva-Maria Hagen ein Paar geworden waren, verbot das Regime dem Liedermacher jedoch weitere Auftritte und Veröffentlichungen in der DDR.

Nina war zwölf, als sie mit ihrer gleichaltrigen Freundin Sibylle Havemann, der Tochter des mit Wolf Biermann befreundeten Regimekritikers Robert Havemann und dessen zweiter Ehefrau Karin von Trotha, eine Party besuchte und dabei mit einem Jungen zusammentraf, der ihr in die Hände ejakulierte. Das verwirrte sie, denn – so schildert sie es in ihrer Autobiografie – sie glaubte zunächst, er habe uriniert. »Ich kam nicht im Geringsten auf den Gedanken, dass das Sex sein könnte oder mit Sex zu tun haben könnte.«[420] Sie erzählte Sibylle von dem ekligen Erlebnis. Die sprach darüber mit Wolf Biermann, und der alarmierte seine Lebensgefährtin. Eva-Maria Hagen eilte daraufhin mit ihrer Tochter zum Gynäkologen, der allerdings feststellte, dass Nina noch Jungfrau war. Dennoch zeigte die aufgebrachte Mutter den Eltern des Jungen, »was sie auf der Schauspielschule über Furien gelernt hatte«[421].

Aufgeschreckt durch den Vorfall beschloss Eva-Maria Hagen, die noch immer viel unterwegs war, ihre Tochter nicht länger den Verführungen der Großstadt auszusetzen, sondern sie aufs Land zu schicken. Die verwitwete Mutter einer Freundin der Schauspielerin nahm die Pubertierende daher für einige Zeit in ihrer Wohnung in Sangerhausen im Harz auf, und dort ging Nina auch zur Schule.

Im Sommer des folgenden Jahres – 1968 – machten Eva-Maria Hagen und Wolf Biermann mit Nina, Sibylle Havemann und anderen Freunden Ferien am FKK-Strand auf Usedom. Nina, deren Körper inzwischen dem einer Erwachsenen ähnelte, empfand es zum ersten Mal als peinlich, dass andere sie nackt sahen. Als Sibylle ihr anvertraute, dass sie für Wolf Biermann schwärmte, war sie schockiert: Ihre 13-jährige Freundin hatte sich in einen mehr als doppelt so alten Mann verknallt!

Sie selbst verliebte sich in einen 18-Jährigen, der sein Zelt auf dem Campingplatz in Strandnähe aufgeschlagen hatte: Thomas Fuhrmeister. Im Herbst besuchte Nina ihn in Ostberlin, aber es dauerte noch einige Wochen, bis sie sich von ihm deflorieren ließ. Als sie bald darauf erfuhr, dass Thomas nicht nur mit ihr intim war, versuchte sie, sich mit einer Schere die Pulsadern zu öffnen, aber der zaghafte Selbstmordversuch misslang, und Nina kam im Lauf der Zeit über die Enttäuschung hinweg. »Nach meiner ersten verstorbenen Liebe Thomas Fuhrmeister öffnete sich mein Herz immer wieder für die Liebe! So lebte ich in einer Reihe von Beziehungen; ich habe sogar zweimal geheiratet, und in der ganz frühen Pubertät hatte ich auch Freundinnen. Na ja, da wurde kurz mal sexuelle Jugendforschung betrieben.«[422] Im Interview mit Alice Schwarzer gab Nina Hagen zu, erst durch eine lesbische Erfahrung begriffen zu haben, »welche körperlichen Empfindungen man als Frau eigentlich haben kann«.[423]

Als sie sich mit einem 21-jährigen Bühnenarbeiter aus Bulgarien anfreundete und bei ihm übernachtete, standen eines Nachts um drei Uhr plötzlich ihre Mutter und Wolf Biermann in der Tür. »Ich richtete mich im Bett auf. Das Licht blendete mich. Gelegenheit zum Augenreiben bekam ich nicht; schon brannte mir eine gepfefferte Ohrfeige im Gesicht.«[424] Nachdem Eva-Maria Hagen sich beruhigt hatte, ließ sie ihrer Tochter Antibabypillen verschreiben. Trotzdem wurde Nina schwanger und musste sich Anfang 1970 in der Charité einer Abtreibung unterziehen. Sie habe ihre Mutter vergeblich angebettelt, »es« behalten zu dürfen, schreibt Nina Hagen in ihrer Autobiografie. Nach dem Eingriff sei sie »zu Tode gedemütigt und tief erschüttert«[425] gewesen. »Aber am traurigsten war ich, dass meine ›Umwelt‹ (einschließlich Kindsvater), ja, dass alle diese Menschen um mich herum nur entsetzt darüber taten, dass ich schwanger war. Geradezu atemlos rieten sie mir alle zur Abtreibung.«[426]

In dem Internat in Annaberg, das sie inzwischen besuchte, schwänzte sie samstags den Unterricht, nahm den Bus nach Chemnitz, lief zur Autobahn und fuhr per Anhalter zu ihrem Freund nach Berlin.

»Ich war schon immer, seit ich überhaupt denken kann, sehnsüchtig nach freiem, wildem, unabhängigem Leben«[427], konstatiert sie später, und sie zitiert einen Freund: »Wenn es daher in den nächsten Jahren irgendeine Grenze der zivilen Konventionen, des guten Geschmacks, der Lautstärke oder der bürgerlichen Moral zu übertreten gab – Nina marschierte vorweg. Nina war sich immer selbst voraus. Nina war die Avantgarde und immer noch eine Spur schneller oder einen Tick schriller als die Konkurrenz!«[428] Um andere Fahrgäste zu provozieren, täuschte sie zum Beispiel in der S-Bahn eine Schwangerschaft vor und beobachtete dann neugierig, wie die Leute sich verhielten.

Nina brach nun den Schulbesuch ab. Weil aber Jugendliche zwischen 14 und 18 Jahren, die weder zur Schule gingen noch arbeiteten, damit rechnen mussten, in einen Jugendwerkhof gesperrt zu werden, probierte sie verschiedene Berufstätigkeiten aus. »So landete ich schließlich in der Tierklinik der Berliner Humboldt-Universität, genauer gesagt bei und in der Pferdescheiße.«[429] Von der Schauspielschule, bei der sie sich bewarb, wurde sie abgelehnt. Nach der Wende erfuhr sie auch den Grund dafür: In den Stasi-Unterlagen fand sie nämlich das Protokoll eines abgehörten Telefongesprächs, bei dem sie einer Freundin von ihrem Aufnahmeantrag erzählt hatte. Am Rand des Blattes stand: »Verhindern!«

Nach der Zurückweisung durch die Schauspielschule nahm Nina sich im Spätsommer 1970 vor, über Polen in den Westen zu fliehen. Sie stahl ihrer Mutter einen Brillanten, und von dem Geld, das ihr ein Juwelier dafür gab, kaufte sie sich eine Bahnfahrkarte nach Warschau. Dort quartierte sie sich in einem Jugendhotel ein. Ihre Hoffnung, dass Florian Havemann, einer der beiden älteren Brüder Sibylles, der inzwischen in Westberlin lebte, ihr helfen würde, erfüllte sich jedoch nicht. Auch Karl-Heinz Hagen, der ältere Bruder ihres Vaters, der als Chefredakteur bei der Illustrierten *Quick* in München tätig war, konnte oder wollte nichts für sie tun.

Während der drei Monate, die sie in Polen verbrachte, ließ sie zum zweiten Mal eine Abtreibung durchführen.

In der Diskothek des Jugendhotels überredete Nina Hagen eine Band, sie mitsingen zu lassen – und begann eine Affäre mit dem Schlagzeuger, die allerdings nach wenigen Wochen endete. Als eine Warschauer Zeitung über die Sängerin »Catherina Hagerowa« aus der DDR berichtete, trampte Nina nach Danzig, denn sie befürchtete, dass die Stasi wegen versuchter »Republikflucht« nach ihr suchen könnte. Schließlich gab sie ihren Fluchtplan auf und kehrte nach Berlin zurück. Dort hatte man offenbar noch keinen Verdacht geschöpft, denn sie wurde nicht vernommen, durfte sogar eine eigene Wohnung beziehen und konnte im Zentralen Studio für Unterhaltungskunst endlich eine Berufsausbildung beginnen.

Am Tag nach ihrer Abschlussprüfung schrieb ein Musikkritiker in der Zeitung *Neues Deutschland:* »Als herausragendes Talent der Veranstaltung erwies sich Catharina Hagen. Ihr angejazzter Gesangsstil, ihr sicheres Gefühl für schauspielerische Effekte und ihr Talent für Komik gaben ihren Darbietungen eine Farbe, wie sie uns bisher gefehlt hat.«[430]

Mit einem Berufsmusikerausweis tingelte Nina Hagen 1973 ein halbes Jahr lang durch die Provinz und sang im Alfons-Wonneberg-Sextett – bis der 23-jährige Rockmusiker Michael Heubach auf sie aufmerksam wurde und sie Anfang 1974 in seine neue Band Automobil holte. Zusammen mit dem Texter Kurt Demmler schrieb er für Nina Hagen das Lied *Du hast den Farbfilm vergessen* und verhalf ihr damit zum Durchbruch. Dennoch wechselte sie 1975 zu Fritzens Dampferband, einer im April von Michael Fritzen und Achim Mentzel gegründeten Spaßband.

Wolf Biermann, dessen Beziehung mit Eva-Maria Hagen 1972 zerbrochen war, konnte im September 1976 nach elf Jahren aufgrund eines Irrtums der Stasi noch einmal in einer Kirche in Ostberlin singen. Nach einem Auftritt am 13. November 1976 in Köln ließ ihn das SED-Regime jedoch nicht wieder in die DDR einreisen und bürgerte ihn aus. Nina Hagen schrieb daraufhin dem Innenminister Friedrich Dickel: »[…] Was man Biermann vorwirft, wirft man indirekt auch mir vor […]. Ich sehe in meinem Land vorläufig keine Möglichkeit zu arbeiten, denn ich werde nicht schweigen können über die Ungerechtigkeit.«[431]
Prompt forderten die Behörden sie auf, die DDR bis zum 12. De-

zember zu verlassen. Zwei Tage vor Ablauf des Ultimatums fuhr sie nach Hamburg, wo Wolf Biermann und dessen Mutter Emma sie vom Bahnhof abholten. (Eva-Maria Hagen protestierte ebenfalls gegen die Ausbürgerung ihres früheren Lebensgefährten. Sie wurde deshalb mit einem Berufsverbot belegt und schließlich 1977 ausgebürgert.)

Wolf Biermann vermittelte Nina Hagen 1977 einen Plattenvertrag mit CBS Records und nahm sie mit auf eine Tournee durch Italien.

Als Juliana Grigorova Knepler erfuhr, dass ihre Jugendfreundin Nina Hagen inzwischen ebenfalls im Westen lebte, überredete sie die Sängerin am Telefon, in ihrem Abschlussfilm *The Go-Blue Girl* an der London Film School als Darstellerin mitzumachen. So kam Nina nach London. Dort freundete sie sich mit der Münchnerin Ari Up* an, die als 14-Jährige 1976 die Punkgruppe The Slits gegründet hatte. Obwohl Nina Hagen sich damals eher wie ein Hippie-Mädchen vorkam,** übernahm sie den schrillen Chic des Punk, den die Londoner Designerin Vivienne Westwood (»Queen of Punk«) mitbegründet hatte. »Als Kinder von angepassten, aber desorientierten Eltern schlossen sich damals viele einer Bewegung an, in der es Liebe gab und die sich als Aufschrei nach Veränderung verstand«, erinnert Nina Hagen sich später in einem Interview.[432] »Natürlich wollten wir Punkmädels hübsch sein; aber wir wollten keine sexistischen Männer, die uns hinterherschlabbern und uns permanent an die Wäsche gehen. Also malten wir uns die Augenhöhlen schwarz. Klar wollten wir Lippenstift, aber wir wollten nicht die puppenhaft dekorierten Schau- und Grapschobjekte der geilen

---

* bürgerlich: Ariane Daniele Forster (1962 – 2010)
** »Aber ich war kein Punk, ich war Nina Hagen! Ich war vielleicht eine Freundin der Punks, aber ich war doch ein alter Hippie.« (zit. *Gala*, 18. Juli 2012)

Säcke sein, also schmierten wir ihn uns halt grobrot übers Mäulchen. Wir trugen Springerstiefel, Glatze, Mohawk-Frisuren und machten uns auf jede erdenkliche Weise ›hässlich‹, weil wir auf eine authentische und echte Weise angenommen, verstanden und geliebt werden wollten.«[433]

Ende 1977 kehrte Nina Hagen in die Bundesrepublik zurück. Bald darauf überredete sie drei Mitglieder der soeben aufgelösten Politrock-Band Lokomotive Kreuzberg, mit ihr und einem Keyboarder die Nina Hagen Band zu gründen. Der Fotograf Günther (»Jim«) Rakete wurde ihr Manager, und CBS Records nahm die Gruppe unter Vertrag. »Punk-Diva Nina Hagen kann mit einem Opernstar locker mithalten«[434], wird es später in der *Frankfurter Allgemeinen Zeitung*« heißen. »Nina Hagen schmeißt sich in die Musik, aggressiv, direkt, furios, orgelt im schönsten Opern-Alt, flitzt mit Krakeel und Kieksern in gleißende Sopran-Höhen, sie parodiert, persifliert, kobolzt wie ein Derwisch auf der Bühne: ein Rock-Sponti, eine geballte Ladung Energie, mit vier Oktaven Stimmumfang«, schwärmte der *Spiegel*-Reporter Fritz Rumler. »Ihre Texte schreibt sie sich selbst, die oft sehr differenzierte, witzige Musik machen ihr (oder mit ihr) ihre Untermänner. Es sind flapsige Reime über Sex, Boys, Alltag, Juxromantik, aber auch schierer Nonsens.«[435] Nina Hagen provozierte den Reporter bei einem Interview mit der Frage, ob sie ihm beschreiben solle, wie sie sich kurz vor oder nach dem Orgasmus fühle. Aber er ließ sich seine Begeisterung nicht nehmen: »Eine starke Persönlichkeit und eine empfindsame Person kringeln sich im Ohrensessel, spontan, gerade, Gefühlen lebend und vertrauend, unheimlich hell und schnell im Kopf; ein Hauch von schöner, heiterer Anarchie umweht die wilde Nina aus Berlin.«[436] Alice Schwarzer, die Nina Hagen mit Patti Smith und Liza Minelli verglich, lobte an ihren »Liedern, dass sie nie platt agitatorisch sind, sondern voller Phantasie,

Witz und auch Lebensfreude«. Die Feministin zeigte sich aber auch von der Persönlichkeit des »Prachtweibs« angetan: »Keine Show, nichts Künstliches, ganz sie selbst, offen und spontan, warmherzig und witzig. [...] Ungezähmt ist sie und ermutigend stark, verletzbar und hinreißend komisch. Eine glatte Herausforderung für die Welt der Männer, der Normalen und der Erwachsenen.«[437]

Das 1978 veröffentlichte Album *Nina Hagen Band* wurde 250 000-mal verkauft, und am 9. Dezember 1978 stand die Gruppe in der Dortmunder Westfalenhalle für die Fernsehsendung *Rockpalast* vor der Kamera.

Trotz dieser Erfolge nahmen die Konflikte unter den Musikern zu. Die Männer warfen Nina Hagen egozentrische Starallüren vor. Allerdings waren sie vertraglich verpflichtet, noch ein zweites Album abzuliefern, für das es auch bereits 200 000 Vorbestellungen gab. Nina Hagen hatte die Texte für die Songs geschrieben, aber als die vier anderen Bandmitglieder am 17. April 1979 mit ihr von Berlin nach Belgien oder Frankfurt am Main – die Angaben darüber widersprechen sich – reisen wollten, um die Songs dort einzuspielen, fehlte sie am Bahnhof. Die Männer fuhren zu ihr, holten sie aus dem Bett und brachten sie zum Bahnhof Zoo, aber kurz vor der Abfahrt des Zuges kehrte sie wieder um, »weniger wegen der noch anhaltenden Gifthirnverpilzung* als wegen der Ausdünstungen von Kälte und Missgunst, die mir entgegenschlugen. Nein – wir waren keine Freunde mehr.«[438] Ninas Gesang musste deshalb später separat aufgenommen und zugemischt werden. Das Album erhielt den Titel *Unbehagen*. Ein drittes kam dann nicht mehr zustande, denn die zerstrittene Gruppe löste sich auf. »Wenn die Band nicht an Neid,

---

* Damit spielt Nina Hagen auf den Konsum von psychedelischen Pilzen und Kokain an (Nina Hagen: *Bekenntnisse*, Pattloch Verlag 2010, S. 198)

Ungerechtigkeit und Missgunst gestorben wäre, wären wir heute die beste Rockgruppe der Welt«, behauptete Nina Hagen 2012 in einem Interview.[439] »Nina Hagen ist ein besonders krasser Fall von Talentvergeudung«, schreibt der Kulturjournalist Edo Reents. »Die noch vor Inga Rumpf rangierende beste deutsche Rocksängerin wusste mit einer Stimme, für die es nie technische Probleme zu geben schien, eigentlich nur zweimal etwas anzufangen [...]: Die Platten *Nina Hagen Band* (1978) und *Unbehagen* (1979) wiesen sie als das aus, was es bis dahin zumindest in Deutschland so noch nicht gegeben hatte: ein mit Berliner Mutterwitz gesegnetes, zwischen Infantilität und Genialität irrlichterndes Kraftpaket, das in seiner Phrasierungskunst internationalen Höchststandards mühelos genügte. [...] Nina Hagen kann es mit den allerbesten Rhythm&Blues-Sängerinnen aufnehmen; sie kann glucksen und kieksen wie Ruth Brown und LaVerne Baker, schnurren wie Eartha Kitt, beherrscht klagen wie Aretha Franklin und brummen und pressen wie alle zusammen.«[440]

Der niederländische Rockmusiker, Lyriker, Maler und Schauspieler Herman Brood lud die Sängerinnen Nina Hagen und Lene Lovich ein, zu ihm nach Amsterdam zu kommen und in dem Film *Cha Cha* mitzuspielen, für den er mit dem Regisseur Herbert Curiel zusammen das Drehbuch geschrieben hatte. In Amsterdam zog Nina dann nächtelang mit Herman Brood durch die Kneipen (»der Wilde und sein schriller Vorzeige-Paradiesvogel«[441]). Und sie verliebte sich in Ferdinand Karmelk, den heroinsüchtigen Gitarristen der 1976 gegründeten Band Herman Brood & His Wild Romance, der ihr angeblich Heroin in den Tabak für die selbst gedrehten Zigaretten mischte. Als sie nach zwei Monaten nur noch 45 Kilogramm wog, nahm sie sich vor, keine Drogen mehr zu nehmen. (In ihren *Bekenntnissen* räumt sie allerdings ein, 1989 noch einmal rückfällig geworden zu sein und Kokain geschnupft zu haben.)

In der österreichischen Talkshow *Club 2* sorgte Nina Hagen am 9. August 1979 für einen Skandal, als sie sich in der Sendung mit dem Rücken gegen die Sofalehne abstützte, die Beine spreizte und abwechselnd von vorne und hinten in den Schritt ihrer engen Hose griff, um zu veranschaulichen, wie Frauen durch die Stimulierung der Klitoris zum Orgasmus kommen können. Dieter Seefranz, der Gastgeber der Sendung, musste deshalb zurücktreten.

Ein halbes Jahr später konzipierte Nina Hagen mit den Gruppen O.U.T und Who Killed Rudy die große *Babylon Will Fall Show*. Aber nach dem Flop des ersten Konzerts am 4. März 1980 in Hamburg wurde die geplante Tournee abgesagt. Daraufhin zog Nina Hagen nach Malibu und wohnte dort in der Nachbarschaft von Bob Dylan und Barbra Streisand. Am 17. Mai 1981 brachte sie in Los Angeles ihre Tochter Cosma Shiva Hagen zur Welt.

Ferdinand Karmelk, deren Vater, von dem Nina sich inzwischen getrennt hatte, komponierte zwei Songs für das avantgardistische Album *Nunsexmonkrock*, das die »amerikanisierte Mischung von Pippi Langstrumpf und Walküre«[442] im Winter 1981/82 mit ihrer Band in den Blue Rock Studios in New York aufnahm, aber in ihrem Heimatland veröffentlichte. Bei ihrem vierten Album – *Angstlos* – arbeitete Nina Hagen 1983 mit dem berühmten Produzenten Giorgio Moroder zusammen. Mit *Angstlos* tourte sie 1984 durch Nordamerika und Europa. Im Januar 1985 trat Nina Hagen neben Tina Turner, Al Jarreau, Rod Stewart, den Scorpions und vielen anderen weltberühmten Musikern bei der ersten Ausrichtung des Musikfestivals *Rock in Rio* auf. Im folgenden Jahr wurde die im Fürstenhof Tanzpalast in Hamburg aufgezeichnete *Nina Hagen TV-Show* im 1. Programm der ARD ausgestrahlt.

In einer Punkhochzeit ließ Nina Hagen sich 1987 auf dem

Zweimaster »El mistico veloz« vor Ibiza vom Kapitän mit dem 17- oder 18-jährigen Musiker Iroquois aus der Londoner Hausbesetzer-Szene trauen. »Nina Hagen Superstar/Hochzeit mit Iroquois/Nina und Iroquois/Ha le la le Haleluja«, kommentierte die Sängerin. Biker aus Deutschland und der Schweiz nahmen an dem dreitägigen »Spiritual Punk Wedding Rebel Festival« teil, das der *Spiegel* als »Debakel des Jahres« einer »allzufrüh und fern der Heimat zur komischen Alten gereift[en]«[443] Sängerin verhöhnte, denn es handelte sich offenbar nur um einen PR-Gag. Nach einer Woche trennte das Paar sich wieder.

Im selben Jahr hörte Nina Hagen von Mahavatar Babaji, einem – so der Mythos – seit Jahrhunderten in wechselnden Menschenkörpern lebenden Maha-Avatar, der mit Jesus Christus zusammen daran arbeitet, den Materialismus auf Erden zu beenden und der Menschheit Frieden zu bringen. Nina Hagen, die spätestens seit der Geburt ihrer Tochter nach einer »Art Religion hinter der Religion« suchte, nach einem »unterirdischen Punkt, an dem Hinduismus, Buddhismus und Christentum zusammenfließen«[444], wollte im Herbst nach Indien fliegen, um sich näher damit zu beschäftigen, aber im letzten Augenblick überlegte sie es sich dann anders und stornierte die Reise.

1989 lebte sie mit dem französischen Visagisten Franck Chevalier in Paris zusammen. Der Sohn des Paares, Otis Chevalier-Hagen, wurde 1990 auf Ibiza geboren.

Drei Jahre später reiste Nina Hagen schließlich doch nach Indien und hielt sich einige Zeit mit ihrem kleinen Sohn im Ashram in Haidakhan auf, einem Dorf im Vorgebirge des Himalaya, wo ein Guru beanspruchte, Babaji zu sein. (Cosma Shiva blieb derweil in einem Internat in Deutschland.)

Anfang 1996 stürmte Nina Hagen, die sich seit Jahren vegetarisch ernährte, zusammen mit PETA*-Aktivisten eine Pelzmodenschau von Karl Lagerfeld in New York und kreischte: »Karl kills!« Vier Jahre später engagierte sie sich erneut für Tiere und fastete ebenso wie Paul McCartney, Steven Seagal und Brigitte Bardot aus Protest gegen die grausame Behandlung von Kühen und anderen Tieren, die in Indien für den Lederhandel geschlachtet wurden.

Am 17. Mai 1996, dem 15. Geburtstag ihrer Tochter, heiratete Nina Hagen in Hollywood den 15 Jahre jüngeren Klempnermeister David Lynn. Sie pendelte nun zwischen Deutschland und Kalifornien.

Anlässlich des 100. Geburtstages von Bertolt Brecht gab Nina Hagen zusammen mit der Schauspielerin und Chansonsängerin Meret Becker im Februar 1998 im Theater am Schiffbauerdamm in Berlin, der Bühne des Berliner Ensembles, einen Punk-Brecht-Abend unter dem Titel *Wir heißen beide Anna***. Die *Berliner Zeitung* schrieb von einer »wilden Mischung aus Ironie, Leidenschaft, Klamauk und Zartheit«[445]. Zwei Jahre später, im März 2000, veranstaltete Nina Hagen auf derselben Bühne eine *Indische Nacht*.

Peter Sempel drehte den Musik- bzw. Dokumentarfilm *Nina Hagen = Punk + Glory* (Drehbuch: Tamara Goldsworthy), der bei den Berliner Filmfestspielen am 11. Februar 1999 erstmals vorgeführt wurde. »Ein liebevoller Blick auf das Gesamtkunstwerk Hagen inklusive Familie, Freunde, Fans und einem Haufen Verehrer«, urteilt Frank Sawatzki im *Stern*[446], aber in der *New York Times*[447] wertet Stephen Holden die Äußerungen der Porträtierten über die Rechte der Tiere, die Freuden der Mutterschaft und die friedliche Philosophie des Hinduismus als Klischees.

---

* People for the Ethical Treatment of Animals
** Zitat aus *Die sieben Todsünden der Kleinbürger* von Bertolt Brecht

Als der mittlerweile zehn Jahre alte Otis im August 2000 nicht, wie vorgesehen, von einem zwei Monate langen Besuch bei seinem Vater Franck Chevalier in Kalifornien nach Berlin zurückkehrte, schaltete Nina Hagen einen Rechtsanwalt ein und flog selbst in die USA. Obwohl Chevalier nie mit Nina Hagen verheiratet war, machte er ihr das alleinige Sorgerecht vor einem kalifornischen Gericht streitig, das am 27. September darüber beraten wollte. Darauf wartete Nina Hagen jedoch nicht: Bereits am 10. September flog sie mit Otis nach Berlin zurück.

Ihre Tochter war inzwischen eine erfolgreiche Filmschauspielerin geworden. 1998 hatte Cosma Shiva Hagen unter der Regie von Marc Rothemund die Hauptrolle in der Filmkomödie *Das merkwürdige Verhalten geschlechtsreifer Großstädter zur Paarungszeit* gespielt. Im Jahr darauf wurde sie in der Kategorie »Beste Nachwuchsschauspielerin« mit einer Goldenen Kamera ausgezeichnet. Im Februar 2003 machte die deutsche Ausgabe des *Playboy* mit einem Porträt der 21-Jährigen auf: »Cosma Shiva Hagen. Aufregend. Sinnlich. Erotisch«. Die lasziven Bilder im Inneren des Heftes stammten von dem Starfotografen Jim Rakete, der Ende der Siebzigerjahre die Nina Hagen Band gemanagt hatte.

Nina Hagen, die sich Anfang 2000 von David Lynn getrennt hatte, heiratete am 17. Januar 2004 erneut, und zwar in Dänemark den 22 Jahre jüngeren dänischen Sänger Lucas Alexander Breinholm. (Die Ehe hielt jedoch nur ein Jahr.)

Von dem berühmten französischen Modeschöpfer Jean-Paul Gaultier beraten, hatte Nina Hagen sich bereits Ende der Achtzigerjahre zur Punk-Rock-Diva stilisiert. Am 8. September 2004 präsentierte sie im Hotel Maritim in Köln die Kollektion *Mother of Punk*, die sie mit dem Couturier Sascha Lutzi zusammen entworfen hatte.

Ein Jahr später, am 6. September 2005, sorgte Nina Hagen für einen weiteren Eklat in einer Talkshow. Als nämlich Jutta Ditfurth in der Sendung *Menschen bei Maischberger* mit dem Thema »Angela die Erste. Was bringt's den Frauen?« die Kompetenz der Rockröhre in politischen Fragen anzweifelte und meinte, sie sei »esoterisch ein bisschen durchgeknallt«, keifte diese zurück: »Ich finde es furchtbar, was diese dicke Frau mit mir macht. Jutta Ditfurth ist eine blöde, blöde Kuh. Mit dir werde ich nie wieder reden in der Öffentlichkeit!«[448] Trotz dieses unschönen Auftritts gehörte Nina Hagen am 30. Oktober 2006 erneut zu den *Menschen bei Maischberger*. Dieses Mal – es ging um »Ufos, Engel, Außerirdische« und die Frage »Sind wir nicht allein?« – schwadronierte sie ausführlich über ihre angeblichen Begegnungen mit Außerirdischen und geriet dabei mit dem Physiker Joachim Bublath, dem Moderator der *Knoff-Hoff-Show* so aneinander, dass dieser aus Protest gegen die Grimassen, die sie ihm schnitt, die Runde verließ. »Nina, ich habe das Gefühl, dass in deinem Kopf viel durcheinandergeht«, meinte Sandra Maischberger daraufhin.

Nina Hagen, Pastor Karl-Wilhelm (»Kalle«) ter Horst, Marion Küpker und Ingrid Caven forderten am 26. September 2006 die Bundeskanzlerin Angela Merkel in einem Brief auf, den Krieg im Irak nicht zu unterstützen. »Deutschland ist die logistische Drehscheibe für US-Kriege in Irak, Afghanistan und angedrohte weitere Kriege im Mittleren Osten«, hieß es darin. »Zur weiteren Nutzung der US-Stützpunkte in Deutschland für illegale Kriege und für kriminelle Kriegsmethoden kann – und muss – Deutschland endlich mal NEIN sagen!«[449] An ihrem 53. Geburtstag stand die Sängerin, die inzwischen einen 28 Jahre jüngeren kanadischen Physiotherapeuten als Lebensgefährten hatte (2005 bis 2010), unter dem Motto »Nina Hagen unzensiert« im BKA Theater Berlin auf der Bühne und prangerte die Medien wegen ihrer vermeintlich manipulativen Berichterstattung über Politik und Wirtschaft an.

Auf dem Rückflug von ihrem sechsten oder siebten Aufenthalt im Ashram in Haidakhan brach Nina Hagen am 9. Oktober 2008 zusammen und befürchtete, sterben zu müssen. Tropenmediziner untersuchten sie, konnten jedoch keine ernsthafte Erkrankung feststellen.

Möglicherweise hatten die Beschwerden psychische Ursachen. Ihr esoterisches Weltbild drohte nämlich einzustürzen, weil sie die Vorstellungen des Babaji in Haidakhan von einem nur die Reinen verschonenden apokalyptischen Weltenbrand ablehnte. Im August 2009 schrieb sie Dutzenden von Freunden und Bekannten in einer E-Mail: »Ich bin nicht länger eine Anhängerin von Shiva/Haidakhan Babaji. Ich habe versucht, Babajis Lehren mit meinem Christentum zu verbinden, aber ich habe am eigenen Leib erfahren, dass dies zwei völlig verschiedene Energien sind.«[450] Noch im selben Monat, am 16. August, ließ Nina Hagen sich dann von dem fünf Jahre älteren evangelisch-reformatorischen Pastor Kalle ter Horst in der Kirche von Schüttorf im Südwesten von Niedersachsen nahe der niederländischen Grenze taufen. Bei der Zeremonie trug die »Mother of Punk«, die sonst gern mit ihrer schrillen Kleidung provozierte, ein schlichtes schwarzes Kostüm und eine weiße Bluse.

Ungeachtet ihrer Abkehr vom Hinduismus und Hinwendung zum Christentum meinte sie in einem Interview: »Ich bin in der Welt, aber nicht von der Welt. Verstehste?«[451]

Madonna

(*1958)

———•◆•———

»ICH BIN TOUGH, EHRGEIZIG, UND ICH WEISS GENAU, WAS ICH WILL«

Weil sie aggressiv und unkonventionell war, irritierte sie ihre Mitschüler an der Highschool. Mit 20 Jahren zog sie nach New York, ließ sich zur Tänzerin ausbilden und schlug sich mit Gelegenheitsjobs durch. Mit Ehrgeiz, Willenskraft und Disziplin trieb Madonna ihre Karriere voran. Schon bei ihrer ersten Welttournee gab sie sich nicht mit einem Rockkonzert zufrieden, sondern kreierte eine spektakuläre Multimedia-Bühnenshow.

Madonna Louise Ciccone wurde am 16. August 1958 in Bay City am Lake Huron in Michigan geboren. Ihr 27-jähriger Vater Silvio (»Tony«) war der jüngste von sechs Söhnen eines italienischen Einwandererpaares und der Einzige von ihnen, der eine Highschool hatte besuchen dürfen. 1951, während seines Militärdienstes in Texas, begegnete er Madonna Louise Fortin aus Bay City, der zwei Jahre jüngeren Schwester eines Kameraden, die aus einer franko-kanadischen Familie stammte und mit sieben Geschwistern zusammen aufgewachsen war. Silvio Ciccone wartete, bis er sein Maschinenbaustudium abgeschlossen hatte und bei Chrysler in Detroit als Ingenieur anfangen konnte, um dann, am 1. Juli 1955, Madonna Fortin in Bay City zu heiraten. Das Paar zog danach in einen Vorort von Detroit und bekam im Verlauf von sechs Jahren sechs Kinder: Anthony, Martin, Madonna, Paula, Christopher und Melanie.

Während der letzten Schwangerschaft wurde bei Madonna Ciccone senior Brustkrebs diagnostiziert. Die Erkrankung könnte eine Folge ihrer Tätigkeit als Röntgenassistentin gewesen sein. Um das ungeborene Kind nicht zu gefährden, wartete sie mit der notwendigen Behandlung bis nach der Entbindung. Sie versuchte, ihre Ängste vor den Kindern zu verbergen, und beklagte sich zumindest nicht in deren Beisein. Schließlich lag sie monatelang im Krankenhaus, und wenn sie zu Hause war, benötigte sie viel Ruhe. Als ihre gleichnamige Tochter sie einmal zum Spielen aufforderte und sie nicht mehr dazu in der Lage war, schlug die Kleine auf sie ein, bis sie merkte, dass die Mutter weinte. Madonna Ciccone senior starb schließlich am 1. Dezember 1963 im Alter von nur 30 Jahren.

Ihre älteste Tochter – die damals fünf Jahre alt war – sagte später, der Tod der Mutter habe sie und ihre Geschwister zu »emotionalen Krüppeln«[452] gemacht. Wechselnde Hausangestellte kümmerten sich nun um die sechs Geschwister, bis der Witwer 1966 eine von ihnen heiratete. Madonna, das Lieblingskind des Vaters, rebellierte gegen die Stiefmutter Joan Gustafson, und als diese sie einmal ohrfeigte, schlug sie zurück.

Silvio Ciccone, der inzwischen die Firma gewechselt hatte, zog 1968 mit seiner Familie in ein größeres Haus in Rochester. Dort kam Madonna auf die Junior High. Sie musste nach der Schule nicht nur ihrer Stiefmutter im Haushalt helfen, sondern auch zum Beispiel die Windeln ihrer 1968 bzw. 1969 geborenen Halbgeschwister Jennifer und Mario wechseln. »Ich war das älteste Mädchen der Familie, und es kommt mir vor, als hätte ich meine ganze Jugend damit verbracht, mich um Babys zu kümmern.«[453]

Obwohl Madonna sich gegen die Autoritäten in der Schule ebenso auflehnte wie gegen ihre Stiefmutter, bekam sie auf der Highschool gute Noten. Und weil sie gut aussah und sportlich war, wurde sie in die Cheerleader-Truppe aufgenommen. Außerdem beteiligte sie sich an Schultheater-Aufführungen. Es fehlte ihr damals zwar an Selbstvertrauen, doch sie lernte auf der Bühne, sich in Szene zu setzen und die Aufmerksamkeit des Publikums auf sich zu lenken. »Schon als ich noch sehr jung war, wusste ich einfach, dass ich als Mädchen eine Menge erreichen konnte, wenn ich auf feminine Weise charmant war, und wo immer ich konnte, nutzte ich das aus.«[454]

Mit 16 Jahren nahm Madonna Ballettunterricht und begleitete ihren 30 Jahre älteren Tanzlehrer Christopher Flynn in Schwulenklubs in Detroit. »Für eine junge Frau, die in spießbürgerlichen Vorstädten aufgewachsen war [...], repräsentierte der schwule Untergrund Freiheit und Ausbruch aus den Konventionen. ›In der Schule fühlte ich mich als Außenseiterin ...‹, sagte Madonna später. ›Ich betrachtete mich ständig durch heterosexuelle Macho-Augen. Da ich eine sehr aggressive Frau war, hielten mich die Jungs für ein ziemlich seltsames Mädchen. Ich weiß, dass ich ihnen Angst gemacht habe, sie wurden einfach nicht schlau aus mir. Sie wollten nicht mit mir ausgehen. [...] Und plötzlich, als ich in den Schwulen-Club ging, änderte sich das völlig. [...] Ich nahm mich selbst ganz anders wahr.‹«[455]

Obwohl ihr Vater das Tanzen eher für ein Hobby als für eine ernsthafte Beschäftigung hielt, begann Madonna nach dem Abschluss der Highschool ein Studium an der Fakultät für Darstellende Künste der University of Michigan in Ann Arbor, wo Christopher Flynn inzwischen lehrte. Als sie jedoch ein Stipendium für einen sechswöchigen Workshop mit dem berühmten

Alvin Ailey American Dance Theater in New York bekam, brach sie das Studium in Ann Arbor kurzerhand ab.

Im Sommer 1978 traf die 20-Jährige in New York ein. Nach dem Workshop wurde sie in das Pearl Lang Dance Theater aufgenommen. Madonna schlug sich mit Gelegenheitsarbeiten durch, jobbte als Kellnerin oder Garderobiere und posierte für Nacktfotos. »Ich riss mir den Arsch auf, bevor ich erreichte, was ich erreichte, und ich hungerte buchstäblich und lebte auf der Straße und aß aus Mülltonnen.«[456] In Aussehen und Benehmen orientierte sie sich am Punk. Das entsprach ihrer aggressiven Weiblichkeit, der Rebellion gegen Konventionen und dem Mut zur Hässlichkeit.

Im Winter 1978/79 wurde sie von einem Afroamerikaner mit einem Messer auf der Straße überfallen, in ein Mietshaus gezerrt und gezwungen, mit ihm nach oben zu gehen. Auf dem Flachdach zwang er sie zu Fellatio und ließ sie dann schlotternd und schluchzend zurück. Erst nach einigen Minuten wagte sie sich wieder auf die Treppe. Statt die Polizei zu alarmieren, verschwieg sie das schreckliche Erlebnis. »Nach außen hin gab sich Madonna unbekümmert und tat die Vergewaltigung gegenüber den wenigen Freunden, denen sie sich anvertraute, mit einem Achselzucken ab.«[457] Die Biografin Lucy O'Brien meint jedoch, das Trauma habe ihr inzwischen gewonnenes Selbstwertgefühl untergraben. »Man kann argumentieren, dass sich ihre Wut über die Vergewaltigung später in dem Bedürfnis nach vollständiger sexueller Kontrolle manifestierte.«[458]

Im Mai 1979 versprach der französische Sänger Patrick Hernandez, der gerade durch seinen Hit »Born to Be Alive« berühmt geworden war, der neun Jahre jüngeren Background-Tänzerin, sie zum Star zu machen, und sie folgte ihm hoffnungsvoll nach Paris. Aber nach vier Monaten kehrte sie enttäuscht nach

New York zurück. Dort begann der Student Stephen Jon Lewicki im September mit Madonna in der Hauptrolle den Erotikthriller *A Certain Sacrifice* zu drehen, ein B-Movie, in dem Madonna eine New Yorkerin mit drei Sexsklaven mimt und in einer Szene topless agiert. Weil Lewicki jedoch das Geld ausging, konnte er den Film nicht fertigstellen.

Mit ihrem Liebhaber Dan Gilroy, dessen Bruder und einer anderen jungen Frau machte Madonna in einer mit Brettern vernagelten Synagoge in Queens Rockmusik. Autodidaktisch hatte sie sich beigebracht, wie man Gitarre und Schlagzeug spielt. Außerdem begann sie, Songs zu schreiben. Nachdem zwei Bandmitglieder ausgewechselt worden waren, übernahm sie den Part der Leadsängerin. Ein Streit mit Dan Gilroy führte dazu, dass sie sich sowohl von ihm als auch der Band trennte und mit einem Bassgitarristen und einem Schlagzeuger die Gruppe Madonna and the Sky gründete.»Meine Vorbilder waren Frauen wie Debbie Harry und Chrissie Hynde, starke unabhängige Frauen, die ihre eigene Musik schrieben und sich selbst weiterentwickelten. Sie wurden nicht von anderen vermarktet, produziert oder zusammengebastelt. Sie waren nicht das Produkt gezielter Überlegungen irgendeines großen Tiers aus einer Plattenfirma.«[459]

Im Frühjahr 1981 wurde Camille Barbone, die ein paar Jahre zuvor das Musikunternehmen Gotham Management gegründet hatte, auf Madonna aufmerksam und überredete sie, sich von ihr zum Star machen zu lassen. Die Musikerin löste daraufhin ihre Band auf und zog in ein Apartment, das Camille Barbone ihr besorgt hatte. Auch wenn Madonna es später gern so darstellte, als habe sie ihr Leben und ihre Karriere stets unter Kontrolle gehabt, musste Camille sich ständig um sie kümmern, hinter ihr aufräumen und sogar dafür sorgen, dass sie ihre Arzttermine nicht versäumte.»Sie rief mich morgens um vier an:

›Ich kann nicht schlafen.‹ Sie klopfte an meine Tür. ›Geh mit mir ins Kino.‹ Wenn sie Hunger hatte, besorgte ich ihr etwas zu essen.«[460]

In einer umgebauten Kirche nahm die Sängerin mit einem Gitarristen, einem Keyboardspieler, einem Bassisten und einem Schlagzeuger ein Demo-Band auf, das Camille Bardone dann an mehrere Plattenfirmen schickte, ohne damit jedoch auf Interesse zu stoßen. Verärgert spielte Madonna daraufhin mit dem Gedanken, sich von der Firma Gotham zu trennen, aber die Managerin drohte ihr, in diesem Fall auch einen für November geplanten Auftritt in Manhattan abzusagen. Erst im Februar 1982 verhandelten Madonna und ihr Rechtsanwalt mit Camille Barbone und deren Geschäftspartner über die Auflösung des Vertrags. Der dadurch ausgelöste Rechtsstreit dauerte zehn Jahre. Für Camille Barbone, die mit finanziellen Schwierigkeiten zu kämpfen hatte, war es frustrierend, Madonnas Aufstieg zum Weltstar zu beobachten. »Ich hatte einfach nicht die Kraft, Madonna auf die nächste Stufe zu bringen. Die Sache glitt mir aus den Händen. Ich hatte so viel Geld in sie investiert. Ich erlebte einen völligen Zusammenbruch, weil ich sie verlor und wusste, dass sie ganz weit nach oben kommen würde. Das machte mich fertig.«[461]

Vorübergehend lebte Madonna mit dem Discjockey Mark Kamins* zusammen in einem kleinen Apartment an der Upper East Side. Er vermittelte ihr einen Kontakt zu Seymour Stein, einem Rockmusik-Produzenten, der ihr einen Vertrag für zwei Platten anbot. Madonna nahm daraufhin im Sommer 1982 mit Leslie Mink am Schlagzeug und Fred Zarr am Keyboard die Single *Everybody* auf.

---

* Mark Kamins starb am 14. Februar 2013 im Alter von 57 Jahren. Aus diesem Anlass wies Madonna darauf hin, dass er sie am Anfang ihrer Karriere entscheidend gefördert hatte.

In dieser Zeit ließ sie sich auf eine Affäre mit dem zwei Jahre jüngeren afroamerikanischen Künstler Jean-Michel Basquiat ein, obwohl weder sein selbstzerstörerischer Drogenkonsum noch seine Neigung, bis nachmittags zu schlafen, zu Madonnas Ehrgeiz, Disziplin und Gesundheitsbewusstsein passten. Im Frühjahr 1983 trennten sich die beiden. (Jean-Michel Basquiat starb gut fünf Jahre später an einer Überdosis Heroin.)

Nachdem Frederick DeMann Madonnas Manager geworden war, brachte sie am 27. Juli 1983 unter dem Titel *Madonna* ihr Debütalbum heraus. Von den acht enthaltenen Songs hatte sie fünf selbst geschrieben.

Die Songwriter Tom Kelly und Billy Steinberg brachten einen Vizepräsidenten des Warner-Konzerns auf die Idee, ihren Song *Like a Virgin* mit Madonna zu produzieren. Das Management der Plattenfirma hielt die Kombination der Begriffe Jungfrau und Madonna offenbar für erfolgversprechend. Deshalb spielte Madonna im Frühjahr 1984 mit einem Gitarristen, einem Bassisten und einem Schlagzeuger nicht nur den Song, sondern gleich ein ganzes Album ein. Als die 26-Jährige *Like a Virgin* bei den MTV Music Awards in der Radio City Music Hall in New York am 14. September sang und sich auf einer überdimensionalen weißen Torte räkelte, trug sie ein weißes Bustier, einen weißen Tüllrock, bis zu den Oberarmen reichende weiße Spitzenhandschuhe, und auf ihrem weißen Gürtel stand in Schwarz »Boy Toy«. Madonna inszenierte sich selbstironisch als »Material Girl«, aber vor allem als gestraucheltes katholisches Mädchen, als Hure und Jungfrau zugleich. Sie baute auf ihre »sexuell aufgeladene Ausstrahlung«[462] und ein »subversives, comichaftes Image«[463]. Am 12. November 1984 kam das »allen Jungfrauen der Welt« gewidmete Album *Like a Virgin* auf den Markt. Es wurde 19 Millionen Mal gekauft.

Schon zuvor, im September 1984, hatten die Dreharbeiten

für die Screwball-Komödie *Susan ... verzweifelt gesucht* begonnen, in der Rosanna Arquette, Madonna und Aidan Quinn die Hauptrollen spielen. Die Regisseurin Susan Seidelmann hob später hervor, mit welcher Disziplin und Professionalität Madonna auf dem Set mitgearbeitet hatte, und erzählte: »Da sie damals noch nicht sehr bekannt war, hatten wir keine Bodyguards, Agenten oder Manager am Set – alles lief völlig reibungslos. Doch gegen Ende der Dreharbeiten schlug ihr Album *Like a Virgin* wie eine Bombe ein, und wir konnten nicht länger ohne Absperrungen auf der Straße drehen. Innerhalb von zwei Monaten hatte sich die Situation grundlegend verändert.«[464] Als Kassenmagneten hatte man eigentlich Rosanna Arquette engagiert, doch als *Susan ... verzweifelt gesucht* Ende März 1985 ins Kino kam, war Madonna bereits der größere Star.

Im April begann die *Like A Virgin*-Tournee mit einem Konzert in Seattle vor 2000 Zuschauern. Als sie zwei Monate später im Madison Square Garden in New York endete, saßen zehnmal so viele Menschen im Publikum. Das Nachrichtenmagazin *Time* machte die Ausgabe vom 27. Mai mit einem Titelbild von Madonna auf (»Madonna. Why She's Hot«). Außerdem veröffentlichten *Playboy* und *Penthouse* im Sommer Nacktfotos von Madonna, für die sie 1978 in New York posiert hatte. Vergeblich versuchte sie, Stephen Jon Lewicki daran zu hindern, von ihrer Berühmtheit zu profitieren und den inzwischen doch noch fertiggestellten Studentenfilm *A Certain Sacrifice* zu veröffentlichen; die DVD erschien noch im selben Jahr

Madonna beteiligte sich am 13. Juli 1985 bei *Live Aid*, einem anlässlich der Hungersnot in Äthiopien von dem Musiker Bob Geldof organisierten 16 Stunden lang parallel in London und in Philadelphia stattfindenden Benefizkonzert, das weltweit im Fernsehen übertragen wurde. Nahezu alle namhaften Popsänger traten dabei auf.

Am 16. August, Madonnas 27. Geburtstag, heirateten Madonna und der zwei Jahre jüngere Schauspieler Sean Penn. Sie hatten sich ein halbes Jahr vorher kennengelernt und von da an viel Zeit miteinander verbracht. Zur Hochzeitsfeier in einer Villa in Point Dume bei Malibu Beach kamen Cher, Carrie Fisher, Diane Keaton, Martin Sheen, Christopher Walken, Andy Warhol und andere Prominente. Paparazzi versuchten, Fotos von Hubschraubern aus zu schießen. Sean Penn ärgerte sich darüber und verprügelte einen britischen Fotografen, den er mit einer versteckten Kamera erwischt hatte. Die Flitterwochen verbrachte das Paar auf der Karibik-Insel Antigua. Danach richtete es sich in Beverly Hills ein.

Im Frühjahr 1986 spielten sie beide unter der Regie von Jim Goddard die Hauptrollen in der Abenteuer-Komödie *Shanghai Surprise*. Während der Dreharbeiten in der portugiesischen Kolonie Macau wurden Sean Penn und ein Bodyguard verhaftet, weil sie einen Paparazzo an den Füßen gepackt und über das Balkongeländer eines Hotelzimmers im neunten Stockwerk gehalten hatten. Aber die beiden konnten nach kurzer Zeit aus der Haft entkommen und sich nach Hongkong absetzen. Kurz darauf, im April, wurde Sean Penn erneut gewalttätig: Als der Songwriter Hawk Wolinski Madonna in einem Nachtlokal in Los Angeles auf die Wange küsste, schlug Sean Penn nicht nur mit Fäusten, sondern auch mit einem Stuhl auf ihn ein. Ein Gericht verurteilte ihn deshalb, und weil er gegen Bewährungsauflagen verstieß, indem er ein Jahr später einen Mann verprügelte, der ein Foto von ihm geknipst hatte, musste er schließlich in zwei Etappen für insgesamt 33 Tage ins Gefängnis.

Zu dieser Zeit absolvierte Madonna ihre erste Welttournee, eine »Kreuzung aus Broadway-Revue und Post-Disco-Spektakel, die in ihren Ausmaßen an die Konzerte von Prince und Michael Jackson heranreichte. Sie spielte nun in einer anderen Liga als noch während ihrer Tour zu *Like a Virgin*; mit dieser Show löste sie sich von dem Format eines reinen Rockkonzerts und näherte sich einer Multimedia-Produktion.«[465] Die Tournee hatte am 4. Juni 1987 in Osaka begonnen. Nach Konzerten in Japan und Nordamerika trat Madonna auch in Europa auf und wurde am 22. August im Frankfurter Waldstadion von 60 000 Fans bejubelt. Am 6. September endete die Tournee in Florenz.

Ein Vierteljahr später reichte Madonna die Scheidung ein, aber Anfang 1988 zog sie die Klage wieder zurück.

Indem sie und die mit ihr befreundete Sängerin und Schauspielerin Sandra Bernhard in der von David Letterman moderierten *Late Show* über Treffpunkte von Lesben plauderten, provozierten sie Gerüchte über eine Liebesbeziehung zwischen ihnen. Lesbische Affären wurden Madonna allerdings nicht nur mit Sandra Bernhard, sondern auch mit Ingrid Casares und Jenny Shimizu nachgesagt. Sie gab selbst entsprechende Neigungen zu: »Als ich jung war, habe ich alle möglichen sexuellen Erfahrungen mit Mädchen gemacht [...]. Mich erregt die Vorstellung, Sex mit einer Frau zu haben, während ein Mann oder eine andere Frau zusieht.«[466]

Am 29. Dezember hielt Sean Penn seine Frau angeblich nach einem Streit stundenlang in ihrer Villa in Malibu fest, bis es ihr gelang, die Polizei zu rufen. Anfang 1989 reichte sie erneut die Scheidung ein. Diesmal blieb sie dabei, und die Ehe wurde dann am 14. September geschieden.

Pepsi-Cola gab im Januar 1989 bekannt, dass das Unternehmen einen Werbevertrag mit Madonna geschlossen habe. Es heißt, die vorhergehenden Verhandlungen hätten acht Monate gedauert und Pepsi habe Madonna fünf Millionen Dollar zugestanden. Der erste Spot, der Szenen aus dem neuen Musik-Clip *Like a Prayer* enthielt, wurde im März ausgestrahlt, aber bereits einen Monat später verbreitete sich die Nachricht von der Kündigung des sensationellen Vertrags. Grund dafür war wohl der Skandal, den *Like a Prayer* ausgelöst hatte: Madonna fügt sich in einer Kirche Stigmata an den Händen zu, küsst einen afroamerikanischen Heiligen und tanzt lasziv, während vor der Kirche drei Kreuze brennen. Die katholische Kirche empörte sich darüber und warf Madonna Blasphemie vor.

Während der Dreharbeiten für die Verfilmung des Comics *Dick Tracy* sah es so aus, als habe Madonna eine Affäre mit ihrem Regisseur und Filmpartner Warren Beatty. Möglicherweise handelte es sich dabei aber auch nur um einen PR-Gag zur Promotion des Films.

Um sich auf die nächste Welttournee vorzubereiten, machte Madonna bis zu fünf Stunden am Tag Gymnastik. Diese Disziplin zeugt von ihrer außerordentlichen Tatkraft und Zielstrebigkeit, aber Madonna wies noch auf einen anderen Zusammenhang hin: »Ich habe einen eisernen Willen, und mein ganzer Wille dient schon immer dazu, ein schreckliches Gefühl der Unzulänglichkeit niederzuringen [...]. Ich kämpfe ständig gegen diese Angst. Ich überwinde einen dieser Anfälle und entdecke mich selbst als ein besonderes menschliches Wesen, und dann komme ich zur nächsten Etappe und denke, dass ich mittelmäßig und uninteressant bin. Und ich finde einen Weg, mich da herauszuarbeiten. Wieder und wieder.«[467] »Ich bin tough, ehrgeizig, und ich weiß genau, was ich will. Wenn mich das zu einer Zicke macht – ok.«[468] Mit Ehrgeiz, Zielstrebigkeit, Willenskraft und Disziplin baute Madonna sich zum Weltstar auf. Sie wollte »intellektuellen Respekt und gewaltigen kommerziellen Erfolg«[469].

Mit der technischen Ausstattung der *Blond Ambition*-Welttournee, die im April 1990 in Japan begann und im August in Nizza endete, setzte sie neue Maßstäbe. Die Ausrüstung füllte 18 Lastwagen, und für den Bühnenaufbau waren 100 Arbeiter erforderlich. Madonna trug ausgefallene, von dem Pariser Modeschöpfer Jean Paul Gaultier kreierte Outfits wie zum Beispiel ein Korsett mit zwei spitz endenden Ausstülpungen vor den Brüsten. Der Modedesigner behauptete später, er habe 350 Aspirin-Tabletten und 1500 Skizzen benötigt, bis Madonna mit dem Entwurf zufrieden gewesen sei. Die Polizei von Toronto, die sich vorsorglich über ihre Auftritte auf anderen Kontinenten informiert hatte, hielt es für erforderlich, Madonna für den Fall, dass sie auf der Bühne eine Masturbation simulieren würde, mit der Festnahme zu drohen. In Italien riefen empörte Katholiken zum Boykott auf, und das zweite in Rom geplante Konzert wurde deshalb auch tatsächlich abgesagt.

Nach der Tour zog Madonna mit dem fünf Jahre jüngeren Model, Schauspieler und Künstler Tony Ward zusammen. Er ist auch auf dem Videoclip zu *Justify My Love* zu sehen, der so mit voyeuristischen, sadomasochistischen, bi- und heterosexuellen Andeutungen aufgeladen ist, dass einige Fernsehsender ihn gar nicht oder nur im Nachtprogramm auszustrahlen wagten.

Zur Oscar-Verleihung am 25. März 1991 erschien Madonna in Begleitung von Michael Jackson. Im Rahmen des Programms sang sie *Sooner or later*, den mit einem Oscar prämierten Titelsong aus dem Film *Dick Tracy*. Während sie aus diesem Anlass in Los Angeles eine weiße Pelzstola zu einem ebenfalls weißen Abendkleid trug, ließ sie sich bei den Filmfestspielen in Cannes auf der zur Festhalle führenden Treppe in ihrer von Jean Paul Gaultier entworfenen silbrig glänzenden Unterwäsche fotografieren: in einem gewaltigen Büstenhalter und einem Mieder, das von der Taille bis zu den Oberschenkeln reichte. Mit dieser Provokation verschaffte sie sich erneut Aufmerksamkeit.

Um ihre extravaganten Ideen unabhängig von anderen Produzenten verwirklichen zu können, gründeten Madonna und ihr

Manager im April 1992 mit Time Warner zusammen die Plattenfirma Maverick Records. Der Name stammte von den drei Gründungsmitgliedern MAdonna, VERonica Dashev und FrederICK DeMann. Mit Maverick Records schloss Madonna sogleich einen Vertrag, der ihr für ihre nächsten sieben Alben jeweils einen Vorschuss von fünf Millionen Dollar und eine Gewinnbeteiligung von 20 Prozent zusicherte.

Im Herbst 1992 stilisierte sich Madonna endgültig zum Erotik-Star. Bei einer Modenshow am 24. September im Shrine Auditorium in Los Angeles präsentierte sie sich in einem schwarzen Kleid wiederum von Jean Paul Gaultier, das die Brüste frei ließ. Drei Wochen später veröffentlichte sie das Konzeptalbum *Erotica*. In jedem der Songs geht es um eine Spielart der Sexualität. *Erotica* musste deshalb in den USA mit einem Jugendschutzhinweis versehen werden, und MTV wagte es nur dreimal, den Musik-Clip zum Titelsong in unzensierter Version zu senden. Am 22. Oktober legte Madonna mit dem Coffee Table Book *SEX* nach. Es beginnt mit Madonnas Worten: »Dies ist ein Buch über Sex. Sex ist nicht Liebe. Liebe ist nicht Sex. Aber es ist wie im siebten Himmel, wenn eines zum anderen kommt.« Für den Bildband hatte Steven Meisel außer Madonna und einigen unbekannten Models auch Prominente wie Isabella Rossellini, Naomi Campbell und Udo Kier fotografiert. Berühmt wurde eine hyperrealistische Aufnahme, bei der Madonna mit einer Zigarette im Mund und einer Handtasche in der linken Hand als Anhalterin am Straßenrand steht – und bis auf High Heels nackt ist. Da es sich bei den Fotos um provokante Inszenierungen sexueller Fantasien mit zum Teil sadomasochistischen Motiven handelt, löste *SEX* einen Skandal aus und wurde in Japan, Indien und einigen anderen Staaten sogar verboten.

Madonna sagte in einem Interview: »Ich bin stolz darauf, wie ich mich [bei *SEX*] verhalten habe, denn damit habe ich ein Beispiel geliefert und Frauen die Freiheit gegeben, sich ausdrucksvoll darzustellen. Ich bin stolz darauf, eine Vorkämpferin zu sein.«[470] Madonna revoltierte gegen das gängige Frauenbild nicht nur in der Musikwelt. »Sie ließ den weiblichen Körper mehr wie eine Maschine mit Gelüsten aussehen und weniger wie eine Barbie-Puppe. Ihre Einstellungen und Meinungen in Bezug auf Geschlechtsverkehr, Nacktheit, Stil und Sexualität zwangen die Öffentlichkeit, aufzumerken und sie zu beachten.«[471]

Bei der nächsten Welttournee verschob Madonna den Akzent vom Gesang und den technischen Effekten zur Darstellung: Sie trat als lebende Skulptur bzw. Performance-Künstlerin auf.

Ihre Provokationen setzte sie in der *Late Show* am 31. März 1994 fort. David Letterman kündigte Madonna mit folgenden Worten an: »Unser erster Gast heute Abend ist einer der größten Weltstars, und in den letzten zehn Jahren hat sie mehr als 80 Millionen Alben verkauft, in unzähligen Filmen die Hauptrolle gespielt und mit einigen der bedeutendsten Namen in der Unterhaltungsindustrie geschlafen.«[472] Madonna hatte dem Moderator einen Slip mitgebracht und forderte ihn wiederholt auf, daran zu schnuppern. Sie rauchte eine dicke Zigarre und kritisierte Lettermans Gesprächsführung: »Sie quatschen in Ihrer Show immer über mein Sexleben, aber jetzt, wo ich da bin, wollen Sie nicht darüber reden.«[473] Obwohl er sie ermahnte, in einer US-amerikanischen Fernsehsendung keine F-Wörter zu gebrauchen, sagte sie immer wieder »fuck« und beschimpfte ihn als »sick fuck«.

Nach dem Ende ihrer Affäre mit dem afroamerikanischen Basketballspieler Dennis Rodman begann Madonna mit dem aus Kuba stammenden, in New York lebenden Schauspieler und Fitness-Trainer Carlos Leon eine neue.

Madonna wollte ein Weltstar sein, aber Berühmtheit kann Menschen auch für Neurotiker und Psychopathen zur Projektionsfläche machen. So wurde zum Beispiel im Mai 1995 auf Madonnas Grundstück in Los Angeles ein Stalker angeschossen und festgenommen, der gedroht hatte, ihr die Kehle durchzuschneiden. (Ein Gericht verurteilte ihn später zu zehn Jahren Haft.)

Nachdem Madonna von den Plänen der Verfilmung des Musicals *Evita* von Andrew Lloyd Webber erfahren hatte, wollte sie unbedingt die Titelrolle spielen und schrieb dem Regisseur Alan Parker Weihnachten 1994 deshalb einen vierseitigen Brief mit der Hand. Tatsächlich bekam sie die Rolle. Bevor die Proben für den Soundtrack des Films in London begannen, ließ Madonna sich ein Vierteljahr lang von einer Stimmtrainerin in New York unterrichten.

Während der Dreharbeiten im Frühjahr 1996 in Argentinien stellte Madonna fest, dass sie schwanger war. Daraufhin beschäftigte sie sich eingehend mit der Kabbala. »Selbst wenn es um Religion geht, ist Madonna postmodern: Sie übt wie immer die Kunst der Collage aus, genau wie sie es bei ihrem Aussehen und ihren Songs tut.«[474] Später sagte sie in einem Interview, sie habe während der Schwangerschaft das Bedürfnis gehabt, ein Wertesystem für ihr Kind zu finden. In einem Gespräch mit der berühmten Talkshow-Moderatorin Oprah Winfrey erklärte Madonna, den Titel *Material Girl* habe sie von Anfang an ironisch gemeint, fuhr dann jedoch fort: »Es gab viele Jahre, in denen ich dachte, dass mich Ruhm, Geld und öffentliche Anerkennung glücklich machen würden. Aber eines Tages wachst du auf und merkst, dass es nicht so ist.« Auf Oprah Winfreys Frage, wann das gewesen sei, antwortete sie: »Nachdem ich *Evita* gemacht hatte, gewann ich einen Golden Globe, ich war dabei, ein Baby zu bekommen, und das Leben war in Ordnung. Aber ich meinte immer noch, dass etwas fehlte. [...] Eine Erkenntnis über meinen Platz in der Welt. Bis dahin fühlte ich mich von dem Auf und Ab in meinem Leben beherrscht. Wenn die Dinge großartig liefen, war ich glücklich. Wenn in den Zeitungen etwas Negatives über mich geschrieben wurde, deprimierte es mich. Wenn ich eine Beziehung hatte, die Spaß machte, war ich wieder glücklich. Wenn die Beziehung zerbrach, war ich niedergeschlagen. Ich hatte nicht das Gefühl, mein Leben unter Kontrolle zu haben.« Oprah Winfrey konstatierte: »Du wurdest durch Äußerlichkeiten bestimmt.« Madonna nickte: »Genau. Der große Wendepunkt kam, als ich im Begriff war, ein Elternteil zu werden. Ich wollte verstehen, was ich meine Tochter lehren würde, und ich wusste nicht wirklich, wie ich zu allem stand. Ich wollte wissen, was wahres und anhaltendes Glück bedeutet und was ich tun konnte, um es herauszufinden.«[475]

Am 14. Oktober 1996 brachte Madonna in Los Angeles eine Tochter zur Welt, der sie den Namen Lourdes Maria gab. Für die ersten Fernsehaufnahmen des Babys bezahlte ABC angeblich 1,5 Millionen Dollar. Gut ein halbes Jahr nach der Geburt des Kindes trennten Madonna und der Kindsvater Carlos Leon sich. Ungefähr zur gleichen Zeit beendete Madonna auch eine Geschäftsbeziehung: die mit ihrem Manager Frederick DeMann. Sie wechselte ihn gegen die Agentin Caresse Henry aus.

Am 3. März 1998 erschien ihr nächstes Album: *Ray of Light*. Der Songwriter Rick Nowells, der im Frühjahr des Vorjahres mit Madonna daran gearbeitet hatte, hob nicht nur ihre Disziplin und Effizienz hervor, sondern auch ihr stark ausgeprägtes Qualitätsbewusstsein. Mit den Songs erfand sie sich wieder einmal neu, diesmal unter dem Einfluss der Kabbala und ihrer Rolle als Mutter. »Nachdem sie so viel mit dem Jungfrau-Vamp-Gegensatz gespielt und einen gigantischen Kult ihres eigenen Ruhms erarbeitet hatte, war es da nicht unvermeidlich, dass sie, sobald sie Mutter war (nicht weniger als die Mutter von Lourdes), die Mutter der Welt und die Tochter der Mutter Erde werden würde, eine Priesterinnen-Göttin, losgelöst von materiellen Überlegungen und entschlossen, gut zu predigen? [...] Tatsächlich wurde Madonna dieser Phase [...] rasch überdrüssig – noch bevor sie aufgehört hatte, *Ray of Light* zu promoten. Die folgenden Singles wurden mit äußerst verschiedenen Gimmicks verkauft [...]. Doch um weiterhin mit den Vorstellungen von Hure/schlechtes Mädchen versus Mutter/braves Mädchen zu spielen, benahm sie sich in den Music Clips ständig daneben.«[476]

Der Rockmusiker und Schauspieler Sting und seine Ehefrau, die Filmproduzentin und -schauspielerin Trudi Styler, luden Madonna im September 1998 zu einer Lunchparty in ihr Seehaus in Wiltshire ein. Dabei lernte die Sängerin den zehn Jahre jüngeren englischen Regisseur Guy Ritchie kennen. Obwohl der zu diesem Zeitpunkt noch mit dem dänischen Model Tania Strecker liiert war, begann er, sich mit Madonna zu treffen, und im Dezember 1999 mietete die Amerikanerin ein Haus im Londoner Stadtteil Notting Hill, um näher bei ihm zu sein. Bald darauf war sie erneut schwanger. Wegen einer Fehllage der Plazenta sollte das Kind im September 2000 mit einem Kaiserschnitt geboren werden. Einen Monat vor dem geplanten Eingriff wurde Madonna jedoch mit starken Blutungen in ein Krankenhaus in Los Angeles gebracht. Der am Tag darauf, am 11. August, geborene Sohn Rocco litt unter Gelbsucht und musste fünf Tage lang auf der Intensivstation bleiben. An ihrem 42. Geburtstag durfte Madonna den Säugling dann endlich mit nach Hause nehmen.

Am 22. Dezember, einen Tag nach der Taufe des Kindes in der Dornoch Cathedral in den schottischen Highlands, ließen sich Madonna und Guy Ritchie von einer Pfarrerin trauen, und zwar im Skibo Castle, sechs Kilometer westlich von Dornoch. Die Angestellten des Carnegie Club, der das Schloss bewirtschaftete, hatten sich in einem vierseitigen Vertrag zur Geheimhaltung verpflichten müssen.

Am 9. Juni 2001 begann Madonna in Barcelona ihre Tournee *Drowned World*. Es war ihr bis dahin aufwendigstes Musiktheater: 200 Mitarbeiter waren mit dem Aufbau der 450 Quadratmeter großen und mehr als 100 Tonnen schweren Bühne beschäftigt. Das für den 11. September angekündigte Konzert in Los Angeles wurde nach den verheerenden Terroranschlägen an diesem Morgen abgesagt. Madonna versprach den Familien der Opfer die Einnahmen der letzten drei Konzerte. Im Abschlusskonzert rief sie die US-Regierung zu besonnenem Handeln auf und warnte vor einer Spirale der Gewalt. Als US-Präsident George W. Bush am 20. September dann doch den »Krieg gegen den Terror« ausrief und ab 20. März 2003 einen von den Vereinten Nationen nicht legitimierten Krieg gegen den Irak begann, kritisierte Madonna ihn – und wurde daraufhin von einigen Rundfunkstationen in den USA boykottiert.

Ihr Ruhm und ihre Anziehungskraft für die Massen waren dennoch unvermindert. Zwei Büstenhalter, die Madonna Anfang der Neunzigerjahre auf der Bühne getragen hatte, wurden 2001 für jeweils mehr als 20000 Dollar versteigert. Im selben Jahr kam Madonna als »die erfolgreichste Musikerin der Welt« ins Guinness Buch der Rekorde. Und Microsoft bewarb die Einführung des Betriebssystems Windows XP mit Madonnas Song *Ray of Light*. Im James-Bond-Film *Stirb an einem anderen Tag* interpretiert Madonna den Titelsong, und bei der Weltpremiere des Films am 18. November 2002 in London reichte ihr sogar Königin Elisabeth II. die Hand.

Dass ihr im März 2003 für ihre Rolle in der von Guy Ritchie inszenierten Komödie *Stürmische Liebe* zum fünften Mal eine

Goldene Himbeere* zugeteilt wurde und sie damit einen Negativrekord aufstellte, schadete ihrer Berühmtheit nicht. Unter dem Titel *X-STaTIC PRO=CeSS* stellte die Galerie Deitch Projects im New Yorker Stadtteil SoHo vom 28. März bis 3. Mai 2003 Fotos und Videosequenzen aus, die Steven Klein im Vorjahr von Madonna aufgenommen hatte. Ein Coffee Table Book über die Ausstellung, das 350 Dollar kostete, wurde in einer auf 1000 Exemplare limitierten Auflage verkauft.

Bei den MTV Video Awards am 28. August 2003 sang Madonna zusammen mit Christina Aguilera und Britney Spears *Like a Virgin*. Madonna und Britney Spears – die sich ein paar Monate zuvor eine Goldene Himbeere hatten teilen müssen – schockierten dabei das Publikum mit einem lasziven Zungenkuss auf der Bühne. Damit verstärkte Madonna noch einmal ihr Image als Sexsymbol. Aber zwei Wochen später schlug sie eine neue Richtung ein und veröffentlichte ein Kinderbuch: *Die englischen Rosen*. Aufgrund des Erfolgs brachte sie vier weitere Kinderbücher heraus.

Bei der Welttournee des Jahres 2006 trug Madonna in einer Szene eine Dornenkrone und sang mit waagrecht an einem überdimensionalen Kreuz aufgehängten Armen *Live To Tell*. Damit provozierte sie wieder einmal die Christen. Trotzdem oder vielleicht gerade wegen des Skandals wurde die *Confessions Tour* zu einem sensationellen Erfolg. Bei 60 Konzerten in 25 Städten nahm Madonna innerhalb von vier Monaten schätzungsweise 200 Millionen Dollar brutto ein. Später erhielt sie für die Tournee einen Grammy.

Im Oktober 2006 flogen Madonna und Guy Ritchie nach

---

* Bei der Goldenen Himbeere (Golden Raspberry Award) handelt es sich um einen negativen Filmpreis, der seit 1981 in verschiedenen Kategorien für die jeweils schlechteste Leistung des Jahres vergeben wird.

Malawi. Dort spendete die Sängerin 1,6 Millionen britische Pfund zur Unterstützung von Waisenkindern und fuhr mit ihrem Mann von der Hauptstadt Lilongwe zu einem 30 Kilometer entfernten Waisenhaus, in dem sich mehr als 250 Kinder in fünf Schlafsälen drängten. Das Ehepaar wollte den ein Jahr alten Jungen David adoptieren, dessen Mutter kurz nach der Geburt gestorben war und dessen Vater Yohame Banda den Säugling ins Waisenhaus gebracht hatte. Seine anderen drei Kinder waren tot. Später berichtete Madonna über ihre Begegnung mit dem 32-Jährigen im Gerichtssaal: »Klar, wenn Sie dem Vater gegenübersitzen, ist es wirklich herzzerreißend. Er blickte die ganze Zeit auf den Boden, und ich hatte Mitleid mit ihm. Ich sagte: ›Ich fühle mit Ihnen, und ich möchte, was für David am besten ist. Also, wenn Sie ihn wollen, will ich Ihnen nicht den Sohn wegnehmen. Ich möchte nur sein Leben retten. Ich kann nicht in Malawi leben. Ich kann mit meiner Familie nicht hierherziehen. Er müsste mit mir kommen und mit mir leben, und ich würde ihn wie meinen eigenen Sohn aufwachsen lassen. Aber es gibt eine Alternative. Ich kann Ihnen einfach Geld geben, und Sie können ihn selbst aufziehen.‹ Und er sagte nein. Aber er schaute immer noch wie ein geprügelter Hund, das bedrückte mich. Es war sehr verwirrend, und ich bin sicher, dass er sehr durcheinander war.«[477]

Nach den Gesetzen des Landes mussten potenzielle Adoptiveltern ein Kind erst einmal 18 Monate lang im Land betreuen, bis sie es mit über die Grenze nehmen durften. Dem berühmten Paar gewährte das zuständige Gericht in Lilongwe jedoch eine Ausnahme. Das wurde von Kinderhilfsorganisationen heftig kritisiert. Kurz nachdem Madonna und ihr Mann das Kind in einer Privatmaschine außer Landes gebracht hatten, hieß es in den Medien, Yohame Banda sei davon ausgegangen, nicht einer Adoption, sondern nur einer vorübergehenden Pflegschaft zuzustimmen. Das Oberlandesgericht in Lilongwe bestätigte Madonna jedoch im Mai 2008 als Davids Adoptivmutter.

Dass Madonna und Guy Ritchie dem kleinen Jungen aus einem der ärmsten Länder der Welt als erstes Geschenk angeblich ein Schaukelpferd für 5000 Pfund kauften[478], goss natürlich Wasser auf die Mühlen der Kritiker. Aber Madonna fühlte sich dadurch eher bestätigt: »Es gibt einen Teil von mir, der es heimlich genießt, Leute zu verärgern, denn ich weiß, dass man oft die richtigen Dinge tut, wenn man die Leute verärgert.«[479] In *The Oprah Winfrey Show*, zu der sie diesmal aus London zugeschaltet worden war, verteidigte sie sich und beteuerte: »Ich wollte in ein Land der Dritten Welt – ich war nicht sicher, wo – und einem Kind ein Leben ermöglichen, das sonst vielleicht keines gehabt hätte.«[480]

Nachdem sie Kinderschutz-Organisationen gegen sich aufgebracht hatte, forderte Madonna als Nächstes die Tierschützer heraus, als sie sich beim Verlassen des italienischen Restaurants Cecconi's in London mit einem 35 000 Pfund teuren Chinchilla-Mantel fotografieren ließ.

Im Frühjahr 2007 flog Madonna noch einmal nach Malawi und besichtigte karitative Einrichtungen. Und für die erste Million Downloads ihrer Single *Hey You* spendete MSN je 25 Cents für die Alliance for Climate Protection. Auch am weltweiten *Live-Earth-Event* gegen Armut am 7. Juli 2007 im Londoner Wembley Stadion beteiligte sich Madonna.

Im Oktober 2007 wurde bestätigt, dass Madonna von Maverick zu Live Nation wechselte. (Drei Jahre zuvor hatte sie bereits ihre Anteile am Plattenlabel Maverick an den Warner-Konzern abgetreten.) Gerüchten zufolge handelte es sich um einen mit 120 Millionen Dollar dotierten Zehn-Jahres-Vertrag. Ein Vierteljahr später setzte das US-Magazin *Forbes* Madonna mit einem geschätzten Nettoeinkommen von 72 Millionen Dollar in der Zeit vom Juni 2006 bis Juni 2007 auf Platz 1 einer Liste der am besten verdienenden Musikerinnen. Die »Queen of Pop«, laut *Forbes* eine der drei im Jahr 2006 einflussreichsten Persönlichkeiten der Welt, wurde am 10. März 2008 in die Rock and Roll Hall of Fame aufgenommen.

Nachdem Madonna und Guy Ritchie monatelang Gerüchte über das Scheitern ihrer Ehe dementiert hatten, ließen sie sich am 21. November 2008 in London scheiden. Das Sorgerecht für die Söhne Rocco und David teilten sie sich, und Lourdes blieb bei ihrer Mutter. Ein Scheidungsgrund sei gewesen, so wurde kolportiert, dass Madonna ihrem Ehemann Wochen im Voraus Termine für den Beischlaf vorgegeben habe. Kurz darauf begann Madonna eine Affäre mit dem 28 Jahre jüngeren brasilianischen Männermodel Jesus Luz.

Im März 2009 reiste sie ein weiteres Mal nach Malawi. Dort wollte sie nun Chifundo Mercy James adoptieren, ein vierjähriges Mädchen, das im Waisenhaus lebte. Dessen unverheiratete 15-jährige Mutter war kurz nach der Geburt des Kindes gestorben. Ein Gericht lehnte Madonnas Antrag jedoch erst einmal ab, und Mercys Großmutter äußerte sich gegenüber der Illustrierten *Die Bunte* erleichtert darüber. Sie behauptete, das Waisenhaus werde das Kind im Alter von sechs Jahren der Familie zurückgeben, damit es bei der Arbeit helfen könne. Das sei so abgesprochen. Außerdem müsse Chifundo Mercy später die Großmutter pflegen.

Obwohl alleinerziehende Mütter normalerweise von Adoptionen ausgeschlossen waren, erfüllte das zuständige Gericht Madonnas Wunsch am 5. Juni doch noch, und sie musste sich ebenso wenig wie beim ersten Mal eineinhalb Jahre lang in Malawi aufhalten.

Madonna wollte sich mit dem Bau einer Eliteschule für Mädchen in Malawi dafür bedanken. 15 Millionen Dollar spendete eine von ihr gegründete und geleitete Hilfsorganisation, und im April 2010 legte die Adoptivmutter von zwei malawischen Kindern symbolisch den Grundstein. Aber ein beträchtlicher Teil der für das Projekt benötigten Spendengelder versickerte offenbar, und die Raising Malawi Academy for Girls konnte letztlich nicht gebaut werden. Madonna erklärte dennoch, sie werde sich auch weiterhin für malawische Mädchen engagieren. Die Frauenrechtlerin Joyce Banda, die im April 2012 das Amt der Staatspräsidentin von Malawi übernahm, ist allerdings nicht gut auf den Weltstar zu sprechen, möglicherweise aus Verärgerung darüber, dass ihre Schwester Anjimile Oponyo, die ursprünglich die Leitung der Raising Malawi Academy for Girls hätte übernehmen sollen, aufgrund der finanziellen Unregelmäßigkeiten entlassen wurde.

Madonna versuchte sich inzwischen auch als Filmregisseurin und Drehbuchautorin. Unter ihrer Regie entstand im Sommer 2010 *W. E.*, ein Historiendrama über Wallis Simpson und Edward VIII.* (Zuvor schon hatte sie die Filmkomödie *Filth And Wisdom* inszeniert.)

Madonna erfand sich immer wieder neu; »Queen of Reinvention« wird sie deshalb oftmals genannt. Durch den mehrmaligen Wechsel ihres Aussehens löste sie Modetrends aus und sorgte immer wieder für Schlagzeilen. »Madonna hat Versuchen, ihre Identität festzunageln, stets getrotzt, indem sie ihr Image rasch wechselte. Sie spielt unsere Fantasien rascher durch, als wir sie träumen können; ihre vielen Rollen stehen im Mittelpunkt, während sie sich selbst der Vereinnahmung entzieht. Wir können ihre biografischen Fakten hinterfragen – Geburt, Ehe, Mutterschaft, Karriere –, aber dennoch entzieht sich uns die

---

* Über Wallis Simpson und König Edward VIII. schrieb der Autor ein Kapitel in seinem Buch *Verführerische Frauen. Elf Porträts* (Piper Verlag 2012).

reale Person, eine der berühmtesten Frauen der Welt. ›Sie werden nie wissen, wie ich wirklich bin. Niemals‹, sagte sie in der Zeitschrift *Vanity Fair* am Höhepunkt ihres Ruhms.«[481] Es lässt sich festhalten, »dass Madonna als konkrete, authentische Person mit einer faktisch nachvollziehbaren Biografie durch die Geschichte ihrer Medienprodukte und ihr in diesen immer wieder variiertes Äußeres ersetzt wird.«[482]

Keine Sängerin hat jemals mehr Platten verkauft als Madonna: bestimmt über 300 Millionen, möglicherweise sogar 400 Millionen.* Die Pop-Ikone gilt als eine der reichsten Frauen des internationalen Show-Geschäfts; ihr Vermögen wird auf mehr als eine halbe Milliarde Dollar geschätzt. Madonna ist nicht nur ein Star in der Welt der Popmusik, sondern auch Filmschauspielerin, Regisseurin, Unternehmerin; sie posiert für berühmte Fotografen, ist »Celebrity, Objekt zahlreicher Dokumentationen und mehr oder weniger analytischer Kritiken und Berichte über ihr Privatleben und ihre Arbeit, Gast zahlreicher Interviews und Talkshows«[483]. »Madonna ist der bedeutendste internationale weibliche Medienstar der letzten 20 Jahre des ausgehenden 20. Jahrhunderts und verteidigt diese Position auch im neuen Millennium [...]. Die große Bedeutung Madonnas für die gegenwärtige Populärkultur demonstrieren dabei nicht nur die zahlreichen Berichte der Boulevardblätter [...], sondern vor allem auch die Vielzahl medienwissenschaftlicher Forschungsliteratur, die sich dem Medienphänomen Madonna seit Mitte der 80er Jahre im anglo-amerikanischen und vor allem mit Beginn der 90er Jahre auch im deutschsprachigen Kulturraum angenommen hat.«[484]

---

* Mehr Platten verkauften wohl nur The Beatles, Elvis Presley, Michael Jackson und Elton John.

Anmerkungen

1 **Irmgard Fuchs:** »Eine Frau kämpft gegen das Patriarchat. Die Revolution im Leben und im Werk von Madame de Staël«, in Irmgard Fuchs (Hrsg.): *Tiefenpsychologie und Revolte. Zur Humanisierung des Alltagslebens*, Verlag Königshausen & Neumann 2005, S. 331
2 **Sabine Appel:** *Madame de Staël. Kaiserin des Geistes*, C. H. Beck 2011, S. 25
3 ebd., S. 26
4 ebd., S. 29
5 ebd., S. 43
6 Germaine Necker, Tagebucheintragung vom 31. Juli 1785, zit. **Stefan Gläser:** *Frauen um Napoleon*, Verlag Friedrich Pustet 2001, S. 251
7 Sabine Appel, a. a. O., S. 46
8 Germaine de Staël: Tagebucheintragung, zit. Stefan Gläser, a. a. O., S. 251
9 Germaine de Staël, zit. *Der Spiegel*, 6. September 1961
10 zit. **Christopher Herold:** *Madame de Staël. Dichterin und Geliebte*, Wilhelm Heyne Verlag 1982, S. 68
11 Sabine Appel, a. a. O., S. 34
12 **Albert Soboul:** *Die Große Französische Revolution. Ein Abriss ihrer Geschichte (1789 – 1799)*, übersetzt und herausgegeben von Joachim Heilmann und Dietfrid Krause-Vilmar, Europäische Verlagsanstalt 1979³, S. 95
13 Sabine Appel, a. a. O., S. 72
14 ebd., S. 251
15 ebd., S. 53
16 Rosalie de Constant, eine Cousine Benjamin Constants, zit. Christopher Herold, a. a. O., S. 108
17 Erich Bollmann, zit. **Leopold Zahn:** *Liebe, höchste Macht des Herzens. Das Leben der Madame de Staël*, Arcus-Verlag 1962, S. 61
18 Sabine Appel, a. a. O., S. 51
19 **Barbara Bondy:** »Wirbelwind in Unterröcken. Madame Germaine de Staël, die Herrin eines Jahrhunderts«, *Die Zeit*, 9. Dezember 1960
20 Albert Soboul, a. a. O., S. 250
21 Germaine de Staël, zit. Sabine Appel, a. a. O., S. 86
22 Sabine Appel, a. a. O., S. 89
23 zit. Stefan Gläser, a. a. O., S. 254
24 Sabine Appel, a. a. O., S. 101
25 ebd., S. 104
26 Christopher Herold, a. a. O., S. 168
27 Sabine Appel, a. a. O., S. 77
28 **Franz Herre:** *Napoleon Bonaparte. Eine Biographie*, Verlag Friedrich Pustet 2003, S. 112
29 ebd., S. 110
30 zit. Sabine Appel, a. a. O., S. 151
31 zit. Stefan Gläser, a. a. O., S. 258
32 Germaine de Staël 1802 an Charles de Villers in Lübeck, zit. **Eckart Kleßmann:** »Sie hat uns erklärt«, *Die Zeit*, 2. Oktober 2010

33 Sabine Appel, a. a. O., S. 161
34 ebd., S. 160
35 Catharina Elisabeth Goethe, zit. Eckart Kleßmann, a. a. O.
36 Sabine Appel, a. a. O., S. 173
37 zit. ebd., S. 174 f.
38 Friedrich Schiller am 21. Dezember 1803 an Johann Wolfgang von Goethe; Zit. www.kuehnle-online.de
39 Sabine Appel, a. a. O., S. 181
40 Germaine de Staël an Henry Crabb Robinson, zit. Christopher Herold, a. a. O., S. 196
41 zit. Sabine Appel, a. a. O., S. 198
42 **Henriette Herz:** *Ihr Leben und ihre Erinnerungen*, Hg.: Julius Fürst, Verlag von Wilhelm Hertz 1850, S. 201
43 Rahel Varnhagen, zit. Eckart Kleßmann, a. a. O.
44 Wilhelm von Humboldt im Mai 1804 in einem Brief an seine Frau, zit. ebd.
45 August Wilhelm Schlegel, zit. Christopher Herold, a. a. O., S. 300
46 Benjamin Constant 1804, zit. *Der Spiegel*, 22. März 1971
47 Sabine Appel, a. a. O., S. 224
48 Christopher Herold, a. a. O., S. 345
49 Erich Bollmann, zit. Leopold Zahn, a. a. O., S. 61
50 Sabine Appel, a. a. O., S. 231
51 Franz Herre, a. a. O., S. 112
52 zit. Christopher Herold, a. a. O., S. 349
53 Brief vom 28. Juni 1808, zit. Sabine Appel, a. a. O., S. 257
54 Brief vom 3. Oktober 1810, zit. Christopher Herold, a. a. O., S. 392
55 Eckart Kleßmann, a. a. O.
56 Brief vom 17. Oktober 1810, zit. Christopher Herold, a. a. O., S. 397
57 Stefan Gläser, a. a. O., S. 262
58 Lord Byron, zit. Christopher Herold, a. a. O., S. 429 f.
59 Franz Herre, a. a. O., S. 111 f.
60 Johann Wolfgang von Goethe 1830, zit. Eckart Kleßmann, a. a. O.
61 Germaine de Staël, zit. Sabine Appel, a. a. O., S. 355
62 **Renate Wiggershaus:** *George Sand*, Rowohlt Taschenbuch Verlag 2004[8], S. 21
63 **Corinne Pulver:** *George Sand. Genie der Weiblichkeit*, Droste Verlag 2003, S. 76
64 ebd., S. 76
65 George Sand, zit. **Norgard Kohlhagen:** *Sie schreiben wie ein Mann, Madame! Schriftstellerinnen aus zwei Jahrhunderten*, allitera Verlag 2001, S. 41
66 Corinne Pulver, a. a. O., S. 24 f.
67 ebd., S. 99 f.
68 George Sand: *Œuvres autobiographiques*, Hg.: Georges Lubin, 2 Bände, Gallimard 1971, zit. Corinne Pulver, a. a. O., S. 100
69 Corinne Pulver, a. a. O., S. 118
70 ebd., S. 108
71 George Sand: *Œuvres autobiographiques*, a. a. O., zit. ebd., S. 92
72 George Sand: *Histoire de ma vie*, zit. Renate Wiggershaus, a. a. O., S. 49
73 **Kerstin Wiedemann:** *Zwischen Irritation und Faszination. George Sand und ihre deutsche Leserschaft im 19. Jahrhundert*, Gunter Narr Verlag 2003, S. 13
74 George Sand: *Œuvres autobiographiques*, a. a. O., zit. Corinne Pulver, a. a. O., S. 163
75 Corinne Pulver, a. a. O., S. 182
76 Kerstin Wiedemann, a. a. O., S. 286
77 ebd., S. 285
78 zit. ebd., S. 69
79 Corinne Pulver, a. a. O., S. 225
80 zit. ebd., S. 229
81 Brief vom 1. Juni 1833 an seine Geliebte Eveline Hanska
82 Corinne Pulver, a. a. O., S. 211 f.
83 George Sand: *Lélia*, zit. ebd., S. 221
84 ebd., S. 221
85 Brief vom 24. Juli 1833 an Charles-Augustin Sainte-Beuve, zit. ebd., S. 219
86 Kerstin Wiedemann, a. a. O., S. 14

87 Heinrich Heine, *Historisch-kritische Gesamtausgabe der Werke*, Band 13/1, S. 45, zit. ebd., S. 68
88 Kerstin Wiedemann, a. a. O., S. 69
89 George Sand: *Histoire de ma vie*, zit. Renate Wiggershaus, a. a. O., S. 62
90 George Sand: *Correspondance*, Hg.: Georges Lubin, Band 3 (1831–1837), Paris 1967, S. 122 f., zit: Kerstin Wiedemann, a. a. O., S. 63
91 Corinne Pulver, a. a. O., S. 337
92 ebd., S. 234
93 ebd., S. 242
94 ebd., S. 254
95 Alfred de Musset, zit. **Gerda Marko:** *Schreibende Paare. Liebe, Freundschaft, Konkurrenz*, Artemis & Winkler 1995, S. 10
96 Brief vom Oktober 1836 an Michel de Bourges, zit. Corinne Pulver, a. a. O., S. 297
97 **Martin Fraas:** *Die Diva-Taktik. Warum starke Frauen bei Männern ein leichtes Spiel haben*, Bastei-Lübbe 2011, S. 44
98 Corinne Pulver, a. a. O., S. 331
99 ebd., S. 333
100 George Sand im Februar 1839 an Charlotte Marliani, zit. Renate Wiggershaus, a. a. O., S. 93
101 George Sand in einem Brief an Marie de Rozières, zit. ebd., S. 102
102 **Julian Barnes:** *Flauberts Papagei*, Kiepenheuer & Witsch 2012, S. 221
103 George Sand, zit. Renate Wiggershaus, a. a. O., S. 133
104 Gustave Flaubert in einem Brief an Sophie Leroyer de Chantepie, zit. Corinne Pulver, a. a. O., S. 414
105 **Kerstin Decker:** *Lou Andreas-Salomé. Der bittersüße Funke Ich*, Proplyäen Verlag 2010, S. 31
106 ebd., S. 32
107 **Christiane Wieder:** *Die Psychoanalytikerin Lou Andreas-Salomé. Ihr Werk im Spannungsfeld zwischen Sigmund Freud und Rainer Maria Rilke*, Vandenhoeck & Ruprecht 2011, S. 16
108 **Lou Andreas-Salomé:** *Lebensrückblick*, Reprint, Antigonos Verlag 2012, S. 9 f
109 ebd., S. 7
110 ebd., S. 7
111 ebd., S. 31
112 **Martin Green**: *Else und Frieda. Die Richthofen-Schwestern*, Übersetzung: Edwin Ortmann, Deutscher Taschenbuch Verlag 1976, S. 315
113 zit. **Heide Rohse:** »›Sieh, ich bin mal so‹. Die Schriftstellerin Lou Andreas-Salomé zwischen Literatur und Psychoanalyse«, in Hermann Staats (Hg.): *Innere Welt und Beziehungsgestaltung*. Göttinger Beiträge zu Anwendungen der Psychoanalyse, Vandenhoeck & Ruprecht 2004, S. 146
114 ebd., S. 144
115 **Kristina Maidt-Zinke:** »Nietzsche wollte sie küssen, aber sein Schnäuzer war im Weg«, *Süddeutsche Zeitung*, 12. Februar 2011
116 Christiane Wieder, a. a. O., S. 21
117 Kerstin Decker, a. a. O., S. 29
118 Kristina Maidt-Zinke, a. a. O.
119 Kerstin Decker, a. a. O., S. 54
120 Lou Andreas-Salomé: Tagebuch für Paul Rée, 18. August 1882, zit. **Lou Andreas-Salomé:** *Lebensrückblick*, a. a. O., S. 56
121 ebd., S. 56 f:
122 Lou Andreas-Salomé: Tagebuch für Paul Rée, 14. August 1882, zit.: **Friedrich Nietzsche:** *Briefwechsel. Kritische Gesamtausgabe*, begründet von Giorgio Colli und Mazzino Montinari, weitergeführt von Norbert Miller und Annemarie Pieper, III 7/1, De Gruyter 2002, S. 904
123 Kerstin Decker, a. a. O., S. 95
124 ebd., S. 72

125 ebd., S. 234
126 Ferdinand Tönnies in einem Brief vom 11. Juli 1883 an Friedrich Paulsen, zit. ebd., S. 107
127 zit. ebd., S. 89
128 Friedrich Nietzsche in einem Brief an seinen Mitarbeiter und Sekretär Peter Gast (eigentlich Heinrich Köselitz), zit. ebd., S. 111
129 zit. ebd., S. 113
130 **Linde Salber:** *Lou Andreas-Salomé*, Rowohlt Verlag 2004⁶, S. 40
131 Kerstin Decker, a. a. O., S. 137
132 Heide Rohse, a. a. O., S. 153
133 Linde Salber, a. a. O., S. 8
134 Kerstin Decker, a. a. O., S. 134
135 ebd., S. 143
136 **Hans F. Peters:** *Lou-Andreas Salomé. Das Leben einer außergewöhnlichen Frau*, Heyne Verlag 1974, S. 223; vgl. *Der Spiegel*, 17. März 1965
137 Linde Salber, a. a. O., S. 73
138 Kerstin Decker, a. a. O., S. 236
139 Lou Andreas-Salomé in einem Brief an Rainer Maria Rilke vom 9. November 1903, zit. ebd., S. 244
140 Sigmund Freud in einem Brief vom 31. Oktober 1912 an Sándor Ferenczi, zit. **Helmut Johach:** *Von Freud zur humanistischen Psychologie. Therapeutisch-biografische Profile*, transcript Verlag 2009, S. 66
141 Kerstin Decker, a. a. O., S. 318
142 Brief vom 29. Dezember 1919, zit. ebd., S. 286
143 zit. American Society of Authors and Writers, http://amsaw.org/amsaw-ithappenedinhistory-012805-colette.html, Übersetzung: der Autor
144 ebd., Übersetzung: der Autor
145 Ute Stempel, *Süddeutsche Zeitung*, 17. Mai 1997
146 zit. **Judith Thurman:** *Colette. Roman ihres Lebens*, Übersetzung: Brigitte Flickinger, Berliner Taschenbuch Verlag 2003, S. 467
147 ebd., S. 485
148 zit. ebd., S. 503
149 ebd., S. 504
150 ebd., S. 690
151 zit. *Chrismon*, 08/2012, Seite 26
152 **Leni Riefenstahl:** *Memoiren. 1902–1945*, Ullstein Verlag 1994, S. 16
153 **Jürgen Trimborn:** *Riefenstahl. Eine deutsche Karriere*, Aufbau Taschenbuch Verlag 2003, S. 25
154 **Alice Schwarzer:** »Leni Riefenstahl. Propagandistin oder Künstlerin?«, *Emma*, Januar/Februar-Heft 1999
155 Leni Riefenstahl: *Memoiren*, a. a. O., S. 16
156 ebd., S. 24
157 **Anna Maria Sigmund:** *Die Frauen der Nazis*, Lizenzausgabe der RM Buch- und Medien Vertrieb GmbH und der angeschlossenen Buchgemeinschaften 1999, S. 99
158 Leni Riefenstahl: *Memoiren*, a. a. O., S. 43
159 ebd., S. 56
160 ebd., S. 58
161 ebd., S. 53
162 ebd., S. 72
163 Jürgen Trimborn, a. a. O., S. 63
164 **Luis Trenker:** *Alles ist gut gegangen. Geschichten aus meinem Leben*, Mosaik-Verlag 1965, S. 209, zit. Jürgen Trimborn, a. a. O., S. 68
165 Luis Trenker in dem Dokumentarfilm ***Die Macht der Bilder*** (1993) von Ray Müller
166 Leni Riefenstahl: *Memoiren*, a. a. O., S. 71 f.
167 zit. Luis Trenker, a. a. O., S. 209, zit. Jürgen Trimborn, a. a. O., S. 68
168 Leni Riefenstahl: *Memoiren*, a. a. O., S. 98
169 zit. **Richard Corliss:** »Riefenstahl's Last Triumph«, *Time*, 8. Oktober 1993, zit. **Anne Bender:** *Selbst- und Fremdbild der Leni Reifenstahl. Eine Betrachtung*, GRIN Verlag 2003, S. 18

170 Leni Riefenstahl: *Memoiren*, a. a. O., S. 30
171 Jürgen Trimborn, a. a. O., S. 47
172 zit. **Guido Knopp:** *Hitlers Frauen und Marlene*, Bertelsmann 2001, S. 162
173 Interview, *Film Culture*, Frühjahrsausgabe 1973, S. 135, zit. Jürgen Trimborn, a. a. O., S. 397
174 Leni Riefenstahl: *Memoiren*, a. a. O., S. 120 ff.
175 Marlene Dietrich, Leserbrief in *Bunte*, 16. Juni 1987
176 Rainer Rother: *Leni Riefenstahl. Die Verführung des Talents*, München 2002, S. 49, zit. **Mario Leis:** *Leni Riefenstahl*, Rowohlt Taschenbuch Verlag 2009, S. 57
177 zit. **Harry Sokal:** »Über Nacht Antisemitin geworden?«, *Der Spiegel*, 8. November 1976, S. 14, zit. Mario Leis, a. a. O., S. 57 – Leni Riefenstahl bestritt die Äußerung in einem Brief an den *Spiegel*, der in der nächsten Ausgabe veröffentlicht wurde, aber Rudolf Arnheim berichtete am 8. Oktober 1999 Ähnliches. Leni Riefenstahl soll in einem Interview am 3. November 1932 im Südwestdeutschen Rundfunk zu ihm gesagt haben: »Wissen Sie, solange die Juden die Filmkritiker sind, werde ich niemals einen Erfolg haben. Aber passen Sie auf, bis Hitler ans Ruder kommt, dann wird sich alles ändern.« (zit. Jürgen Trimborn, a. a. O., S. 364)
178 **Lothar Machtan:** *Hitlers Geheimnis. Das Doppelleben des Diktators*, Fischer Taschenbuch Verlag 2003, S. 192
179 Leni Riefenstahl: *Memoiren*, a. a. O., S. 158
180 ebd., S. 159 f.
181 Joseph Goebbels, Tagebuchnotiz vom 1. Dezember 1929, zit. Jürgen Trimborn, a. a. O., S. 165 f.
182 Leni Riefenstahl: *Memoiren*, a. a. O., S. 188, vgl. S. 190 f., S. 199 ff.
183 Jürgen Trimborn, a. a. O., S. 145
184 **Ernst Hanfstaengl:** *Zwischen Weißem und Braunem Haus. Memoiren eines politischen Außenseiters*, München 1970, S. 286, zit. Jürgen Trimborn, a. a. O., S. 145; vgl. Leni Riefenstahl: *Memoiren*, a. a. O., S. 182
185 undatierter Brief, Faksimile in »Darüber schweigt Leni Riefenstahl«, *Revue* Nr. 16/52, S. 6, zit. Jürgen Trimborn, a. a. O., S. 149
186 Jürgen Trimborn, a. a. O., S. 185
187 ebd., S. 186
188 Leni Riefenstahl, 11. Oktober 1933, zit. Mario Leis, a. a. O., S. 59
189 Jürgen Trimborn, a. a. O., S. 215
190 **Leni Riefenstahl:** *Hinter den Kulissen des Reichsparteitag-Films*, Zentralverlag der NSDAP, Franz Eher Nachf. 1935, S. 11 ff.
191 **Susan Sontag:** »Fascinating Fascism«, *The New York Review of Books*, 6. Februar 1975, Übersetzung: der Autor
192 **Peter Zimmermann:** »Propagandafilme der NSDAP«, in Peter Zimmermann und Kay Hoffmann (Hg.): *Geschichte des dokumentarischen Films in Deutschland.* Band 3: »*Drittes Reich« 1931–1945*, Reclam Verlag 2005
193 Jürgen Trimborn, a. a. O., S. 72
194 Leni Riefenstahl: *Memoiren*, a. a. O., S. 255 f.
195 Joseph Goebbels: Tagebuchnotiz vom 17. August 1935, *Tagebücher*, Hg.: Ralf Georg Reuth, Band 3: *1931–1939*, Piper Verlag 1999, S. 874
196 Joseph Goebbels: Tagebuchnotiz vom 5. Oktober 1935, *Tagebücher*, ebd., S. 896
197 Mitteilung des Reichspropagandaministeriums an das Amtsgericht Berlin vom 30. Januar 1936, zit. Jürgen Trimborn, a. a. O., S. 535, Fußnote 257

198 Hans Ertl, zit. **Lutz Kinkel:** *Die Scheinwerferin. Leni Riefenstahl und das »Dritte Reich«*, Europa Verlag 2002, S. 128
199 **Bella Fromm:** *Als Hitler mir die Hand küsste*, Rowohlt Taschenbuch Verlag 1994, S. 249
200 vgl. Leni Riefenstahl: *Memoiren*, a. a. O., S. 266
201 Tagebuch, 6. August 1936, zit. Jürgen Trimborn, a. a. O., S. 257
202 Joseph Goebbels: Tagebuchnotiz vom 6. November 1936, zit. **Ralf Georg Reuth:** *Goebbels. Eine Biografie*, Piper Verlag 1995, S. 347
203 Willy Zielke: »Kurze Beschreibung meiner Freiheitsberaubung im Dritten Reich«, Nachlass, Filmmuseum Potsdam, S. 10, zit. Jürgen Trimborn, a. a. O., S. 253
204 **Stefanie Grote:** »*Objekt« Mensch. Körper als Ikon und Ideologem in den cineastischen Werken Leni Riefenstahls. Ästhetisierter Despotismus oder die Reziprozität von Auftragskunst und Politik im Dritten Reich*, Dissertation, Europa-Universität Viadrina 2004, S. 213
205 Peter Zimmermann, a. a. O.
206 Paul Verhoeven, *Die Welt*, 22. August 2002, S. 25, zit. Mario Leis, a. a. O., S. 152
207 Quentin Tarantino, *Der Spiegel*, 3. August 2009, S. 121, zit. Mario Leis, a. a. O., S. 152
208 **Hanno Loewy:** *Das Menschenbild des fanatischen Fatalisten oder Leni Riefenstahl, Béla Balázs und DAS BLAUE LICHT*, http://kops.ub.uni-konstanz.de
209 Padraic King: »The Woman Behind Hitler«, *Detroit News*, 21. Februar 1937, zit. Jürgen Trimborn, a. a. O., S. 366
210 Leni Riefenstahl: *Memoiren*, a. a. O., S. 342 ff.
211 Jürgen Trimborn, a. a. O., S. 290
212 ebd., S. 289 f.
213 zit. **Die Chronik.** *Geschichte des 20. Jahrhunderts bis heute*, Projektleitung: Detlef Wienecke-Janz, Redaktion: Ute Becker, Chronik Verlag im Wissen Media Verlag 2006, S. 273
214 Erich von Manstein: *Verlorene Siege*, Frankfurt/M 1966, S. 43, zit. Jürgen Trimborn, a. a. O., S. 293
215 Leni Riefenstahl: *Memoiren*, a. a. O., S. 349
216 Schreiben des Reichspropagandaministeriums vom 10. September 1939, zit. Jürgen Trimborn, a. a. O., S. 304
217 Jürgen Trimborn, a. a. O., S. 315
218 Leni Riefenstahl: *Memoiren*, a. a. O., S. 350 f.
219 Erich von Manstein, a. a. O., S. 44, zit. Jürgen Trimborn, a. a. O., S. 297
220 Jürgen Trimborn, a. a. O., S. 297 f.
221 ebd., S. 300
222 Leni Riefenstahl: *Memoiren*, a. a. O., S. 378 f.
223 Jürgen Trimborn, a. a. O., S. 326
224 Martin Bormann, Brief vom 2. August 1942 an Hans Heinrich Lammers, den Chef der Reichskanzlei, zit. Jürgen Trimborn, a. a. O., S. 325
225 Jürgen Trimborn, a. a. O., S. 324
226 Stefanie Grote, a. a. O., S. 260
227 Jürgen Trimborn, a. a. O., S. 454
228 **Erich Schaake,** *Hitlers Frauen*, Weltbild Verlag 2000, S. 269
229 Ulrich Seelmann-Eggebert, *Mannheimer Morgen*, 13. Februar 1954, zit. Mario Leis, a. a. O., S. 102
230 Susan Sontag, a. a. O. (amerikanischer Titel des Bildbands: *The Last of the Nuba*), Übersetzung: der Autor
231 **Georg Seesslen:** »Triumph des Unwillens«, *taz*, 22. August 2002
232 Jürgen Trimborn, a. a. O., S. 437
233 Leni Riefenstahl im Interview mit Dietmar W. Fuchs, *Unterwasser-Fotografie*, Heft Nr. 2/1998, zit. Jürgen Trimborn, a. a. O., S. 461

234 **Nina Gladitz:** »Über alles ist Gras gewachsen ...«, Interview, www.derfunke.at, 29. Oktober 2003
235 Leni Riefenstahl, Magazin der *Frankfurter Rundschau*, 27. April 2002. – Am 14. August 2002 unterschrieb sie eine Unterlassungserklärung, mit der sie von ihrer Äußerung abrückte.
236 Jürgen Trimborn, a. a. O., S. 407
237 Leni Riefenstahl im Interview mit André Müller, *Die Weltwoche*, 15. August 2002
238 **Margarete Mitscherlich:** *Über die Mühsal der Emanzipation*, Fischer Taschenbuch Verlag 1994, S. 161
239 Alice Schwarzer, a. a. O.
240 **Lesli J. Favor:** *Evita Perón*, Marshall Cavendish 2010, S. 17, Übersetzung: der Autor
241 **Alicia Dujovne Ortiz:** *Evita Perón. Die Biographie*, Übersetzung: Petra Strien-Bourmer, Aufbau-Verlag, 2007⁴, S. 35
242 ebd., S. 52
243 **Lucy O'Brien:** *Madonna. Like an Icon*, Übersetzung: Winfried Czech, Frauke Meier, Goldmann Verlag 2008, S. 324
244 Alicia Dujovne Ortiz, a. a. O., S. 80 ff.
245 ebd., S. 84
246 ebd., S. 211
247 ebd., S. 38
248 ebd., S. 128, 131, 272
249 **Tomás Eloy Martínez:** »The Woman Behind the Fantasy. Prostitute, Fascist, Profligate – Eva Perón Was Much Maligned, Mostly Unfairly«, *Time*, 20. Januar 1997, Übersetzung: der Autor
250 ein Augenzeuge, zit. Alicia Dujovne Ortiz, a. a. O., S. 313
251 Lesli J. Favor, a. a. O., S. 14, Übersetzung: der Autor
252 Evita Perón, zit. Alicia Dujovne Ortiz, a. a. O., S. 209
253 Lesli J. Favor, a. a. O., S. 12, Übersetzung: der Autor
254 ebd., S. 12
255 **John Barnes:** *Evita, First Lady. A Biography of Evita Perón*, Grove Press 1996, Übersetzung: der Autor
256 **Santa Evita:** »Totenkult um eine Volksheldin. Ein Bestseller beschreibt die Odyssee der Leiche von Evita Perón«, *Der Spiegel*, 28. August 1995
257 **Erminda Duarte:** *Mi Hermana Evita*. Ediciones Centro de Estudios Eva Perón 1972, zit.: http://www.evita peron.org, Übersetzung: der Autor
258 **Hildegard Knef:** *Der geschenkte Gaul. Bericht aus einem Leben*, Fritz Molden Verlag 1970, hier: Ullstein Taschenbuch 2005⁷, S. 32
259 ebd., S. 6
260 ebd., S. 31
261 Hildegard Knef 1979 in einem Interview mit Matthias Walden, zit. **Petra Roek:** *Fragt nicht warum. Hildegard Knef*, edel VITA 2009, S. 20
262 Hildegard Knef: *Der geschenkte Gaul*, a. a. O., S. 31
263 Frank Mauraun, Aktennotiz vom 22. Dezember 1942, zit. **Jürgen Trimborn:** *Hildegard Knef. Die Biographie*, Goldmann Verlag 2007, S. 63
264 Schriftliche Zusammenfassung der »Ministerentscheidungen zum Nachwuchsbericht vom 15. 12. 42«, als Faksimile zu sehen in dem Film *Knef. Die frühen Jahre* (2005, Drehbuch, Regie: Felix Moeller)
265 Maria Milde, zit. Petra Roek, a. a. O., S. 32 f.
266 *Quick*, 15. Mai 1968, nach Jürgen Trimborn, a. a. O., S. 32
267 Äußerungen von Kurt Hirsch und Paul von Schell in *Knef. Die frühen Jahre*, a. a. O.
268 Petra Roek, a. a. O., S. 53
269 Jürgen Trimborn, a. a. O., S. 19 / S. 97;

er beruft sich auf die Einwohnermeldekartei Berlin im Landesarchiv Berlin
270 Hildegard Knef: *Der geschenkte Gaul*, a.a.O., S.66f.
271 ebd., S.131
272 ebd., S.134
273 vgl. Jürgen Trimborn, a.a.O., S.115
274 vgl. Petra Roek, a.a.O., S.53f.
275 **Will Tremper:** *Meine wilden Jahre*, Ullstein Verlag 1993, S.224
276 Petra Roek, a.a.O., S.59
277 Jürgen Trimborn, a.a.O., S.140/S.189
278 Hildegard Knef: *Der geschenkte Gaul*, a.a.O., S.170
279 ebd., S.170
280 ebd., S.185
281 ebd., S.204f.
282 **Hildegard Knef im Interview mit Peter Hossli**, Schweizer Nachrichtenmagazin *Facts*, 7. Dezember 1995
283 Jürgen Trimborn, a.a.O., S.168
284 Hildegard Knef: *Der geschenkte Gaul*, a.a.O., S.258
285 Gustav Fröhlich: *Waren das Zeiten. Mein Film-Heldenleben*, Herbig Verlag 1983, S.309, zit. Jürgen Trimborn, a.a.O., S.179
286 Petra Roek, a.a.O., S.98f.
287 Johannes Mario Simmel, 30. April 2005, zit. Jürgen Trimborn, a.a.O., S.191f.
288 zit. **Sybille Steinbacher:** *Wie der Sex nach Deutschland kam. Der Kampf um Sittlichkeit und Anstand in der frühen Bundesrepublik*, Siedler Verlag 2011
289 Hildegard Knef, zit. **Karin Struck:** »So schnell stirbt sich's auch wieder nicht«, *Der Spiegel*, 13. Oktober 1975
290 Hildegard Knef: *Der geschenkte Gaul*, a.a.O., S.283
291 *Der Spiegel*, 7. Mai 1952
292 Petra Roek, a.a.O., S.127; vgl. Jürgen Trimborn, a.a.O., S.210
293 Hildegard Knef: *Der geschenkte Gaul*, a.a.O., S.346
294 Jürgen Trimborn, a.a.O., S.220
295 Hildegard Knef im Interview mit Peter Hossli, a.a.O.
296 Jürgen Trimborn, a.a.O., S.14
297 Manfred George, *Berliner Morgenpost*, 6. März 1955, zit. Jürgen Trimborn, a.a.O., S.225
298 *Der Spiegel*, 4. November 1968
299 Hildegard Knef: Der geschenkte Gaul, a.a.O., S.399
300 ebd., S.404f.
301 »Das teure Dutzend«, *Der Spiegel*, 2. Juli 1958
302 *Darmstädter Echo*, 11. Februar 1961, zit. Jürgen Trimborn, a.a.O., S.294
303 Petra Roek, a.a.O., S.176
304 Henry Miller, zit. *Der Spiegel*, 23. Dezember 1985
305 Hildegard Knef: Der geschenkte Gaul, a.a.O., S.264
306 ebd., S.265
307 zit. *Der Kurier*, 14. April 1959, zit. Jürgen Trimborn, a.a.O., S.224
308 Jürgen Trimborn, a.a.O., S.281
309 Marion Pongracz, 19. April 2005, zit. Jürgen Trimborn, a.a.O., S.331
310 Jürgen Trimborn, a.a.O., S.14f.
311 Fritz J. Raddatz, zit. David Cameron: *Auf die Füße gefallen*, Paul Neff Verlag 1987, S.183, zit. Jürgen Trimborn, a.a.O., S.308
312 David Camaron, 12. Januar 2005, nach Jürgen Trimborn, a.a.O., S.283f.
313 *Westfälische Rundschau*, 21. Oktober 1967, zit. Jürgen Trimborn, a.a.O., S.293
314 »Sie hat das Kind nur bekommen, um die Ehe zu retten, das weiß ich.« – David Cameron, 27. April 2005, zit. Jürgen Trimborn, a.a.O., S.302
315 Annemarie Fuhs, zit. *Express*, 17. Juli 1992, zit. Jürgen Trimborn, a.a.O., S.302
316 Petra Roek, a.a.O., S.222
317 Hildegard Knef, zit. *Hör zu*,

14. Dezember 1968, zit. Jürgen Trimborn, a. a. O., S. 296
318 Erich Kuby, *Der Spiegel*, 18. Februar 1959
319 Marion Pongracz, 19. April 2005, zit. Jürgen Trimborn, a. a. O., S. 316
320 zit. **Paul von Schell:** *Hilde. Meine Liebeserklärung an Hildegard Knef,* Henschel 2003, S. 170 f.
321 Fritz Molden, 12. Januar 2005, zit. Jürgen Trimborn, a. a. O., S. 318
322 Jürgen Trimborn, a. a. O., S. 319
323 *Neue Post*, Nr. 2/1996, nach Jürgen Trimborn, a. a. O., S. 323
324 Jürgen Trimborn, a. a. O., S. 19
325 **Hilde Knef.** *Ein Weltstar aus Berlin*, Film von Jens Rübsam, RBB 2012
326 David Cameron, 12. Januar 2005, nach Jürgen Trimborn, a. a. O., S. 361
327 Jürgen Trimborn, a. a. O., S. 344
328 **Hildegard Knef:** *So nicht*, Albrecht Knaus Verlag 1982, S. 119
329 David Cameron, 12. Januar 2005, nach Jürgen Trimborn, a. a. O., S. 368
330 Petra Roek, a. a. O., S. 254
331 David Cameron: *Auf die Füße gefallen*, a. a. O., S. 138, zit. Jürgen Trimborn, a. a. O., S. 252
332 zit. *Quick*, 24. April 1975, S. 30, zit. Jürgen Trimborn, a. a. O., S. 335
333 David Cameron, 12. Januar 2005, zit. Jürgen Trimborn, a. a. O., S. 371
334 *Stern*, 13. November 1975
335 *Die Zeit*, 21. November 1975
336 *Westdeutsche Allgemeine Zeitung*
337 Brief vom 22. Oktober 1980, zit. Jürgen Trimborn, a. a. O., S. 406
338 zit. Jürgen Trimborn, a. a. O., S. 500, Übersetzung: der Autor
339 »Erst Millionen abkassiert, dann die Fans beleidigt. Das wahre Gesicht der Hildegard Knef« – *Neue Revue*, 6. November 1982
340 Hat sich die Bundesverdienstkreuzträgerin wegen der Schulden an die sonnige Pazifikküste zurückgezogen?« – *General-Anzeiger*, 9. April 1983, zit. Jürgen Trimborn, a. a. O., S. 425
341 Jürgen Trimborn, a. a. O., S. 425
342 *Quick*, 4. November 1982, S. 20, zit. Jürgen Trimborn, a. a. O., S. 415
343 *Die Weltwoche*, 23. Januar 1986, zit. ebd., S. 431
344 *Die Weltwoche*, 23. Januar 1986, zit. ebd., S. 432
345 Diese Summe nannte auch Paul von Schell. – *Express*, 15. Januar 1996, zit. ebd., S. 439/S. 453
346 **John Campbell**: *The Iron Lady. Margaret Thatcher. From Grocer's Daughter to Iron Lady*, Vintage Books 2012, S. 8, Übersetzung: der Autor
347 ebd., S. 4, Übersetzung: der Autor
348 Margaret Thatcher, *Sunday Times*, 14. Februar 1982, Übersetzung: der Autor
349 John Campbell, a. a. O., S. 311, Übersetzung: der Autor
350 zit. **Nicholas Wapshott und George Brock:** *Thatcher*, Macdonald 1983, S. 46, Übersetzung: der Autor
351 John Campbell, a. a. O., S. 15, Übersetzung: der Autor
352 **Johan Schloemann:** »Die Seele verändern«, *Süddeutsche Zeitung*, 10. April 2013)
353 John Campbell, a. a. O., S. 9, Übersetzung: der Autor
354 ebd., S. 25, Übersetzung: der Autor
355 *Evening Standard*, 15. Juli 1958
356 John Campbell, a. a. O., S. 55 f., Übersetzung: der Autor
357 **Margaret Thatcher:** *The Path to Power*, HarperCollins 1995, S. 182, Übersetzung: der Autor
358 *Sun*, 25. November 1971, Übersetzung: der Autor
359 Margaret Thatcher, a. a. O., S. 28, Übersetzung: der Autor
360 David Wood, *The Times*, 25. November 1974
361 John Campbell, a. a. O., S. 74, Übersetzung: der Autor

362 ebd., S. 101
363 *Daily Mirror*, 3. Februar 1975, Übersetzung: der Autor
364 *Sun*, 12. Februar 1975, Übersetzung: der Autor
365 Rede Margaret Thatchers vor der Chelsea Conservative Association am 26. Juli 1975
366 zit. John Campbell, a. a. O., S. 87, Übersetzung: der Autor
367 Margaret Thatcher, 20. Januar 1978, Übersetzung: der Autor
368 Margaret Thatcher, 24. Januar 1978, Übersetzung: der Autor
369 John Campbell, a. a. O., S. 115, Übersetzung: der Autor
370 ebd., S. 115, Übersetzung: der Autor
371 ebd., S. 366, Übersetzung: der Autor
372 **Jimmy Carter:** *Keeping Faith. Memoirs of a President*, University of Arkansas Press, 1995, S. 119, Übersetzung: der Autor
373 Alan Clark: Tagebucheintrag vom 14. Juni 1988, Alan Clark: *Diaries*, Weidenfeld & Nicholson 1993, S. 215, zit. John Campbell, a. a. O., S. 123, Übersetzung: der Autor
374 John Campbell, a. a. O., S. 118, Übersetzung: der Autor
375 **Christian Zaschke, Wolfgang Koydl:** »Eisenherz«, *Süddeutsche Zeitung*, 9. April 2013
376 Peter Hennessy, zit. John Campbell, a. a. O., S. 130, Übersetzung: der Autor
377 John Campbell, a. a. O., S. 131, Übersetzung: der Autor
378 Margaret Thatcher auf einer Pressekonferenz am 30. November 1979, Übersetzung: der Autor
379 Margaret Thatcher am 10. Oktober 1980 auf dem Parteitag der Conservative Party
380 John Campbell, a. a. O., S. 149, Übersetzung: der Autor
381 ebd., S. 187, Übersetzung: der Autor
382 ebd., S. 203, Übersetzung: der Autor
383 **Karl-Heinz Wocker:** »Am Boden, aber nicht am Ende«, *Die Zeit*, 20. Juli 1984
384 Margaret Thatcher, Rede am 8. Oktober 1982, Übersetzung: der Autor
385 Johan Schloemann: a. a. O.
386 **Volker Zastrow:** »Zum Tode der Eisernen Lady«, *Frankfurter Allgemeine Zeitung*, 14. April 2013
387 Margaret Thatcher: »What's Wrong With Politics?«, Conservative Political Centre Lecture, 11. Oktober 1968, Übersetzung: der Autor
388 Margaret Thatcher in einem Interview mit der Zeitschrift *Woman's Own*, 31. Oktober 1987, Übersetzung: der Autor
389 Margaret Thatcher im Interview mit Jimmy Young, BBC Radio 2, 27. Juli 1988, Übersetzung: der Autor
390 Margaret Thatcher am 21. Mai 1988 in einer Rede vor der Generalversammlung der Kirche von Schottland (»The Sermon on the Mound«), Übersetzung: der Autor
391 **Gina Thomas:** »Margaret Thatchers geistiges Erbe. Die Köpfe voller Messer«, *Frankfurter Allgemeine Zeitung*, 11. April 2013
392 **Wilfried Kratz:** »Eine gegen alle. Großbritannien und die Europäische Gemeinschaft«, *Die Zeit*, 29. Juli 1988
393 Margaret Thatcher in einer Rede vor dem College of Europe am 20. September 1988 in Brügge (»The Bruges Speech«), Übersetzung: der Autor
394 zit. **Philip Zelikow, Condoleezza Rice***: Sternstunde der Diplomatie. Die deutsche Einheit und das Ende der Spaltung Europas*, Propyläen Verlag 1997, S. 171
395 John Campbell, a. a. O., S. 423, Übersetzung: der Autor
396 **Margaret Thatcher:** *Downing Street No. 10. Die Erinnerungen*, Überset-

zung: Heinz Tophinke, Econ Verlag 1993, S. 1125 f.
397 Nicholas Ridley in einem Interview mit der Wochenzeitschrift *The Spectator*, 12. Juli 1990, zit. **Chronik '90**. Vollständiger Jahresrückblick in Wort und Bild, Chronik Verlag in der Harenberg Kommunikation Verlags- und Mediengesellschaft 1990, S. 66
398 Margaret Thatcher am 30. Oktober 1990, Übersetzung: der Autor
399 Margaret Thatcher am 3. März 1989, Übersetzung: der Autor
400 John Campbell, a. a. O., S. 368, Übersetzung: der Autor
401 ebd., S. 368, Übersetzung: der Autor
402 Volker Zastrow, a. a. O.
403 John Campbell, a. a. O., S. 483, Übersetzung: der Autor
404 »Evaluating Thatcher's Legacy«, *BBC News*, 4. Mai 2004, Übersetzung: der Autor
405 **Christian Steiger:** *Rosemarie Nitribitt. Autopsie eines deutschen Skandals.* HEEL Verlag 2007, S. 28
406 **Torsten Preuß:** »Legenden um die blonde Rosi«, *Berliner Zeitung*, 13. Dezember 1996
407 **Thomas Kirn:** »Bezahlte Geliebte im Wirtschaftswunderland«, *Frankfurter Allgemeine Zeitung*, 29. Juli 2006
408 **Nina Jauker:** »Die Schande der Ära Adenauer«, *Süddeutsche Zeitung*, 27. Oktober 2007
409 Alfred Kalk, zit. Torsten Preuß, a. a. O.
410 »Wer brachte die Nitribitt um?«, *Die Zeit*, 24. Juni 1960
411 *Quick*, zit. *Der Spiegel*, 11. Februar 1959
412 zit. **Patricia Dreyer:** »Edelhure Nitribitt. Rätsel im Negligé«, http://einestages.spiegel.de
413 zit. Torsten Preuß, a. a. O.
414 **Nina Hagen:** *Bekenntnisse*, Pattloch Verlag 2010, S. 35
415 ebd., S. 45
416 ebd., S. 45 f.
417 Nina Hagen im Interview mit Ijoma Mangold, *Zeit*-Magazin, 8. April 2010
418 Nina Hagen, a. a. O., S. 96. – 1979 hatte Nina Hagen im Interview mit Alice Schwarzer noch behauptet: »Der Biermann, der hat mich damals immer nur als Kind behandelt.« (zit. *Emma*, Juni 1979)
419 zit. Gerhard Stöger, *Falter* 29/2012
420 Nina Hagen, a. a. O., S. 79
421 ebd., S. 80
422 ebd., S. 104
423 *Emma*, Juni 1979
424 Nina Hagen, a. a. O., S. 129
425 ebd., S. 126
426 ebd., S. 126
427 ebd., S. 118
428 ebd., S. 118 f.
429 ebd., S. 134
430 zit. ebd., S. 143
431 zit. ebd., S. 176
432 zit. **Ulrich Friese:** »Nina Hagen Catharina die Große«, *Frankfurter Allgemeine Zeitung*, 28. Mai 2012
433 Nina Hagen, a. a. O., S. 187 ff.
434 Ulrich Friese, a. a. O.
435 **Fritz Rumler:** »Augenblicklich unbeschreiblich weiblich«, *Der Spiegel*, 9. Oktober 1978
436 ebd.
437 Alice Schwarzer, *Emma*, Juni 1979
438 Nina Hagen, a. a. O., S. 198
439 Interview mit Ulrich Friese, a. a. O.
440 **Edo Reents:** »Nina Hagen Jesus liebt sie«, *FAZ.net*, 16. Juli 2010
441 Nina Hagen, a. a. O., S. 202
442 **Cornelia Frey:** »Die wandelbare Chaotin«, *Der Spiegel*, 22. September 1980
443 »Gott sei Punk«, *Der Spiegel*, 17. August 1987
444 Nina Hagen, a. a. O., S. 219
445 **Roland Koberg:** »Einmal Anna heißen«, *Berliner Zeitung*, 2. März 1998
446 *www.stern.de*, 7. Dezember 2005
447 16. Mai 2002

448 *Die Welt*, 8. September 2005

449 zit. *Melodie und Rhythmus*, 25. April 2012

450 Nina Hagen, a. a. O., S. 254, Original in Englisch, Übersetzung: der Autor

451 Interview mit Maria Gurmann, *Kurier*, 8. Juli 2012

452 zit. **Lucy O'Brien**: *Madonna. Like an Icon*, Übersetzung: Winfried Czech, Frauke Meier, Goldmann Verlag 2008, S. 439

453 Madonna, zit. **Allen Metz, Carol Benson:** *The Madonna Companion*, Schirmer Books 1999, S. 38, Übersetzung: der Autor

454 Madonna, zit.: **Mick St. Michael** (Hg.): *Madonna »Talking«. Madonna in Her Own Words*, Omnibus Press 2004, S. 10, Übersetzung: der Autor

455 Don Shewey: »Madonna. The Saint, the Slut, the Sensation«, *The Advocate*, 7./21. Mai 1991, zit: Lucy O'Brien, a. a. O., S. 54

456 Madonna, zit.: Mick St. Michael (Hg.), a. a. O., S. 17, Übersetzung: der Autor

457 Lucy O'Brien, a. a. O., S. 74

458 ebd., S. 73

459 Madonna, zit. ebd., S. 83

460 Camille Barbone, zit. ebd., S. 91

461 Camille Barbone, zit. ebd., S. 93

462 Lucy O'Brien, a. a. O., S. 135

463 ebd., S. 135

464 Susan Seidelman, zit. Lucy O'Brien, a. a. O., S. 147

465 Lucy O'Brien, a. a. O., S. 184 f.

466 Madonna, zit: Don Shewey, a. a. O., zit. Lucy O'Brien, a. a. O., S. 255 f.

467 Madonna zu Lynn Hirschberg, zit. **Mary Cross:** *Madonna. A Biography*, Greenwood Publishing Group 2007, S. 32, Übersetzung: der Autor, vgl. Lucy O'Brien, a. a. O., S. 269f

468 Madonna, zit.: Mick St. Michael (Hg.), a. a. O., Buchrücken, Übersetzung: der Autor

469 Lucy O'Brien, a. a. O., S. 179

470 zit. Paul du Noyer, *Q Magazine*, Dezember 1994

471 *Cyberpunk*, zit: **Santiago Fouz-Hernández, Freya Jarman-Ivens**: *Madonna's Drowned Worlds*, Ashgate Publishing 2004, S. 162, Übersetzung: der Autor

472 YouTube Video, Übersetzung: der Autor

473 zit. *Der Spiegel* 15/1994, 11. April 1994

474 **Georges-Claude Guilbert:** *Madonna as Postmodern Myth. How One Star's Self-Construction Rewrites Sex, Gender, Hollywood, and the American Dream*, McFarland 2002, S. 174, Übersetzung: der Autor

475 *O, The Oprah Magazine*, 15. Januar 2004, Übersetzung: der Autor

476 Georges-Claude Guilbert, a. a. O., S. 174 f., Übersetzung: der Autor

477 Madonna in einem Interview, *Time Magazine*, 16. November 2006, Übersetzung: der Autor

478 Lucy O'Brien, a. a. O., S. 483

479 Madonna in einem Interview, *Time Magazine*, a. a. O., Übersetzung: der Autor

480 Madonna, *The Oprah Winfrey Show*, 25. Oktober 2006, Übersetzung: der Autor

481 Mary Cross, a. a. O., S. XI; das Binnenzitat von Madonna wurde von Lynn Hirschberg veröffentlicht, Übersetzung: der Autor

482 **Jan-Oliver Decker:** *Madonna. Where's that Girl? Starimage und Erotik im medialen Raum*, Verlag Ludwig 2005, S. 16

483 ebd., S. 25

484 ebd., S. 13 f.

Detaillierte tabellarische Biografien der elf in diesem Buch porträtierten Frauen finden Sie auf der Website des Autors:
http://www.dieterwunderlich.de/ unerschrockene-frauen.htm